KB071830

스마트
에이징

스마트
에이징

김동엽(미래에셋 은퇴교육센터장) 지음

청림출판

한 그루의 나무가 모여 푸른 숲을 이루듯이
청림의 책들은 삶을 풍요롭게 합니다.

은퇴 이후,
어떻게 준비할 것인가

허문한 씨는 평범한 샐러리맨이었다. 대학을 졸업하고 입사한 회사에서 23년간 일했다. 2년 전에는 부장으로 승진하는 기쁨을 누리기도 했다. 남보다 크게 성공했다고 할 순 없지만 그렇다고 뒤처진 인생도 아니었다. 그는 자신이 다니는 회사를 평생직장으로 생각했다. 그래서 늦은 밤까지 이어지는 야근은 물론 주말까지 반납하며 과중한 업무와 씨름하며 헌신했다. 하지만 그의 인생은 지난해 퇴직을 하면서 완전히 바뀌었다.

그가 일하던 부서가 다른 부서에 통합되면서 회사는 중복되는 업무 인력을 줄이기 위해 구조조정을 단행했다. 어느 날 상사는 그를 호출한 뒤 퇴직을 권고했다. 믿는 도끼에 발등이 찍히는 기분이었지만 청춘을 다 바친 회사에 항변 한마디 못하고 개인 물품을 챙겨 빠져나와야 했다. 월급쟁이의 삶이란 이런 것이다.

허 씨는 2012년 겨울, 오십 세에 퇴직해 이미 퇴직자들로 북적거리는 은퇴시장에 뛰어들었다. 허 씨의 경우 건실한 직장에서 20여 년간 일했으니 모아놓은 돈도 꽤 될 테고 노후준비도 웬만큼 해뒀으리라 생각하기 쉽다. 하지만 실상은 그렇지 못했다. 아이들 교육비와 생활비, 집 살 때 받은 대출금까지 갚으며 매일 허덕거리며 살다 보니 노후대비는 언감생심 꿈도 꾸지 못했다. 남들은 노후자금에 필요한 돈이 5억 원, 10억 원이라며 난리지만, 허 씨는 달랑 수중에 쥔 돈 5,000만 원이 전부다.

눈앞에 닥친 현실이 된 노후, 어디서부터 어떻게 준비해야 할까?

가장 확실한 노후대비는 '평생 현역'

우리가 정말 100세까지 산다면 은퇴 이후 삶을 어떻게 준비해야 할까? 눈앞에 다가온 100세 수명 시대를 더 즐겁고 현명하게 살아가려면 과거의 틀에서 벗어나 삶의 방식부터 바꿔야 한다. 인간 수명은 100세를 향해 치닫고 있는데 사회 시스템과 우리의 사고방식은 여전히 평균수명 80세에 머물러 있기 때문이다.

대표적으로 평균수명이 70~80세이던 때에는 '학교를 졸업해 취업하고 은퇴하는' 삶의 방식이 일반적이었다. 그러나 100세 수명 시대에는 은퇴 이후 '제2의 직업을 위한 재교육과 재취업'과 같은 사이클로 계속 공부하고 자기계발을 하며 현역에서 활동하는 '순환형 라이프스타일'이 요구된다.

평균수명이 70~80세였을 때는 은퇴한 뒤 새로운 것을 배운다는 게 부질없는 일처럼 보였다. 하지만 100세 수명 시대가 온다면 얘기가 달라진다. 60세부터 새로운 것을 배운다 해도 이후 20~30년은 충분히 활용할수 있기 때문이다.

그렇다면 사람은 보통 몇 살까지 일할까? 우리나라 직장인들의 평균퇴직 연령은 54세라고 한다. 하지만 정년퇴직을 했다고 일을 그만두는 것은 아니다. 상당수가 재취업이나 창업을 통해 새로운 일자리를 갖는다. 경제협력개발기구OECD에 따르면, 한국인은 평균 71세까지 일한다. 한국 사람들은 퇴직한 후에도 71세까지 15년 가까이 또 다른 일을 하는 셈이다.

퇴직자들이 새로운 일자리를 찾아 나서는 이유는 아무래도 경제적인문제가 가장 크다. 하지만 반드시 소득 문제가 아니더라도 아무런 일 없이 산다는 것은 괴로운 일이다. 적어도 80세까지는 돈벌이든 사회공헌 활동이든 자기실현 활동이든 하는 일이 있어야 한다. 때문에 무슨 일을 하면서 살 것인가가 향후 은퇴시장의 최대 화두가 될 것이다.

고령화 · 저성장 · 저금리 시대, 금융투자 IQ를 높여라

'은퇴준비' 하면 떠오르는 건 역시 '돈'이다. 정년을 맞아 직장을 떠나고 나면 가장 아쉬운 것은 다달이 받던 월급이다. 하지만 이제는 돈 문제에 대해서도 지금까지와는 다른 방식의 접근이 필요하다. 과거 베이비붐 세대가 한창 경제활동에 종사하던 당시, 경제는 빠른 속도로 성장했고 금리도 상당히 높은 수준을 유지했다. 하지만 앞으로 살아갈 세상은 다르다. 우리는 지금까지와는 전혀 다른 환경에서 살아가게 될 가능성이 높다.

우선 주목해야 할 변화는 '고령화'다. 지금 우리나라는 세계에서 가장 빠른 속도로 늙어가고 있다. 2000년에 이미 65세 이상 고령자가 전체 인구의 7퍼센트를 차지해 '고령화사회'로 진입한 한국은 오는 2018년이면 고령인구 비중이 14퍼센트를 넘어 '고령사회'로, 2026년에는 20퍼센트를 넘어 '초고령사회'로 분류될 전망이다.

이와 같은 환경의 변화에 따라 자산관리 방법도 바뀌어야 할 것이다. 직장에 다닐 때는 다달이 받던 월급에서 일부를 떼어 목돈을 만드는 '적립' 위주의 자산관리가 중심이다. 하지만 은퇴 이후의 자산관리는 지금까지 모아둔 노후자금을 어떻게 잘 쓸 것인가 하는 '인출'에 초점을 맞춰야 한다.

'저성장'도 큰 문제다. 인구의 고령화가 사회의 고령화로 이어지면서 경제성장 속도가 빠르게 둔화되고 있기 때문이다. 성장이 더뎌지면서 일자리는 줄고 소득은 급감하고 있다. 많이 못 벌면 적게 쓰는 수밖에 없다. 이에 따라 앞으로 노후준비의 화두는 생활 규모와 소비지출 규모를 줄여나가는 '다운사이징Downsizing'이 될 전망이다.

계속되는 '저금리' 추세도 놓쳐서는 안 된다. 성장이 장기적으로 정체되면서 금리는 떨어지고 주식과 부동산시장은 활력을 잃어가고 있다. 노후에 필요한 자금 규모는 커지는 데 반해, 노후자금을 굴릴 만한 수단이 마땅치 않아진 셈이다. 앞으로 좀 더 높은 수익을 내려면 해외로 눈을 돌릴 수밖에 없다. 최근 1~2년 사이 해외투자가 꾸준히 늘어나고 있는 현상은 이 같은 사실을 뒷받침해준다.

"젊을 때는 공격적인 투자 기회가 많은 만큼 투자자산을 늘리고, 나이가 들면 안정적인 자산관리를 하라"는 말이 있다. 이와 함께 "100에서 본인 나이를 뺀 비율이 공격적인 투자 상품의 비율"이라는 공식도 널리 알려져 있다. 하지만 최근 수명의 증가로 노후기간이 길어지면서 이제까지 통용되던 상식들이 유명무실해지고 있다.

"안전하지만 부족하지 않게." 이것이 100세 수명 시대의 새로운 노후 자산 운용의 패러다임이다. 수명이 다하기 전에 돈이 먼저 떨어져서는 안 되기 때문이다. 물론 말처럼 쉬운 일은 아니다. 하지만 어렵고 두렵다고 피할 것이 아니라 자신에게 맞는 금융지식을 쌓아야 한다. 100세 수명 시대를 살아가려면, 평소 금융상품과 투자에 관심을 갖고 꾸준히 공부해 금융투자 IQ를 높여야 한다.

늘어난 시간, 누구와 무엇을 하면서 보낼까

돈이 넉넉하다고 해서 은퇴 후 삶이 행복해지는 것은 아니다. 노후에는 돈뿐만 아니라 '시간'과 '관계'까지 고려해야 한다. 그동안 우리 사회는 산업화와 핵가족화가 진전되면서 혈연과 지연을 중심으로 한 끈끈한 유대는 사라지고 '회사'를 중심으로 한 연緣만 남게 만들었다. 그런데 정년 퇴직은 이 같은 '사연社緣'마저 끊기게 만든다. 때문에 자연스럽게 은퇴를 기점으로 삶의 중심이 직장에서 다시 가정으로 옮겨가게 된다. 결국 남는 것은 가족뿐인 셈이다. 노후준비에서 가족관계의 회복이 우선시되어야 하는 것은 이 때문이다.

시간관리도 문제다. 현역시절에는 아침에 출근해 저녁에 퇴근할 때까지 대부분의 시간을 회사 스케줄에 따라 움직인다. 하지만 은퇴 후에는 사정이 달라진다. 매일 주어진 시간을 스스로 채우지 않으면 안 된다. 그럼에도 불구하고 20~30년 넘게 회사가 정한 시간표에 따라 수동적으로 움직이던 사람이 하루아침에 생활방식을 바꾸기는 쉽지 않다. 결국 노후 문제란 '기나긴 시간을 누구와 무엇을 하며 지낼 것인가' 하는 문제와 깊이 결부되어 있다.

노년기 인생 디자인을 위한 스마트한 가이드라인

이 책은 사람들에게 고령화·저성장·저금리가 어떤 변화를 가져다줄지 알려주고, 지금까지 경험하지 못한 새로운 환경에서 어떻게 자산관리를 해야 하는지 현실적인 전략을 소개한다. 또한 고령화 시대의 달라진 사회상을 살펴보고 은퇴 후 가족관계, 노후자금 관리 등 노년기 인생 디자인을 위한 종합적인 접근법을 제시한다.

1장에서는 은퇴와 노후준비를 둘러싼 거시적 환경의 변화를 살펴본다.

수명이 늘어나고 출산율이 감소하면서 경제의 중심축이 어린이에서 노인에게로 넘어가고 있다. 생산연령인구가 감소하면서 경제도 감속 시대로 접어들고 있다. 급증하는 고령인구 부양에 드는 비용을 둘러싼 세대 간 갈등이 생겨나고, 부의 양극화로 인한 계층 간 갈등 또한 커져가고 있다. 이 장에서는 고령화가 우리 삶에 어떤 기회와 위기를 가져다주는지 들여다본다.

2장에서는 급증하는 캥거루족과 1인 가구 및 맞벌이 가구 등 가족 형태의 변화와 황혼이혼 등 가족관계에서 비롯되는 문제를 살펴보고, 이러한 변화의 시대에 노후준비를 어떻게 해야 하는지 살펴본다. 은퇴는 소득의 단절일 뿐만 아니라 직장을 중심으로 한 인간관계의 변화를 예고한다. 따라서 노후는 돈 문제가 중요하기도 하지만 관계의 문제도 그에 못지않게 중요하다. 결국 현역시절 직장을 중심으로 만들어온 인간관계를 얼마나 빨리 가족과 지역사회 중심으로 전환하느냐에 따라 노후생활의 성패가 달려 있다.

3장에서는 변화된 노후자산 준비 전략 및 증가하는 의료비와 부양 문제에 대한 합리적인 대처법에 대해 살펴본다. 가계 소득이 줄어들면서 노후준비의 화두가 '많이 모으자'에서 '적게 쓰자'는 쪽으로 바뀌고 있다. 여기에 저금리 추세와 부동산시장의 침체로 자산 운용만으로 높은 수익을 내기 힘들어지면서 상대적으로 인적자본의 가치가 중요해지고 있다. 결국 가장 확실한 노후대비는 '평생 현역'인 셈이다.

3장에서 노후자금 관리를 위한 전략을 살폈다면 4장에서는 구체적인 방법론을 담고 있다. 흔히 은퇴생활 기간 동안 필요한 돈을 한 번에 준비해야 한다고 생각하기 쉽지만, 실제로는 그렇지 않다. 현역시절 월급을 받듯 다달이 수령할 수 있도록 다양한 연금을 설계해두면 된다. 제대로 된 노후설계를 하려면 각종 연금이 가지고 있는 장단점을 정확히 알고 활용할 줄 알아야 한다. 4장에서는 국민연금, 퇴직연금, 개인연금, 주택연금 등 각종 연금의 특성과 활용 방법에 대해 살펴본다.

지금 우리에게 필요한 것은 인생 계획이다

고령화·저성장·저금리 시대의 도래는 우리 삶과 자산관리 방법의 혁신을 요구하고 있다. 이러한 변화의 바람에 대응하는 방법은 두 가지가 있다.

첫 번째 방법은 담을 치고 바람이 지나가기를 기다리는 것이다. 잠시 스치고 지날 바람이라면 이 방법도 나쁘지 않다. 하지만 장기간 멈추지 않고 계속 부는 바람이라면 계속해서 담장 밑에 숨어 지내는 것이 지혜로운 방법은 아닐 것이다. 바람이 그친 다음 담장 밖으로 나갔을 때 지금까지 우리가 겪어보지 못한 전혀 다른 세상이 펼쳐져 있을지도 모르기 때문이다. 더러는 바람에 맞서 싸워봐야 하는 것이다.

바람에 대응하는 또 다른 방법은 바람을 이용해 풍차를 돌리는 것이다. 일본의 기저귀 회사 '유니참Unicharm'은 바람을 이용해 풍차를 돌린 대표적인 기업으로 알려져 있다. 유아용 기저귀를 생산해 잘나가던 유니참은 저출산의 직격탄을 피할 수 없었다. 하지만 '애들만 기저귀 차냐?'라는 생각으로 성인용 기저귀 시장의 문을 과감히 두드렸다. 이후 일본이 초고령사회로 진입하면서 성인용 기저귀 시장 규모도 덩달아 커졌고 유니참은 성장의 발판을 마련할 수 있었다. 이처럼 고령화는 위기이기도 하지만 새로운 기회를 가져다주기도 한다.

　지금 대한민국에는 고령화의 바람이 거세게 불고 있다. 우리는 이 바람에 어떻게 대응할 것인가? 담장을 쌓고 바람이 멎기만을 기다려야 할까? 아니면 거센 바람을 이용해 풍차를 돌려야 할까?

김동엽

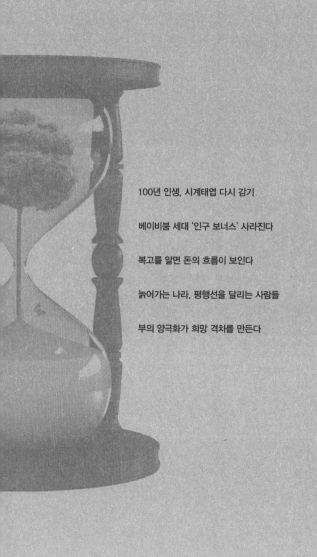

100년 인생, 시계태엽 다시 감기

베이비붐 세대 '인구 보너스' 사라진다

복고를 알면 돈의 흐름이 보인다

늙어가는 나라, 평행선을 달리는 사람들

부의 양극화가 희망 격차를 만든다

1장

우리는 생각보다
오래 산다

100년 인생,
시계태엽 다시 감기

우리는 얼마나 오래 살까? 한국인의 평균수명은 81세 전후로 알려져 있지만, 상당수 사람들이 이보다 오래 산다. 평균수명이란 갓 태어난 아기가 앞으로 얼마나 살 수 있는가를 나타내는 척도다. 하지만 영유아 사망률이 다른 연령에 비해 높다는 점을 감안하면, 실제 성인들은 평균수명보다 훨씬 더 오래 산다.

그렇다면 영유아기를 지난 성인들은 얼마나 오래 살까? 이때 참조할 수 있는 것이 '최빈사망연령'이다. 한 해 동안 가장 많은 사람이 사망하는 나이를 의미하는 최빈사망연령의 경우 한국은 이미 85세를 넘어섰고, 2020년 무렵이면 90세에 도달할 것으로 전망된다.

일반적으로 최빈사망연령이 90세에 도달하면 절반가량 인구의 기대수명이 90세를 넘어선다고 해서 '100세 시대'라고 하는데, 지금 추세대로라면 한국은 수년 내 100세 시대를 맞을 것으로 보인다.

실제로 2005년 인구조사 당시만 해도 961명에 불과하던 100세 이상 고령자는 2010년 조사에서 무려 1,836명에 이르렀다. 5년 사이에 그 수가 두 배(91.1퍼센트) 가까이 증가한 셈이다. 이런 현상이 한국에서만 나타나는 것은 아니다. 이웃나라 일본의 경우를 보면, 2000년 당시 1만 848명에 불과하던 100세 이상 고령자가 2010년에는 4만 4,449명으로 늘어났다. 10년간 무려 네 배나 늘어난 것이다.

과거에는 축복받은 소수만 누릴 수 있다고 여겼던 100세 장수가 이제 보편화되어 최근에는 '호모 헌드레드Homo-Hundred'라는 말까지 등장했

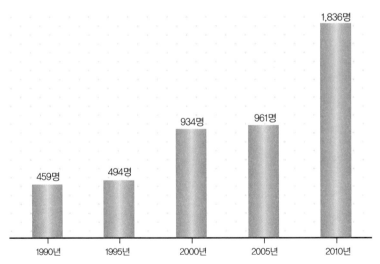

| 그림 1-1 | 한국 100세 이상 고령자 추이

자료: 통계청

다. 이 용어는 100세 삶이 보편화되는 시대를 의미하는 것으로 유엔이 2009년 작성한 '세계인구 고령화 보고서'에서 처음 쓰였다. 이 보고서는 평균수명이 80세를 넘는 국가가 2000년에는 6개국에 불과했지만, 2020년에는 31개국으로 급증할 것이라며 이를 '호모 헌드레드 시대'로 정의했다.

2150년엔 150세까지 장수할 수 있다?

그렇다면 인간은 몇 살까지 살 수 있을까? 학계에서는 인간 수명의 한계를 대체로 120~130세로 규정짓고 있다. 대부분의 포유동물이 성장기간의 여섯 배 이상을 살지 못한다는 이유에서다. 보통 사람이 20세 초반에 성장이 멈춘다고 봤을 때 여기에 6을 곱한 120세 전후를 수명의 한계로 보는 것이다. 하지만 이와 같은 규정에 모든 학자들이 동의하는 것은 아니다.

2001년 미국에서는 인간 수명의 한계를 두고 학자들이 무려 5억 달러의 판돈을 건 내기를 벌였다. 그 주인공은 스티븐 어스태드Steven Austad 교수와 스튜어트 올샨스키Stuart Olshasnky 교수이다.

텍사스대학 노화연구재단의 어스태드 교수는 "인간 수명의 한계가 150세가 될 것"이라고 주장했다. 그는 향후 10~20년 내에 획기적인 의학 발전이 일어나 수명을 급속히 늘일 수 있을 것이라고 믿고 있다. 반면 일리노이대학의 올샨스키 교수는 "노화의 속도는 크게 바꿀 수 없다"며

"인간 수명의 한계는 130세"라고 주장하고 있다.

두 사람은 각자 '2150년까지 150세 이상을 산 사람이 나올 것인가' 하는 내기에 돌입했다. 어스태드 교수와 올샨스키 교수는 2001년 초 신용기금에 150달러를 예치하고 앞으로 150년 동안 매년 10달러씩 적립하기로 했다. 또 자신들이 사망한 후에는 자녀들에게 계속해서 같은 금액을 적립하도록 했다. 이렇게 150년을 저축하면 이들이 적립한 돈은 2150년경에 약 5억 달러가 된다.

만약 2150년이 될 때까지 150세 이상을 산 사람이 나타나면 5억 달러는 전부 어스태드의 상속인에게 지급되고, 반대의 경우에는 올샨스키의 상속인이 수령하게 된다. 이 내기에서 누가 이길지는 2150년까지 기다려봐야 알겠지만, 두 사람 모두 인간 수명의 한계가 120세를 넘어설 것이라는 것에는 이견이 없어 보인다.

최근 인간 수명이 길어진 것과 관련해서 '오래 사는 위험' 또는 '장수위험'이라는 말을 쓰는 사람들이 있다. 그러나 엄격히 말하면 장수와 관련해서 '위험'이라는 말을 쓰는 것은 적절하지 않다. 대부분의 사람들은 '위험'과 '리스크'라는 표현을 혼용해서 쓰는 경우가 많은데, 이 둘은 엄밀히 따지면 그 쓰임새가 다르다.

위험을 의미하는 영어 표현은 '데인저danger'로서, 지금 상태보다 좋지 않은 일이 발생할지 모르는 불확실성을 의미한다. 이에 비해 '리스크risk'는 단순히 안 좋은 상태만을 의미하진 않는다. 리스크는 관리 여하에 따라서 손실을 초래하기도 하지만 때론 이익을 가져다주기도 하는 상태이다.

그렇다면 100세 수명 시대의 도래는 위험일까, 리스크일까? 건강하게 오래 사는 것은 만인의 염원이자 축복이다. 하지만 건강과 경제력이 담보되지 않은 상태로 오래 사는 것은 축복이 아니라 재앙이다. 이처럼 관리 여하에 따라 오래 사는 것이 축복이 될 수도 있고 불행이 될 수도 있기 때문에 장수라는 말 뒤에는 위험보다는 리스크라는 말을 쓰는 게 옳은 표현일 것 같다.

장수가 축복이 되려면

장수가 모든 고령자들의 축복이 되도록 하기 위해 무엇보다 '장수 리스크'의 본질을 정확히 이해한 다음 적절한 실천 전략을 세워야 한다.

장수 리스크에는 크게 네 가지가 있다.

첫 번째 리스크는 '무전장수無錢長壽'이다. 의학기술의 발달과 생활수준의 향상으로 인간 수명은 점점 더 늘어나고 있다. 이젠 자산관리를 소홀히 했다간 수명을 다하기 한참 전에 노후자금이 바닥날 수 있다.

과거에는 노후자금은 무조건 안전하게 관리하라는 말이 신앙처럼 떠받들어지곤 했다. 그래서 대부분의 사람들은 노후생활이 시작되면 주식 등 위험자산은 줄이고 예금과 같은 안전자산의 비중을 늘렸다. 소득이 없는 상황에서 주식이나 펀드와 같은 위험자산에 투자했다가 손실을 보면 자칫 노인 빈곤층으로 전락할 수도 있기 때문이다.

하지만 인간 수명이 늘어나는 것과 비례해 노후생활 기간도 30~40년 가까이 늘어나면서 사정이 달라졌다. 위험한 투자로 손실을 보는 것 못지않게 자산을 너무 보수적으로 관리하다 사망하기 전에 돈이 먼저 바닥나는 상황 또한 위험한 일이 되었기 때문이다. 따라서 이제는 100세 수명 시대 노후자금 관리를 '안전하면서도 부족하지 않게' 해야 한다. 이를 위해서는 자산 중 일부를 위험자산에 배분하지 않으면 안 된다.

두 번째 장수 리스크는 '유병장수有病長壽'이다. 세계보건기구WHO 발표에 따르면 한국인의 건강수명은 71세에 불과하다. 건강수명이란 평균수명에서 질병이나 부상으로 인해 활동하지 못한 기간을 뺀 것으로 실제로 활동을 하며 건강하게 산 기간을 나타내는 지표이다. 평균수명이 80세인 점을 감안하면, 한국인은 거의 10년 가까운 시간을 병치레를 하며 보내는 셈이다. 질병은 육체적 고통뿐만 아니라 재정적 어려움도 함께 가져온다. 그러므로 노후를 대비해 돈을 많이 모으는 것만큼 건강관리도 중요하다.

세 번째 장수 리스크는 일 없이 오래 살아야 하는 '무업장수無業長壽'이다. 보통 일이라 하면 금전적 보상과 연결해서 생각하기 쉽지만 인간관계나 시간관리 측면에서도 중요하다. 직장을 중심으로 인간관계를 이어가는 대부분의 사람들은 정년퇴직을 하면서 인간관계의 마지막 끈마저 놓게 된다. 시간관리도 문제다. 매일 등산과 골프만 하며 지내기에는 30~40년이나 되는 노후가 너무 길다.

무업장수 리스크에 가장 적극적으로 대응하는 방법은 새로운 일을 하는 것이다. 은퇴 후에 갖는 새로운 일자리는 자산과 시간관리 및 인간관계 문제를 동시에 해결해주는 유일한 대안이다. 물론 현역시절처럼 화려

하지도 않고 보수도 만족스럽지 않을 수 있다. 하지만 인간관계와 시간관리라는 비재무적인 요소까지 고려할 필요가 있다.

마지막 장수 리스크는 배우자를 먼저 떠나보내고 혼자 살아야 하는 '독거장수獨居長壽'이다. 통계청 자료에 따르면, 가구주가 60세 이상인 가구의 30퍼센트가 노인들이 혼자 사는 집이다. 이 가운데 상당수가 배우자와 사별하고 혼자 사는 고령자 여성이다. 따라서 노후자금을 관리할 때는 부인이든 남편이든 마지막에 홀로 남는 배우자에 대한 배려가 필요하다.

여든 살까지 배워라

장수 리스크에 효과적으로 대응하려면 지금까지 삶의 방식을 '100세 수명 시대'에 맞춰서 바꿔야 한다. 인간 수명은 100세를 향해 치닫고 있는데 사회 시스템은 여전히 평균수명 80세 시대를 전제로 운영되고 있기 때문이다. 이전의 사회 시스템과 개인의 시간표를 100세 수명 시대에 맞게 바꾸려면 무엇보다 일에 대한 생각부터 바꿔야 한다.

인간이 100세까지 산다고 가정할 때, 30세에 취직해 60세에 퇴직하면 일하는 기간은 30년이지만 은퇴기간은 무려 40년이나 된다. 30년 동안 벌어서 은퇴 후 40년간 먹고살기에 충분한 돈을 모을 수 있는 사람이 과연 몇이나 될까?

평균수명이 70~80세일 때는 '공부 → 취업 → 은퇴'라는 삶의 방식이 일반적이었다. 그러나 100세 수명 시대에는 '공부 → 취업 → 공부 → 재취업……'과 같은 '순환형 라이프 스타일'이 요구된다. 지금 시대는 라이프사이클에 대한 발상의 전환이 필요하며 끊임없이 공부하고 자기계발을 하며 현역으로 일할 수 있도록 인생설계를 해야 한다.

이와 같은 순환형 라이프 사이클을 정착시키기 위해서는 대학의 역할 변화가 필요하다. 제1인생의 직업을 대비하는 데 필요한 교육에만 매달릴 것이 아니라 제2인생을 준비하는 중년 학생들을 위한 대학으로 특성화시킬 필요가 있는 것이다. 이러한 특성화는 출산율 감소로 인해 머지않아 폐교 위기를 맞게 될 대학들에도 훌륭한 대안이 될 것이다.

1997년 122세의 나이로 사망해 세계 최장수 인으로 기록된 잔 칼망 Jeanne Calment 할머니는 85세에 처음으로 펜싱을 배웠다고 한다. 그 나이에 펜싱을 배워 뭐하겠냐는 사람들도 있겠지만, 그녀는 펜싱을 배운 뒤 37년을 더 살았다. 100세까지는 자전거를 탔으며, 114세에는 영화 '빈센트와 나Vincent and Me'에 출연해 최고령 여배우로 기록되기도 했다.

일본에는 100세가 넘었는데도 현역 의사로 활동하는 히노하라 시게아키日野原重明 박사가 있다. 1911년에 태어난 그는 지금도 환자들을 진료하고 끊임없는 강연과 왕성한 집필활동을 하면서 바쁜 나날을 보내고 있다.[1] 히노하라 박사와 같은 해에 태어난 시바타 도요柴田トヨ는 2010년 99세에 《약해지지 마くじけないで》[2]라는 시집을 출간해 화제가 되기도 했다.

여든이 넘은 고령자들을 만나면 "이 나이까지 살 줄 알았으면 뭐라도 배워둘걸" 하는 말을 자주 한다. 평균수명이 70~80세였을 때는 은퇴한 다음 새로운 것을 배운다는 게 부질없는 일처럼 보였다. 하지만 '100세 수명 시대'가 온다면 이야기가 달라진다. 60~70세부터 새로운 것을 배워야 한다. 이때 다시 배워도 20~30년은 충분하게 써먹을 시간이 있기 때문이다.

베이비붐 세대
'인구 보너스' 사라진다

"서기 3200년, 한 일본인이 쓸쓸하게 세상을 떠났다. 마지막 일본인인 그가 사망하면서 이제 지구 상에서 일본인은 완전히 사라졌다."

공상과학 소설에나 나올 법한 이 이야기는 2004년 일본의 국립사회보장·인구문제연구소가 출산율과 평균수명을 토대로 예측한 것이다. 2010년 현재 일본 가임 여성의 출산율은 1.39명으로 인구대체수준인 2.1명에 훨씬 못 미친다.

인구대체수준이란 인구를 현상 유지하는 데 필요한 출산율 수준을 말한다. 만약 일본 여성이 지금처럼 아이를 낳지 않는다면, 현재 1억 2,000만 명을 넘는 일본 인구는 2050년에는 1억 명으로 줄어들고, 2080년에는 5,000만 명, 2180년에는 1,000만 명 이하로 줄어들게 된다. 그리고 3200

년이 되면 드디어 일본인이 지구 상에서 완전히 사라지게 된다.[3] 바다 건너 남의 나라 이야기가 아니다.

우리나라 가임 여성 출산율은 2012년 현재 1.3명으로 일본보다 낮다. 이처럼 낮은 출산율이 지속될 경우 2100년 한반도 인구는 현재 인구의 절반 수준인 2,468만 명으로 줄어들고, 2500년에는 현재 인구의 0.6퍼센트 수준인 33만 명으로 감소돼, 결국 한민족은 소멸하고 한국어도 사어死語가 될지 모른다.[4]

아직 오지도 않은 먼 미래의 일인데 왜 벌써부터 호들갑이냐고 할 수도 있다. 하지만 저출산에 따른 후유증은 이미 사회 곳곳에서 나타나고 있다. 지금의 저출산 문제가 멈추지 않고 계속된다면, 내수 부족에 따른 성장률 둔화와 경제활동인구 감소에 따른 노인부양부담 급증은 불 보듯 뻔한 일이다.

보건복지부 한국보건사회연구원은 2012년 조사에서, 저출산의 영향으로 경제성장률은 2010년대 4.1퍼센트에서 2040년대 1.2퍼센트로 추락하고, 국내총생산GDP 대비 복지부담은 2011년 7.8퍼센트에서 2050년 21.1퍼센트로 급증할 것으로 전망했다.

생산연령인구가 줄고 있다

2012년 6월 23일 현재 우리나라 인구는 공식적으로 5,000만 명을 넘어섰다. 이로써 한때 최빈국이던 한국은 1인당 국민소득이 2만 달러가 넘고

인구가 5,000만 명을 넘어서며 세계에서 일곱 번째로 '20-50클럽'에 가입했다.

세계적으로 1인당 국민소득이 2만 달러를 넘는 나라는 30여 개국에 이르지만 북유럽과 같이 인구가 적은 나라가 대부분이다. 인구가 5,000만 명을 넘어선 나라는 25개국이나 되지만 상당수 국가들이 아시아나 아프리카에 위치한 신흥국가 또는 저개발 국가이고 국민소득이 2만 달러에 못 미친다. 이런 상황에서 우리나라가 일본(1987년), 미국(1988년), 프랑스·이탈리아(1990년), 독일(1991년), 영국(1996년)에 이어 '20-50클럽'에 가입했다는 건 경사스런 일이 아닐 수 없다.

그런데 가만 생각해보면 이상한 일이다. 저출산으로 인구감소를 걱정했던 나라가 어떻게 인구 5,000만 명을 넘길 수 있었을까? 사실 2006년 통계청은 우리나라 인구가 2018년 4,934만 명을 정점으로 이후 감소할 것으로 예상했다. 그러나 2011년 통계청 장래인구추계에 따르면, 우리나라 인구는 2030년이 되어서야 5,216만 명으로 정점에 도달할 것으로 예상되었다. 불과 5년 사이에 인구감소가 시작되는 시기가 12년이나 늦춰진 것이다.

이렇게 인구감소 시기가 늦춰진 데는 크게 세 가지 원인이 있다.

우선 출산율의 증가를 들 수 있다. 2005년만 해도 1.08명까지 떨어졌던 출산율이 2011년에는 1.24명까지 상승했다. 출산율이 높아진 데는 국가 간 인구이동도 영향을 미쳤다. 외국인 근로자의 유입과 결혼이민의 증가로 인해 2006년부터 2010년까지 28만 3,000명이 국내로 유입되었다. 하지만 결정적인 이유는 수명 연장에 따른 고령인구의 증가로 보인다.

우리나라의 '20-50클럽' 가입을 반길 수만은 없는 이유가 여기에 있다. 2030년까지 총인구가 계속 증가할 것이라고는 하지만 늘어나는 인구의 대부분은 경제활동을 하지 않는 고령인구이기 때문이다.

2012년 현재 65세 이상 고령자는 전체 인구의 11.8퍼센트에 불과하지만, 2030년이 되면 고령자는 우리나라 국민 네 명 중 한 명에 해당하는 24.3퍼센트까지 늘어나게 된다. 이에 반해 경제활동에 종사하는 '생산연령인구(15~64세)'는 2016년을 정점으로 계속 감소할 것이다. 이처럼 생산연령인구는 줄고 고령인구가 늘어나면 경제성장률에도 악영향을 끼칠 수밖에 없다.

인구구조 변화가 경제에 미치는 영향

하버드대학의 제프리 윌리엄스Jeffrey Williams 교수는 인구구조 변화가 경제성장에 미치는 영향에 주목하고 인구구조 변화를 부담단계, 보너스단계, 고령화단계 세 가지로 구분한다.[5]

첫 번째 단계인 '부담단계Burden Phase'는 공공위생 향상과 백신 보급으로 유아사망률이 감소하고 '유년인구(0~14세)'가 급증하면서 생산연령인구의 부양 부담이 커지는 시기이다. 우리나라의 경우 6·25전쟁 이후 베이비붐이 일어났던 시기가 이 단계에 해당한다.

두 번째 단계인 '보너스단계Bonus Phase'는 생산연령인구 비중이 급증하는 시기이다. 사망률이 떨어지면서 사람들은 대를 잇기 위해 많은 자녀를 낳을 필요가 없어졌다. 게다가 높은 출산율을 가난의 원인으로 보는 정부가 강력한 산아제한 정책을 실시하면서 유년인구가 감소하기 시작한다.

반면 이미 '부담단계'에서 출생한 아이들이 성장하면서 전체 인구에서 생산연령인구가 차지하는 비중은 오히려 증가하게 된다. 이렇게 부양인구는 줄어들고 경제활동인구는 늘어나면서 자연스럽게 경제성장 속도가 빨라지는데, 이 같은 현상을 '인구 보너스' 또는 '인구배당Demographic Dividend 효과'라고 한다.

우리나라가 인구배당을 받기 시작한 것은 1970년부터이다. 이때부터 산아제한 정책의 효과가 본격적으로 나타나면서 유년인구가 줄어들기 시작했고, 부담단계에 태어난 베이비붐 세대가 생산연령인구로 진입하면서 '경제부양비Economic Dependency Ratio'가 빠른 속도로 상승하기 시작했다.

경제부양비란 경제활동을 하지 않는 유년인구와 노년인구에 비해 생산연령인구가 얼마나 많은지를 보여주는 지표로, 이 비율이 높다는 건 그만큼 경제활동 종사자가 많다는 이야기이다.

경제부양비 = (15~64세 인구)/[(0~14세 인구)+65세 이상 인구]

다음 그림을 보면 1970년 이후 경제부양비가 빠른 속도로 상승하는 것을 볼 수 있다. 1970년에 1.2명에 불과했던 경제부양비가 1986년에는 2명을 넘어섰고 2012년에는 2.72명까지 상승했다. 경제부양비가 상승하자 국민소득도 덩달아 늘어났다. 1970년만 해도 255달러에 불과하던 1인당 GDP는 1995년 1만 달러를 넘어섰고, 2007년에는 드디어 2만 달러를 돌파했다. 산아제한에 따른 '인구 보너스'를 톡톡히 받았다고 볼 수 있다.

하지만 인구 보너스를 언제까지나 받을 순 없다. 산아제한에 따른 출산율 하락이 처음에는 유년부양비를 낮춰줄 순 있겠지만, 장기간 저출산이 지속되면 결국 생산연령인구로 유입되는 인구도 줄어들게 된다. 엎친데 덮친 격으로 베이비부머들마저 고령인구(65세 이상)로 편입되면서 생산연령인구가 급감하게 되는데, 윌리엄스 교수는 이 시기를 '고령화단계 Aged Phase'로 구분했다.

생산연령인구가 줄어들면 이와 강한 상관관계를 가지는 경제성장도 더뎌질 수밖에 없고 이런 현상을 인구 보너스와 반대되는 개념으로 '인구 오너스Demographic Onus'라고 부른다. 우리나라는 경제부양비가 2012년

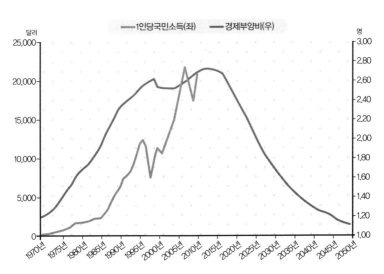

| 그림 1-2 | 경제부양비와 1인당 국민소득

2.72명으로 정점을 찍고 하락하고 있기 때문에 이미 '인구 오너스' 시대로 접어들었다.

뒷방으로 물러나기엔 아직 젊은 그들

그렇다면 생산연령인구가 줄면서 경제성장이 둔화되는 인구 오너스 시대를 대비하는 현명한 방법은 무엇일까? 저출산에 따른 생산연령인구 감소를 막기 위한 정책은 다양하다. 우선 출산과 육아에 드는 비용을 사회화해 출산율을 끌어올리거나 여성의 경제활동 참여에 대한 장벽을 낮추는 방안이 있다. 외국인의 이민을 지금보다 더 적극적으로 받아들이는 방법도 있다. 경쟁적인 사회 분위기를 개선해 청년들이 학력과잉에서 벗어나 좀 더 일찍 취업이나 창업을 할 수 있도록 여건을 만들어줄 수도 있다. 하지만 이런 방법이 효과를 나타내기까지 많은 시간과 천문학적 비용이 필요하다는 것이 문제이다.

생산연령인구 감소에 대응하는 정공법은 일할 능력과 의욕이 있는 고령자들을 노동시장에 계속 남아 있게 하는 방법이다. 이 방법은 고령화에 따른 재정적 충격을 완화시켜줄 뿐만 아니라 개인적 차원에서 노후에 대한 불안을 덜어줄 수 있다는 장점이 있다. 기업 입장에서도 손해를 보는 일이 아니다. 우선 고객들이 고령화되면 마케팅 차원에서 임직원들의 연령 또한 높아질 필요가 있다. 고령 임직원일수록 충성심이 높고 이직률이 낮아 채용 및 교육 비용을 아낄 수 있다는 점 또한 장점이 될 수 있다.

무엇보다 제조업의 경우 고령 근로자들의 갑작스런 퇴직으로 인해 이들이 가지고 있던 기술이나 지식, 경험과 인적 네트워크가 한꺼번에 사라지는 결과를 가져올 수 있다. 기업으로서는 막대한 손해가 아닐 수 없다.

고령자들을 노동시장에 계속 남아 있게 하는 가장 쉬운 방법은 '정년연장'을 법제화하는 것이다. 하지만 아직 법정 정년제도조차 도입되어 있지 않은 우리나라에서 정년연장부터 논의하는 것은 시기상조로 보인다. 기업들이 정년연장을 꺼리는 이유 중 하나는 근무기간에 비례해 연봉이 계속 올라가는 연공서열 방식 임금제도 때문이다.

현실적으로 고령자가 현재 근무하는 직장에서 좀 더 오래 일할 수 있게 정년을 연장하면서 단계적으로 임금을 줄여나가는 '임금피크제도'의 도입도 하나의 대안이 될 수 있다. 급여가 줄어드는 만큼 일에 대한 부담과 근무시간이 줄기 때문에 고령자로선 그리 손해가 아니다.

기업 입장에서도 인건비 부담을 덜면서 기존의 숙련된 인적자원을 최대한 활용할 수 있다는 장점이 있다. 실제로 2003년부터 일부 기업에서 임금피크제도를 도입하고 있긴 하지만 정부 지원이 미흡한 데다 기업들의 파행적 운영이 계속되면서 제대로 정착되지 못하고 있다. 인구 오너스 시대를 살아가려면 이러한 정책들을 어떻게 활성화시킬지 다시 한 번 검토해봐야 한다.

현재 우리나라의 정년제도는 은퇴시기가 되면 일과 수입을 급작스럽게 단절시킨다. 하지만 고령근로자들은 근무시간 조정을 통해 천천히 은퇴할 수 있기를 바란다. 따라서 '점진적 은퇴제도'를 활용해 조금씩 일의 비중을 줄여나간다면 급작스런 퇴직에 따른 정신적, 금전적 충격을 줄일 수 있다.

생산연령인구가 부족해 생기는 문제는 결국 고령세대가 일할 수 있는 여건을 만들어줌으로써 해결할 수밖에 없다. 인구 증가에 따른 경제 성장이 힘들어지는 인구 오너스 시대에 지속가능한 성장을 하기 위해서는 근로 현장에서 '나이'만을 이유로 차별할 수 없는 시대가 도래했다는 사실을 받아들여야 한다. 뒷방으로 물러나기에는 아직 '젊은' 노인들이 더 오래 일할 수 있는 여건을 조성하기 위한 정책을 적극적으로 고민해야 한다.

복고를 알면
돈의 흐름이 보인다

　최근 유통업계에서는 과거 인기 있었던 제품들을 새롭게 내놓고 있다.
그중 중장년층이 어린 시절 즐겨 먹었던 '새우깡, 맛동산' 같은 제품들은
여전히 높은 인기를 구가하고 있다. 방송과 문화 분야에서도 복고가 대세
이다. '추억의 보석상자'를 열어 먼지 쌓인 보석들을 하나하나 털어내는
프로그램들이 40~50대 중년들의 마음을 흔들고 있는 것이다.

　현재의 복고 열풍은 부모와 자녀 세대가 소통하면서 문화를 확대 재생
산하고 있다. 부모 세대에게는 향수를, 이전의 문화를 경험하지 못한 젊
은 세대에게는 신선함을 가져다주면서 서로 공감을 나눌 수 있게 된 것
이다.

복고 열풍의 주역 베이비부머

최근의 이러한 복고 열풍의 배후에는 베이비붐 세대가 자리 잡고 있다. 2010년 11월 현재 우리나라 베이비부머(1955~1963년생)는 695만 명으로 전체 인구의 14.5퍼센트를 차지한다.[6] 광역시 승격에 필요한 인구가 100만 명이라고 하는데, 9년이라는 짧은 기간 동안 7개 광역시 인구에 해당하는 아이들이 태어난 셈이다.

베이비부머는 머릿수만 많은 것이 아니라 경제력에서도 국가의 중심에 서 있다. 베이비부머들은 1970~1990년대 한국이 고도성장을 이룩하는 동안 경제활동을 하며 부를 축적해왔기 때문에 다른 어떤 세대들보다 부유하다. 이는 통계청 가계 금융 조사를 통해서도 그대로 드러난다. 우리나라 연령대별 가계 자산 규모를 살펴보면, 현재 베이비붐 세대가 주로 속해 있는 50대 가구의 총자산(3억 9,558만 원)이 20대(7,042만 원)와 30대(1억 6,124만 원) 가구보다도 훨씬 많은 것으로 드러났다.

게다가 베이비부머는 주도적으로 문화를 소비할 줄 아는 세대이다. 이들이 대학생활을 하던 1970~1980년대는 한국 대중문화의 중흥기를 이루었다. 이들은 젊은 시절 라디오와 음악다방에서 팝송과 통기타 연주를 들으며 감수성을 키워왔다.

이렇게 머릿수도 많고 경제력까지 갖춘 데다가 주도적으로 문화를 소비할 줄 아는 베이비붐 세대가 은퇴를 하면서 시간적 여유까지 갖게 되자 나타난 현상이 바로 '복고'이다. 인생에서 가장 즐겁고 행복했던 젊은 시절로 돌아가고자 하는 이들의 욕구를 기업이 놓칠 리 없다. 기업 입장에

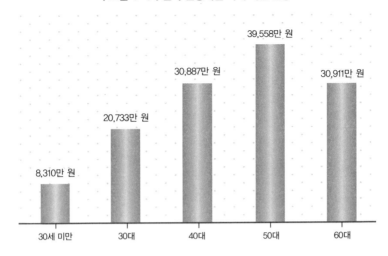

| 그림 1-3 | 한국 연령대별 가계 자산 현황

39,558만 원

30,887만 원

30,911만 원

20,733만 원

8,310만 원

30세 미만   30대   40대   50대   60대

자료: 통계청 가계금융조사(2011년)

서는 구매력을 갖춘 대규모 인구 집단에게 제품이나 서비스를 판매하려면 복고 콘텐츠를 꺼내들 수밖에 없는 것이다.

이 같은 복고 현상은 비단 우리나라에서만 벌어지는 것은 아니다. 일본에서도 '단카이 세대(1947~1949년생)'가 은퇴를 앞둔 2000년대 초반 '쇼와 레트로昭和 Retro'라는 복고 열풍이 일어났다. 이 말은 '쇼와시대로 돌아가자'는 의미로, 쇼와시대란 1926년부터 1989년까지 64년간 히로히토裕仁 일왕이 재위했던 기간을 말한다. 공교롭게도 일본은 쇼와시대가 막을 내리면서 1950년 이후 지속됐던 고도성장도 끝을 맺었다. 1990년대에 접어들면서 일본 경제는 주식과 부동산 시장의 버블이 붕괴하면서 극심한 장기침체에 빠져들었다.

누구나 삶이 팍팍해지면 과거 행복했던 시절로 돌아가고 싶어 한다. 단

| 그림 1-4 | 일본 연령대별 가계 자산 현황

- 30세 미만: 854만 엔
- 30대: 1,400만 엔
- 40대: 2,395만 엔
- 50대: 3,710만 엔
- 60대: 4,925만 엔
- 70세 이상: 5,024만 엔

자료: 일본 통계청 소비자 실태조사(2011년)

카이 세대 또한 자신들이 경제성장을 주도했던 풍요로웠던 시절로 돌아가고 싶었을 것이다. 그리고 그들은 복고 열풍을 주도할 만큼 유효수요를 갖춘 경제 집단이었다.

일본의 단카이 세대는 현재 생존자만도 680만 명에 이르는 대규모 인구 집단이다. 이들은 고도성장기를 이끌며 부를 축적한 탓에 다른 연령대에 비해 경제적으로 풍요롭다. 일본 통계청의 2011년 소비자실태조사에 따르면, 단카이 세대가 속한 60대 가계의 평균 자산규모는 4,925만 엔으로, 30대(1,400만 엔)와 40대(2,395만 엔) 가구보다 두세 배는 많다. 이렇듯 경제적으로 부유한 대규모 인구 집단이 은퇴하면서 젊고 풍요로웠던 시절에 대한 향수를 가지면서 나타난 것이 쇼와 레트로 현상이다.

늙은 부모가 늙은 아들에게

베이비붐 세대의 은퇴는 금융시장에 대규모 지각변동을 예고하고 있다. 이는 고령화가 가져다준 세대 간 부富의 편중 현상과도 관련이 있다. '인구 보너스'를 받으며 고도성장을 주도했던 베이비붐 세대들은 나름대로 부를 축적할 수 있었지만 오늘날의 젊은이들은 다르다. 생산연령인구가 줄면서 경제성장이 둔화되는 바람에 인구 보너스가 사라지면서 부를 축적할 기회 또한 줄어들었다. 제대로 된 직장도 갖지 못한 젊은이들이 부를 축적하기란 쉽지 않은 일이다.

그나마 기대수명이 짧을 때는 상속을 통해 부모들이 가진 재산이 이전되면서 세대 간 부의 불평등이 해소될 수 있었다. 하지만 수명이 늘어나면서 노후기간도 덩달아 늘어나서 자녀들에게 재산을 물려주기는커녕 가진 것을 다 써도 노후자금이 모자랄 정도이다. 설령 자녀들에게 물려줄 재산이 있다 해도, 자녀가 젊었을 때는 부가 이전되지 않고 늙어버린 뒤에나 상속이 가능한 상황이 되었다. 이른바 '노노상속老老相續'의 메커니즘이 작동하게 된 때문이다.

'노노상속'이란 말 그대로 노인이 사망하면서 갖고 있던 재산을 다시 노인에게 상속한다는 의미이다. 이 말은 노인대국 일본에서 유래했다. 일본 후생성에 따르면, 일본은 100세 이상 고령자만 해도 4만 4,449명이나 된다. 상황이 이렇다 보니 일본은 부모와 자녀가 함께 늙어가는 사회가 되어버렸다. 한 세대를 30년 정도라고 봤을 때, 부모가 90세 이상 살다 죽으면 자녀 나이도 이미 환갑을 넘는다. 이렇게 되면 늙은 부모가 남긴 재산을 다시 늙은 아들이 상속받게 되는 것이다.

일본의 유력 경제지인 〈니혼게이자이신문日本経済新聞〉은 지금 일본이 '두 개의 60퍼센트 덫'에 걸려 있다고 했다. 하나의 '60퍼센트'는 전체 금융자산의 60퍼센트가 60세 이상 노인 가구에 집중되어 있음을 의미한다. 리스크를 피하고 싶은 노인들 손에 돈이 쥐어져 있는 것이다.

나머지 '60퍼센트'는 일본의 가계 금융자산 가운데 현금과 예금 비중이 60퍼센트에 육박한다는 의미이다. 주식과 펀드 투자 비중은 10퍼센트가 채 안 된다. 이렇게 보수적으로 자산이 운용되면 일본 경제의 활력은 더 떨어질 수밖에 없다.

세대 간 부의 격차라는 관점에서 보면 한국은 일본과 많이 닮아 있다. 일본의 단카이 세대와 한국의 베이비붐 세대는 모두 고도성장기에 부를 축적한 세대이다. 반면 '잃어버린 20년'을 살아가는 일본의 젊은이들이나 '88만 원 세대'로 불리는 한국의 젊은이들은 부를 축적할 기회를 갖지 못하고 있다. 지금처럼 '고용 없는 성장'이 지속될 경우 세대 간 부의 격차는 더욱 커질 수밖에 없다.

어쩌면 한국이 일본보다 상황이 더 나쁠 수도 있다. 일본은 연금제도가 발달되어 자녀와 손자를 위해 재산을 증여하더라도 생활하는 데는 큰 문제가 없다. 하지만 우리나라는 사정이 다르다. 국민연금제도가 실시되고 있기는 하지만 그것만으로는 충분하지 않다.

국민연금공단이 발표한 자료에 따르면, 현재 정년퇴직을 앞두고 있는 베이비붐 세대 중 국민연금 가입자는 62.5퍼센트에 불과하고 노후에 받게 되는 예상 연금 월액도 45만 8,000원에 불과하다.[7] 이런 상황이라면 자녀와 손자에게 재산 상속은커녕 도와달라고 손 내밀지 않으면 그나마 다행이다.

적립에서 인출로, 월급이 끊긴 후에

다시 일본으로 돌아가보자. 경제평론가 오마에 겐이치大前研一는 "일본인은 죽을 때 가장 부자이다"라고 말했다. 일본의 고령자들은 젊은 세대보다 금융자산을 더 많이 가지고 있다.

40세 미만 젊은이들은 부채를 뺀 순 금융자산이 마이너스 상태이다. 저축할 수 있는 여력이 거의 없다는 이야기이다. 이유는 주택을 구입하면서 장기대출을 받기 때문인데, 이들은 빚부터 갚아야 하기 때문에 저축할 여유가 없다.

반면 60세 이상의 고령자들은 이미 모아둔 재산도 많은 데다 연금까지 꼬박꼬박 수령하고 있어 상대적으로 저축이나 투자할 수 있는 여유자금이 많다. 이는 일본 통계청이 2011년 발표한 소비자실태조사에서도 확인된 바이다. 상황이 이러하다 보니 금융기관에서 돈 많은 고령자를 위한 금융상품을 내놓는 것은 당연한 일이다.

은퇴한 고령자들의 라이프스타일과 자산관리 방법은 현역 직장인들과 다르다. 직장에 다니며 월급을 받을 땐 거기서 일부를 떼어 종잣돈을 마련하는 것이 일반적이다. 적금이나 적립식 펀드가 주요한 재테크 수단이 되는 것이다. 하지만 직장을 떠난 은퇴자들은 사정이 다르다. 은퇴와 동

| 그림 1-5 | 일본 가계 연령별 순금융자산 현황

1,860만 엔
1,785만 엔
927만 엔
74만 엔
-38만 엔
-262만 엔

30세 미만   30대   40대   50대   60대   70세 이상

자료: 일본 통계청 소비자실태조사(2011년)

시에 월급이 사라지기 때문에 이를 대신할 소득원을 만들지 않으면 안 된다. 따라서 자산관리 방법도 종잣돈 마련을 위한 '적립' 중심에서, 목돈을 맡겨두고 찾아 쓰는 '인출' 중심으로 바뀔 수밖에 없다. 금융기관은 이런 변화에 따른 금융상품을 내놓지 않으면 안 된다.

일본의 고령 은퇴자들에게 가장 인기를 끈 금융상품은 '월지급식 펀드'이다. 월지급식 펀드는 매달 일정한 금액을 불입해 목돈을 만드는 적립식 펀드와는 다르게 목돈을 맡겨둔 다음 다달이 분배금을 받아가는 구조로 운용된다.

월지급식 펀드가 일본에 처음 등장한 것은 1997년 무렵이지만, 2005년부터 판매량이 늘어나기 시작해 단카이 세대의 대량 퇴직이 시작된 2007

년 무렵에는 정점에 이르렀다. 당시 월지급식 펀드의 순자산 규모는 35조 엔을 넘어섰을 정도였는데, 이는 일본 공모펀드시장의 절반에 해당하는 규모였다.

최근에도 그 인기는 사그라들지 않아, 2011년 일본에서 판매되는 펀드 중 순자산 규모가 증가한 상위 30개 펀드가 모두 월지급식 펀드였다. 이런 현상에 대해 일본 금융권 관계자는 "월지급식 펀드가 많이 팔리는 것이 아니라, 고령 투자가들이 늘어나면서 일본에서 판매되는 대다수의 펀드에 월지급식 옵션이 붙었다고 보는 것이 맞다"라고 말했다.

우리나라 금융기관도 대량 퇴직을 앞둔 베이비붐 세대를 주목하지 않을 수 없다. 금융기관 입장에서는 단순히 '자산이 얼마나 많은가'보다는

| 그림 1-6 | 연령대별 가계금융자산 현황

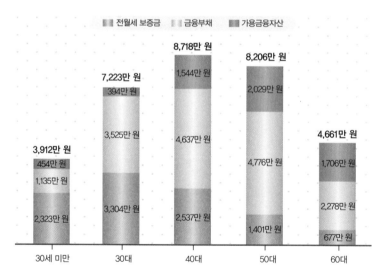

자료: 통계청 가계금융조사(2011년)

'실제 저축이나 투자할 여력이 얼마나 되는지' 살펴봐야 하는데, 이는 총 금융자산에서 금융부채와 전월세 보증금을 뺀 '가용금융자산'을 살펴보면 잘 알 수 있다.

총 금융자산만 놓고 보면 30대(7,223만 원)와 50대(8,206만 원) 가구가 별 차이가 나지 않는 것처럼 보이지만, 실제 가용금융자산만 놓고 보면 50대(2,029만 원)가 30대(394만 원)보다 다섯 배나 더 많다. 따라서 금융기관들도 살아남기 위해서는 자산이 풍부한 50세 이상 고객을 잡을 수밖에 없다. 최근 금융기관마다 우후죽순처럼 은퇴 관련 연구소를 설립하고, 이들을 대상으로 한 즉시 연금, 월지급식 펀드, 월지급식 ELS(주가연계증권)와 같은 금융상품을 쏟아내는 것도 이와 무관하지 않다.

늙어가는 나라,
평행선을 달리는 사람들

누구나 오래 살기를 바란다. 하지만 늘어난 수명을 유지하는 데 들어가는 비용을 스스로 감당하려는 사람은 드물다. 이런 사실을 너무나 잘 알고 있는 정치인들은 고령자들의 표를 얻기 위해 더 많은 혜택을 주겠다고 약속한 다음 청구서는 슬그머니 신생아들 기저귀 속으로 숨겨버린다.

젊은이들은 고령자들과 정치인들이 은퇴를 '보수가 높은 장기적 직업'으로 바꿔놓았다고 불평한다. 하지만 고령자들은 정부로부터 약속받은 기득권을 내놓을 생각이 전혀 없다. 이러한 세대 간 줄다리기의 승패는 이미 고령자 쪽으로 기운 듯하다.

고령화가 진전될수록 노인들은 더 많아질 것이고 이들의 표는 자신들의 이익을 위해 빠른 속도로 결집될 것이기 때문이다. 고령사회에서 이러한 정치적 메커니즘이 어떻게 작동하는지 살펴보기로 하자.

정치권에 부는 회색파워

경영학의 구루 피터 드러커 Peter Drucker는 21세기 중반이 되기 전, 모든 선진국들의 인구구조가 고령자가 젊은이보다 많은 쪽으로 변화될 것이라고 예견했다. 그리고 출산율 감소와 고령화가 정치에 대혼란을 가져올 것이라고 했다.[8] 정치, 경제, 사회 전 분야에 걸쳐 노인들의 욕구 표출이 가속화되고 그들이 정치 집단화되면서 '고령시민파워' 또는 '회색파워'가 급격히 커질 것이라는 게 그의 분석이다.

고령자들이 자신들의 힘을 과시하는 방법에는 선거 참여와 이익단체 활동 두 가지가 있다. 선거와 이익단체를 통한 고령자들의 정치 참여가 활발해질수록 납세자와 정치권력 간 불일치는 심화될 수밖에 없다. 소득세 중심의 과세체계하에서는 조세수입의 대부분이 젊은 근로자에게서 나온다.

하지만 1인1표와 다수결 원칙에 기반한 민주주의 제도하에서는 납세 여부와 상관없이 더 많은 표를 가진 계층에 의해 정치적 의사결정이 이뤄지게 된다. 따라서 고령화가 진전될수록 의사결정권은 고령자에게 넘어갈 수밖에 없는 것이다.

세금을 내지 않는 사람들에게는 세금을 아끼려는 의지가 없다. 영국의 정치사상가인 존 스튜어트 밀 John Stuart Mill은 저서 《대의정부론 Consi-

derations on Representative Goverment》에서 "세금을 내지 않는 사람은 다른 사람들이 낸 세금을 자신들의 투표에 의해 처리하기 때문에 낭비를 하게 될 충분한 동기를 갖게 되며 절약하는 동기를 갖지 않는다"고 말했다.

은퇴자들은 더 많은 연금을 받으려 그들의 투표권과 영향력을 행사하려 할 것이다. 이렇게 되면 더 많은 세금을 부담해야 하는 젊은 납세자들의 불만이 커질 수밖에 없다. 이와 같은 '세대 간 충돌'은 고령화가 진전됨에 따라 그 강도가 커지면 커졌지 약해질 일은 없을 것이다.

일자리와 연금을 둘러싼 세대 간 충돌

"이봐요, 너무하시는 거 아니에요? 젊은 사람들 일자리가 없잖아요?"

이는 프랑스 대학생들이 기성세대의 정년연장 움직임에 반대하며 자주 하는 말이다. 2010년 10월, 프랑스에서는 '연금개혁법'을 둘러싼 신구 세대 간 갈등이 극에 달하고 있었다. 연금개혁법의 골자는 기존 60세이던 정년을 62세로 연장하고, 연금수령 시기를 65세에서 67세로 늦춘다는 것이었다.

이 개혁안을 두고 청년들이 문제 삼은 것은 정년연장과 관련된 정책이었다. 2009년 프랑스의 실업률은 8.2퍼센트였으며, 이 가운데 15~24세의 청년 실업률은 무려 21.2퍼센트로 세계 최고 수준이었다. 한 번도 직장을 가져보지 못한 청년 백수가 전체 실업자의 40퍼센트나 되는 상황이었다.[9]

이런 상황에서 정년이 연장되면 젊은이들의 취업은 더욱 힘들어질 게 불 보듯 뻔했다. 이에 위협을 느낀 대학생과 고등학생들이 정년연장에 반대하며 거리로 나선 것이다. 현역 근로자들 또한 법안 저지를 위해 전면파업에 돌입했다. 이들을 분노하게 한 것은 정년연장과 함께 연금개시 연령을 2년 뒤로 늦추겠다는 법안이었다. 이미 기득권을 가진 자들 입장에서도 '더 많이 일하고 덜 받는' 연금개혁은 달가울 리 없었다.

학생들과 노동계의 격렬한 반발에도 불구하고 2010년 10월, 프랑스의 연금개혁법안은 상원을 통과했다. 프랑스 정부는 왜 미래 세대와 현재 세대 그 누구도 원하지 않는 연금개혁을 단행해야만 했을까? 그 이유는 '재정적자' 때문이었다.

프랑스가 기존의 연금제도를 그대로 방치했다면 재정적자 규모가 2030년에는 700억 유로, 2050년에는 1,000억 유로로 이르게 된다. 재정적자는 결국 미래 세대에게 부담으로 돌아갈 수밖에 없다. 정부가 재정문제를 해결하는 방법은 정년을 연장해 연금보험료를 납부하는 경제활동인구를 늘리고, 연금지급 시기를 늦춰 연금을 받는 사람을 줄이는 연금개혁밖에 없다.

최근 남유럽 재정위기의 주범으로 전문가들은 '적게 내고 많이 받는' 연금정책을 주목하고 있다. 먼저 연금개혁에 나선 것은 이탈리아이다. 2011년 12월 4일 이탈리아 복지부장관 엘사 포르네로Elsa Fornero는 연금개혁에 대해 설명하는 기자회견장에서 "우리는 연금개혁을 해야만 한다. 그것은 우리에게 심리적으로 많은 비용을 치르게 할 것"이라고 말한 뒤 눈물을 흘리며 말을 잇지 못했다. 곁에 있던 마리오 몬티Mario Monti 총리가 포르네로의 말을 이어 "희생"이라고 말했다. 유럽 재정위기의 중심에 서 있는 이탈리아를 구해내기 위해서는 국민들의 희생이 불가피하다는 의미이다.

이탈리아뿐 아니라 남유럽 재정위기의 또 다른 주역이라 할 수 있는 스페인과 그리스 역시 연금개혁에 나섰다. 스페인 정부와 최대 노조인 노동총연맹도 2011년 1월, 65세인 근로자의 정년을 67세로 연장하고 연금개시 연령을 늦추는 데 합의했다. 그리스도 유럽 국가들의 압력을 이기지 못하고 3년간 연금을 동결하는 한편, 정년 또한 60~61세에서 63~65세로 늦추는 계획을 확정했다.

프랑스와 남유럽의 연금개혁이 남의 나라 얘기만은 아니다. 2008년 국민연금추계위원회는 2060년이 되면 국민연금기금이 고갈될 것이라 전망했다. 2012년 7월 국회예산처는 이보다 7년이나 빠른 2053년이면 기금이 전부 소진될 것으로 예견했다. 국민연금기금이 고갈되면 기금 수입은 오직 국민연금보험료에 의존하게 된다. 이렇게 될 경우 연금제도를 유지하기 위해서는 연금 부족분을 정부가 국고에서 보전해주든가 혹은 다음 세대로 그 부담을 떠넘겨야 한다. 두 가지 방법 모두 나 살자고 다음 세대에게 그 짐을 지우는 일이다.

미래 세대에게 부담을 떠넘기기 않으려면 연금 가입자가 더 많은 보험료를 내거나 연금을 수령하는 시기를 한참 뒤로 미뤄야 한다. 이를 위해선 기득권을 가진 기성세대들의 양보가 필요한데 그러려면 고령자 일자리 대책이 우선 마련되어야 한다.

파산한 할아버지의 착각

선진국에서는 제2차 세계대전 이후 출생한 베이비붐 세대가 퇴직 연령에 접어들었다. 그런데 저출산으로 인해 이들을 부양해야 할 경제활동인구는 갈수록 줄어들고 있다. '적게 내고 많이 받는' 방식의 연금제도는 경제활동인구가 계속해서 늘어난다는 전제하에 만들어졌기 때문에 현재의 상황과 맞지 않다. 만약 현재의 연금제도가 자신에게 유리하다고 개혁을 미루게 되면 국가 부채는 커질 수밖에 없고 그 부담을 고스란히 후대에 떠넘기는 꼴이 된다.

프랑스 소르본느대학의 베르나드 스피츠Bernard Spitz 교수는 저서《세대 간의 전쟁Le papy-krach》에서 베이비붐 세대를 '파산한 할아버지'에 비유하고 있다.[10] 파산한 할아버지란 스스로를 책임질 능력도 없으면서 엄청난 부채를 후대에 떠넘기는 사람을 말한다. 지금의 베이비붐 세대들 역시 '젊은이들이 갚아주겠지' 하는 안이한 생각으로 어떻게든 자신들의 연금만을 챙기려 할 수 있다. 만약 베이비붐 세대들이 지금과 같은 연금제도를 계속 고집하며 그 부담을 고스란히 젊은이들에게 떠넘긴다면 '세대 간 전쟁'이 일어날 것이다. 갈등이 커지면 모두에게 득 될 게 없다.

한국은 고령사회를 향해 빠른 속도로 질주하고 있다. 고령화는 지금까지 아무 문제없이 유지되던 사회질서를 근본적으로 뒤흔들 것이다. 이 중에서 세대 간의 균형이 가장 급격하게 무너지며 갈등이 심화되고 있는 곳이 바로 '일자리'와 '연금' 분야이다. 그리고 지금 당장 갈등 해결의 실마리는 '희생'밖에 없어 보인다.

부의 양극화가
희망 격차를 만든다

우리 사회의 허리 역할을 하던 중산층이 급격히 줄어들고 있다. 경제협력개발기구OECD는 가구를 소득 순으로 나열한 다음 한가운데에 있는 가구 소득(중위소득)을 기준으로 50~150퍼센트 사이에 있는 가구를 '중산층'이라고 부른다. 그리고 중위소득의 50퍼센트 미만을 '빈곤층', 150퍼센트 이상을 '고소득층'으로 분류한다.

한국은행이 이 잣대를 가지고 우리나라 중산층 비율을 살펴봤더니, 1990년 75.4퍼센트에 달하던 비율이 2010년에는 67.5퍼센트까지 줄어들었다. 뿐만 아니라 중산층 안에서 적자 가구 비중은 같은 기간 동안 15.8퍼센트에서 23.3퍼센트로 높아졌다.[11]

이는 중산층이 빠른 속도로 붕괴되며 새로운 빈곤층으로 전락하고 있다는 얘기다. 예컨대 집은 있지만 주택구입 담보대출을 갚느라 가난해진 '하우스푸어House-poor', 직장은 있지만 저임금·비정규직인 '워킹푸어 Working-poor', 자식교육 때문에 아무런 준비 없이 노후를 맞은 '리타이어 드푸어Retired-poor'가 그들이다.

중산층은 한 사회의 생산과 소비를 담당하는 경제활동의 주축인 동시에 정치, 사회의 주된 흐름을 만들어내는 중심 세력이다. 따라서 사회 구성원 전부가 중산층일 필요는 없다고 해도, 경제와 사회의 안정을 위해서는 중산층이 일정 비율 이상으로 유지되어야 한다. 그런 면에서 최근 우리 사회에서 이 비율이 줄어들면서 특정 계층에 소득이 집중되는 양극화 현상이 두드러지는 것은 위험 징후가 아닐 수 없다.

| 그림 1-7 | 줄어드는 중산층

자료: 한국은행 경제연구소(2011년)

소득이 소수에게 집중될 경우 재화와 서비스에 대한 전체 수요는 줄어들기 마련이다. 이는 부자들이 소득의 대부분을 소비하지 않기 때문이다. 소비 수요가 높지 않으면 투자가들 입장에서도 투자수익을 뽑아낼 수 있을 만큼의 충분한 수익을 기대할 수 없기 때문에 투자가 둔화될 수밖에 없다.

이 같은 양극화에 따른 소득 불균형 문제가 해결되지 않는 한 국가 경제가 가진 구매능력이 생산능력을 밑돌기 때문에 강력한 경기회복을 지속하지 못하게 된다. 이런 상황에서는 결국 경제가 장기적인 저성장 국면으로 접어들 수밖에 없다.

희망격차사회

소득의 양극화도 문제이지만, 더욱 심각한 문제는 이로 인해 신분상승과 계층이동에 대한 희망마저 사라져가고 있다는 점이다. 한때는 '열심히 일하면 잘산다'는 믿음이 있었다. 하지만 저출산과 고령화에 따른 저성장과 잇단 경제위기에서 촉발된 경기침체는 중산층이 가졌던 희망의 사다리마저 걷어차버렸다.

통계청이 2011년 내놓은 사회조사에서도 이러한 변화를 읽을 수 있다. 일생 동안 열심히 노력해도 자신의 사회·경제적 지위가 높아질 가능성이 '낮다'고 생각하는 사람의 비율이 무려 58.7퍼센트나 됐다. 이에 비해 상승 가능성이 '높다'고 본 사람은 28.8퍼센트에 불과했다. 10명 중 6명은 열심히 살아도 신분상승의 사다리에 올라탈 수 있는 기회가 없다고 생각하며 살아가고 있는 셈이다.

더욱 걱정스러운 대목은 스스로를 상층이라고 생각하는 가구주들은 그나마 신분상승 가능성이 '높다'고 응답한 수가 많았지만, 중층과 하층이라고 생각하는 가구주들은 가능성이 '낮다'고 응답한 수가 절대적으로 많았다는 점이다.

가구주 본인이 상층이라고 생각한다는 응답 비율은 이 조사에서 고작 1.9퍼센트에 불과했는데, 1.9퍼센트의 상층 집단에서만 신분상승 가능성이 높다고 보는 응답이 더 많았던 것이다. 나머지 98.1퍼센트의 가구는 '열심히 노력해도 사회·경제적 지위는 높아지기 어렵다'는 인식을 더 많이 하고 있었다.

이렇게 한 사회가 미래에 대해 희망자들과 절망자들로 분열된 상태를 가리켜 일본의 사회학자 야마다 마사히로山田昌弘 교수는 '희망격차사회'라고 명명했다.[12] 일본 젊은이들 중 앞으로 자신의 삶이 더 좋아질 것이라고 생각하는 비율은 불과 15퍼센트 전후에 지나지 않았고, 40퍼센트의 젊은이들이 지금보다 생활수준이 악화될 것이라고 생각하고 있었다. 부의 양극화로 인해 희망의 양극화마저 일어나고 있는 것이다.

미래에 대한 희망이 사라지면 더 이상 미래를 준비하지 않게 된다. 마사히로 교수는 인터뷰 조사를 하던 중, 국민연금을 내지 않는 30대 초반의 남자 프리터(아르바이트나 파트타임으로 생계를 유지하는 사람)를 만나 "국민연금을 내지 않는데 앞으로 노후생활은 어떻게 할 생각이냐?"라고 물었다. 그러자 그는 "5년 후 생활도 전망이 서지 않는데 50년 후 생활을 걱정할 수가 있겠느냐"라고 말하며, "프리터로서 매달 1만 3,000엔 남짓한 국민연금을 내는 것은 저금이 없는 사람이 대략 40년 만기의 중도해약이 불가능한 적금을 드는 것과 마찬가지다. 아무리 연금 혜택이 좋다고 해도 매달 1만 3,000엔의 여유가 있다면 50년 후의 리스크를 대비하기보다는 앞으로 5년간의 생활을 향상시키는 데 쓰고 싶다"고 말했다.

이처럼 사회 계층 간 희망격차가 커져가면서, 저소득층 젊은이들에게 더 이상 일류 대학에만 들어가면 괜찮다, 대기업에만 입사하면 괜찮다, 결혼만 잘하면 괜찮다고 '희망 고문'을 할 수 없게 됐다. 이들은 아무리 열심히 살아도 삶의 질이 나아지지 않고, 노력한 만큼의 보상이 돌아오지 않으며, 처절한 경쟁에서 살아남아도 미래가 안정적으로 보장되지 않기에 늘 불안해하고 있다.

현실 경제에서 낙수 효과란 없다

그렇다면 양극화를 초래한 원인은 무엇일까? 미국 클린턴 행정부 시절 노동부 장관을 역임했던 로버트 라이시Robert Reich UC버클리대학 교수는 미국을 소득과 부의 극심한 불균형으로 몰고 간 주범으로 '첨단기술'을 주목했다.[13] 인터넷과 고도로 발달된 통신기술은 기업에 전 세계의 값싼 노동력에 손쉽게 접근할 수 있는 기회를 제공했고, 전산화 및 자동화, 첨단 소프트웨어 등 첨단기술은 국내 노동력을 저렴한 비용으로 대체해나 갔다.

그 결과 미국 내에는 오직 두 종류의 일자리만 남게 되었다. 소매업과 식당, 호텔이나 병원, 배달 등으로 대표되는 대인서비스 업종이 그중 하나이다. 이런 직업에는 고도의 기술이 필요치 않고 고소득자로 합류할 기회도 희박하다. 한편 반대편에는 고도의 기술을 요하는 복합서비스 업종이 있다.

인력이 풍부해 실질임금이 하락하는 대인서비스 업종에 비해 종사 인력이 한정된 복합서비스 업종은 수요가 증가하고 실질임금 또한 상승하는 경향을 보인다. 이런 추세가 계속된다면 고급 교육을 받고 좋은 인맥을 가진 소수가 전체 소득의 대부분을 차지하게 될 것이다.

첨단기술의 발달도 무시할 수 없지만 한국에서 양극화를 초래한 가장 큰 원인은 지나치게 수출 중심의 성장을 도모한 데 있다. 2000년대 이후 우리나라의 경제성장은 내수보다는 수출을 중심으로 이뤄졌다. 1인당 GDP가 1만 2,000달러에 머물렀던 2002년 당시만 해도 GDP에서 수출이 차지하는 비중은 33퍼센트에 불과했다. 하지만 이후 1인당 GDP가 2만 달러를 돌파하는 과정에서 수출이 차지하는 비중도 꾸준히 상승해 2011년에는 GDP 내 수출 비중이 무려 56퍼센트에 이르렀다. 국민소득 중 절반 이상이 해외에서 벌어들인 셈이다. 결국 우리나라가 지금의 소득 수준을 유지하려면 수출에 목매달 수밖에 없다는 얘기다.

모든 나라가 무역 장벽을 허물고 완전 경쟁에 들어선 신자유주의 체제에서 수출경쟁력을 가지려면 전 세계에서 가장 싼 제품을 만들거나 아니면 가장 뛰어난 제품을 만들어야 한다. 모든 기업이 이 같은 능력을 갖고 있지는 않기 때문에, 수출 경쟁력을 갖춘 몇몇 기업에 모든 자원을 몰아

준 다음 수출로 벌어들인 돈을 모두가 나눠 가져야 한다.

소위 말하는 '낙수 효과'를 기대하는 것이다. 낙수 효과란 넘쳐흐르는 물이 바닥을 적신다는 뜻으로, 정부가 투자를 증대해 대기업과 부유층의 부를 먼저 늘려주면 중소기업과 소비자에게까지 혜택이 돌아감으로써 총체적으로 경기를 활성화시킨다는 경제이론이다.

하지만 현실 경제에서 낙수 효과를 기대하기란 어렵다. 우리나라가 수출을 통해 지속적인 성장을 하려면 특정 계층의 희생이 필요할지도 모른다. 이들의 희생 덕분에 성공한 사람들은 소득을 적절히 재분배하지 않으면 안 된다. 만약 계속해서 특정 계층의 희생만 강요하면, 이들 역시 가만히 있지만은 않을 것이다. 어차피 잃을 게 없는 상황이 되면 "너 죽고 나 죽자"는 식으로 대들지도 모르기 때문이다.

양극화 시대의 성장 방정식

'최후통첩 게임'은 양극화 시대에 새로운 성장의 기준이 될 수 있다. 최후통첩 게임은 한 번도 만난 적 없는 두 사람이 10달러를 가지고 흥정을 벌이는 게임이다. A는 B에게 10달러를 어떤 방식으로 나눌지 제안할 수 있다. 10달러를 전부 B에게 주겠다고 제안할 수도 있고, 반반씩 나누자고 제안할 수도 있으며, 본인이 전부 다 가질 수 있다. 즉 10달러를 얼마씩 나눌지는 A 마음대로 결정할 수 있다.

B의 역할은 A의 제안을 받아들일지 말지 결정하는 것이다. 만약 제안

을 받아들이면 두 사람은 A가 정한 대로 10달러를 나눠 갖게 되지만, 거부하면 둘 다 돈 한 푼도 갖지 못하고 게임은 끝난다. B가 합리적 인간이라면 A가 1달러를 주더라도 받는 것이 좋다. 제안을 거부해 한 푼도 못 받는 것보다 1달러라도 받는 게 경제적으로 이득이 되기 때문이다.

하지만 이러한 가정은 여지없이 빗나갔다. 세계 여러 나라에서 진행된 실험 결과 B가 20퍼센트 미만을 받게 되면 서슴지 않고 이를 거부했던 것이다. 이들은 "너 죽고 나 죽자"는 식으로 판을 깨버린 이유에 대해 한결같이 "불공평해서"라고 답했다.

저출산으로 내수가 부족한 한국 경제가 지속적으로 성장하려면 수출이 유일한 길이라는 사실을 부정할 사람은 없을 것이다. 고령인구가 급증하면 젊은이들의 부양 부담은 갈수록 커질 것이다. 이 과정에서 누군가가 희생해야 한다면 그들을 위한 배려도 반드시 있어야 한다. "너 죽고 나 살자"는 식으로 무분별한 성장에는 그 한계가 분명하기 때문이다. 양극화 시대의 성장 방정식은 "너 살고 나 살고"가 되어야 할 것이다.

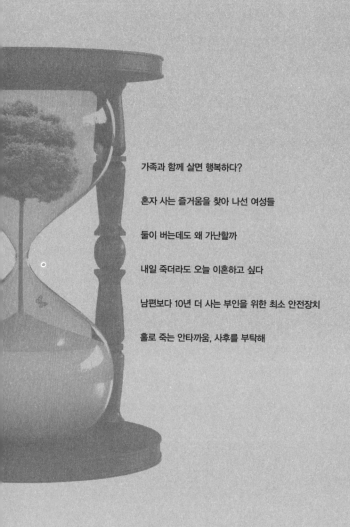

가족과 함께 살면 행복하다?

혼자 사는 즐거움을 찾아 나선 여성들

둘이 버는데도 왜 가난할까

내일 죽더라도 오늘 이혼하고 싶다

남편보다 10년 더 사는 부인을 위한 최소 안전장치

홀로 죽는 안타까움, 사후를 부탁해

새로운 가족,
새로운 행복 찾기

가족과 함께 살면
행복하다?

고령화에 따른 저성장 탓일까? 아니면 잇단 경제위기로 인한 경기침체 탓일까? 최근 청년실업률이 고공행진을 하면서 '캥거루족'들이 눈에 띄게 늘고 있다. 캥거루족이란 이미 독립할 나이가 지났는데도 직장을 얻지 못해 부모에게 얹혀살거나, 취직한 다음에도 경제적으로 독립하지 않고 부모에게 빌붙어 사는 자녀를 말한다. 아무 거리낌 없이 부모 집에서 방 한 칸을 차지한 채 부모가 뒷바라지해주는 것을 당연시하는 이들의 모습이 마치 어미의 주머니에서 먹이를 기다리는 새끼 캥거루를 닮았다고 해서 붙여진 이름이다.

서울시 조사[14]에 따르면, 부모와 동거하는 30~49세 자녀는 지난 2000년 25만 3,000명에서 2010년 48만 4,000명으로 10년 새 두 배 가까이 늘었다. 예전에는 부모와 자녀가 함께 살면 자녀가 부모를 모시고 사는 경우가 많았지만 요즘은 부모가 자녀를 부양하는 경우가 훨씬 더 많다.

서울시가 60세 이상을 대상으로 '자녀와 함께 사는 이유'에 대해 물었더니, '자녀의 독립적인 생활이 불가능해서'라고 답한 부모가 무려 29퍼센트나 됐다. 여기에 '손자녀의 양육 및 자녀 가사를 돕기 위해'라고 답한 10.5퍼센트를 더하면, 자녀부양을 위해 함께 산다는 응답이 39.5퍼센트에 달한다. 이는 '경제 및 건강상 이유로 본인(부모)의 독립생활이 불가능해서'라는 응답(32.3퍼센트)보다 7.2퍼센트포인트나 높은 수치이다.

부모에게 기생하는 젊은이들

캥거루족의 증가는 비단 한국만의 문제가 아니다. 야마다 마사히로 교수는 1998년 자신의 저서[15]에서 "일본 사회가 저성장 국면으로 접어들면서 취직이 어려워지고 소득이 줄자 부모에게 기생하는 젊은이들이 늘어났다"고 지적하며, 이렇게 부모와 동거하는 미혼 자녀를 '패러사이트 싱글Parasite Singles'이라 명명했다.

패러사이트란 영어로 기생충을 의미하므로, 패러사이트 싱글은 '기생하는 독신자'라고 할 수 있다. 물론 그들의 숙주는 부모이다. 숙주 역할을 하는 부모들은 나이 든 자식들을 부양하지만 그들로부터 얻을 수 있는 경제적인 이득은 거의 없다. 동시에 기생하는 자녀도 숙주에게 큰 폐를 끼치지는 않는다. 숙주가 약화되면 자신도 더 이상 기생할 수 없기 때문이

| 그림 2-1 | 늘어나는 캥거루족

부모와 함께 사는 30~49세 서울 시민

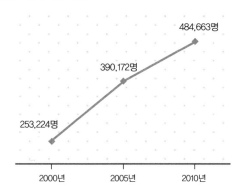

484,663명

390,172명

253,224명

2000년   2005년   2010년

60세 이상 서울 시민이 자녀와 함께 사는 이유

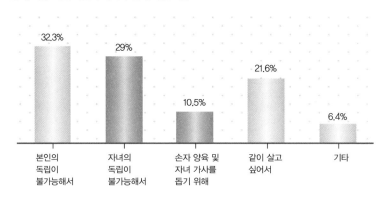

32.3%   29%   10.5%   21.6%   6.4%

본인의 독립이 불가능해서 / 자녀의 독립이 불가능해서 / 손자 양육 및 자녀 가사를 돕기 위해 / 같이 살고 싶어서 / 기타

자료: 서울시

다. 그저 부모가 쓰러지지 않을 정도로만 적당히 도움을 받아가면서 싱글 생활을 즐기는 것이다. 이런 면에서 '패러사이트 싱글'이라는 비유는 오늘날 부모와 동거하는 미혼자에게 딱 들어맞는 표현임이 틀림없다.

그렇다면 캥거루족이 늘어나는 이유는 뭘까? 단지 자녀들이 책임감 없이 게으른 탓일까? 가장 큰 이유는 사회적, 경제적 상황이다. 이런 상황에서 자녀들이 부모 곁을 떠나지 않는 것은 부모와 함께 사는 게 여러모로 이롭기 때문이다.

우선 각종 공과금이나 생활비가 들지 않는다. 요리, 빨래, 청소도 부모가 다 해준다. 게다가 돈이 필요하다고 하면 부모는 언제든지 지갑을 열 준비가 되어 있다. 기본 생활비를 부담하지 않기 때문에 자기가 번 돈을 마음대로 쓸 수 있다는 것도 매력이다. 자신의 월급으로 가끔 해외여행도 갈 수 있고, 자동차와 명품 옷, 가방도 살 수 있다. 하지만 독립하는 순간 이 모든 혜택을 포기해야 한다.

부모 입장에서는 자녀와 함께 사는 것이 달갑지만은 않다. 자녀의 뒷바라지만 하다간 노후준비는 엄두도 낼 수 없기 때문이다. 영국에서는 부모와 함께 사는 젊은이들을 '키퍼스KIPPERS'라고 부르는데, 이 말을 풀어보면 '부모의 노후자금을 갉아먹는 아이들Kids in Parent's Pockets Eroding Retirement Savings'이라는 뜻이다. 이런 생활은 장기적으로 볼 때 자녀에게도 이롭지 않다. 부모 곁에서만 맴돌다간 성인으로서 마땅히 짊어져야 할 의무를 배우지 못하기 때문이다.

부모와 자녀의 '아름다운 동거'가 계속되려면 나름대로의 원칙이 필요하다. 먼저 부모는 자녀에게 '인생에는 공짜 점심이 없다'는 사실을 가르쳐야 한다. 휴대전화 요금, 차량 유지비, 보험료, 신용카드 결제 대금 등 자신이 쓴 것은 스스로 내게 해야 한다. 청소, 설거지 같은 집안일도 거들게 해야 한다.

자녀 입장에서도 독립하기 전에 돈 관리하는 방법과 집안일 하는 방법을 배워둔다면 장기적으로 더 나은 삶을 살 수 있는 데 도움이 될 것이다. 새끼 캥거루가 제대로 성장하려면 어미는 아무리 걱정이 되어도 적절한 시기에 새끼를 세상 밖에 내놓아야 한다.

패러사이트 중년과 유령연금

캥거루족이 젊은이들만의 문제는 아니다. 최근 일본에서는 중년이 되어도 결혼하지 않고 부모와 동거하는 자녀들이 늘어나고 있다. 오죽하면 '패러사이트 중년'이라는 말까지 등장했다. 일본 총무성에 따르면, 35세에서 44세에 이르는 일본인 6명 중 1명(총 300만 명)이 여기에 해당한다. 이는 마사히로 교수가 지적했던 패러사이트 싱글 가운데 상당수가 중년이 돼서도 여전히 부모에게 의존하고 있기 때문이다.

여기에도 역시 경제적 요인이 크게 작용했다. 야마다 마사히로 교수에 따르면, 부모와 동거하고 있는 35세 이상 미혼자의 평균 수입은 1994년 204만 엔에서 2004년 138만 엔으로 감소했다. '패러사이트 중년'의 가장 큰 특징 중 하나는 부모의 연금을 사이 좋게(?) 나눠 쓴다는 점이다. 이런 중년들을 '연금 패러사이트'라고 부르기도 한다.

문제는 부모가 사망한 다음이다. 최근 일본에는 부모가 죽은 다음에도 사망신고를 하지 않고 연금을 수령하는 몰염치한 자녀들까지 생겨났다. 실제로 2010년 7월 말 도쿄의 최고령 남성으로 등록된 111세 할아버지가 실제로는 30년 전에 숨진 것으로 밝혀졌다. 유족들이 사망자의 노령연금을 계속 받기 위해 시신을 집 안에 미라 상태로 방치한 채 사망신고를 하지 않은 것이다. 사건의 전말이 밝혀지면서 불법으로 연금을 받아온 81세 딸과 53세 손녀는 사기혐의로 구속됐다.

일본 후생노동성은 이 사건을 계기로 76세 이상의 연금 수령자 가운데 지난 1년간 건강보험 이용 기록이 없는 34만 명을 대상으로 소재 파악에 나섰고 그 결과 572명이 이미 사망했거나 실종된 기록을 확인했다. 대부분은 사망자의 연금에 의지해 생계를 이어가는 유족이 사망신고를 하지 않은 경우였다. 이를 두고 일본에서는 '고인故人연금' 또는 '유령연금'이라고 불렀다.

남유럽 재정위기의 중심에 서 있는 그리스도 유령연금 문제로 골머리를 앓고 있다. 2011년 인구조사 당시 그리스에서 100세가 넘은 인구는 1,700명이 채 안 되었다. 이에 반해 같은 기간 그리스 최대 공적 연금인 사회보장재단IKA에서 연금을 수령하는 100세 이상 고령자는 무려 9,000명이 넘었다. 지난 10년간 부정연금 수급자에게 지급된 연금이 무려 70~80억 유로에 이른 것이다. 80억 유로이면 그리스 국내총생산의 3.5퍼센트에 이르는 액수이다. 상식적으로 일어날 수 없는 일이었지만, 그리스가 부도 위기에 처하기 전에 이 문제를 지적한 사람은 아무도 없었다.

우리나라도 예외는 아니다. 2011년 11월 전남에 사는 임모 씨는 3년 전 사망한 부친의 국민연금을 계속 받아오다 국민연금공단 직원의 현장조사로 적발되었다. 임씨는 아버지가 병원에 입원 중이라고 했지만, 마을 주민에게 확인한 결과 2008년에 이미 사망한 것으로 밝혀졌다. 국민연금공단에 따르면, 2007년 이후 5년간 연금 수급자가 사망했는데도 신고하지 않고 국민연금을 챙긴 건수는 무려 1만 975건에 이르고 부정연금 수령금액은 47억 원이 넘었다.

일본에서 패러사이트 싱글이 패러사이트 중년으로 진화하면서 유령연금 문제를 낳았던 것을 지금 우리나라가 그대로 답습하는 듯하다. 그나마 일본은 숙주 역할을 하는 부모 세대의 연금 준비가 잘 돼 있지만 우리나라 부모들은 자신들의 노후준비조차 부실해 그들의 삶조차 버거운 사람이 많다.

가족관계도 돈이 좌우한다

사람들은 어려운 일이 닥쳤을 때 가족이 함께하면 다 헤쳐나갈 수 있을 것이라 생각한다. 과연 그럴까? 일본 시사주간지 〈아에라AERA〉는 2010년 8월 '가족이 함께 살면 행복하다는 새빨간 거짓말'이라는 특집기사[16]에서, "대부분의 사람들은 가족이 한 지붕 아래 사는 것만으로 행복하다고 생각하지만 사실은 그렇지 않다"며, "사랑과 화목이 유지되는 가정의 핵심은 바로 '돈'에 있다"고 지적했다.

실제로 고령자는 연금이 끊기거나 통장 잔고가 바닥나면 가족에게 불필요한 존재가 되고, 심할 경우 가족들이 서로 부양을 미루는 골칫덩이가 된다. 이 기사에서 마사히로 교수는 "고령 부모가 자녀에게 사랑을 받고 안 받고는 돈이 있는지 없는지 여부에 달렸다"며 부모와 자녀 사이의 관계를 재산 정도에 따라 크게 네 가지 유형으로 구분했다.

첫 번째 유형은 '사랑받는 노인'이다. 부모와 자식 모두 재산이 많은 경우가 이에 해당한다. 부모로선 연금과 저축으로 노후를 대비해왔으니 여차하면 유료 노인 부양시설에 들어가면 되기 때문에 자녀에게 경제적 부담을 주지 않는다. 자녀도 부모를 부양할 만큼의 경제적 여유가 있어 부모와 자식 관계가 상당히 돈독하다.

두 번째 유형은 고령인 부모는 돈도 많고 연금도 많이 받는데 반해, 자녀는 변변한 직업도 모아둔 돈도 없는 경우이다. 다 큰 자녀가 부모 연금에 의지해 생활하는 경우로, 앞서 말한 '연금 패러사이트'들이 이 유형에 해당한다.

세 번째 유형은 부모는 돈이 없고 자녀는 돈이 많은 경우이다. 이 경우는 자녀와 떨어져 사는 부모들이 많은데, 부부 중 한 사람이 먼저 죽으면 남은 한 사람은 '홀몸 노인'으로 남게 된다.

마지막 유형은 부모와 자녀 모두가 경제적으로 궁핍한 경우이다. 부모와 자녀가 모두 경제적으로 쪼들리다 보니 관계가 소원해지고 연락이 두절되기도 한다. 결국 자녀에게 부담을 주지 않으려고 행방을 감춘 부모는

| 그림 2-2 | 부모 자식 간 관계 유형

		부모	
		돈이 있다	돈이 없다
자식	돈이 있다	사랑받는 노인	홀몸 노인
	돈이 없다	연금 패러사이트	무연사 예비군

'무연사無緣死 예비군'이 된다. 무연사란 모든 인간관계가 끊긴 상태에서 혼자서 죽어 거두어 줄 사람이 없는 죽음을 가리키는 말로 '고독사孤獨死' 혹은 '고립사孤立死'라고 불리기도 한다.

네 가지 유형에서도 나타나듯이 자녀와 원만한 관계를 유지하는 부모는 저축이나 연금을 많이 가지고 있는 이들뿐이다. 돈 없는 고령자들은 자식들에게도 버림받기 쉽다. 돈이 떨어지는 순간이 자녀들과의 연이 끊기는 시점이 되는 것이다.

부모는 자식을 위해서라면 무엇이든 희생한다. 하지만 자식도 마찬가지로 부모를 위해 희생할 수 있을까? 2011년 보건복지부가 실시한 기초생활수급자의 적정성 조사를 보면 꼭 그렇지는 않은 것 같다. 기초생활수급자는 가구소득 인정액이 최저생계비 기준(1인 가구 기준 월 53만 원) 이하이면서 법적 부양 의무자가 없거나 있다 해도 부양받을 수 없는 사람이 그 대상이 된다.

보건복지부는 기초생활수급자의 부양 의무자 중 재산과 소득이 많은 10만 4,000명을 중점 확인 대상자로 지정하고 수급자의 적정성 여부를 확인했는데, 이들 중 42퍼센트에 해당하는 4만 3,000명이 '자녀와 가족관계가 단절되었다'고 적극적으로 소명해 수급자격을 유지했다.

물론 형편이 어려워 부모를 모시지 못한다면 어쩔 수 없는 일이다. 하지만 부정 수급자 중에는 부양 의무자의 월 소득이 500만 원을 넘는 수급자가 5,496명이나 있었고, 월 소득이 1,000만 원을 넘는 경우도 495명이나 됐다. 심지어 딸과 사위의 월 소득이 4,000만 원이 넘고 재산이 179억 원이나 되는 사람도 있는 것으로 밝혀져 충격을 줬다.

만약 이들이 부모를 봉양하면서 단지 정부 지원을 받기 위해 고의로 재산을 은닉하고 소득을 누락했다면 부정하게 받은 수급금을 돌려주고 법적 제재를 받으면 그뿐이다. 하지만 돈 많은 자식들이 부모를 돌보지 않아 부모가 부정 수급자가 된 경우라면 사정이 다르다. 만약 사정이 그렇다면 부모들은 잘난 자식을 둔 덕분에 정부 지원도 받지 못하는 안타까운 일을 당하는 셈이다.

돈으로 가족관계가 좌우되는 것은 고령사회의 안타까운 현실이지만 받아들일 수밖에 없다. 이제 자녀에게 무조건 봉양하라고 강요하기보다는 스스로 노후를 준비해야 할 것이다.

고령사회의 가족문제 해법

일본의 고령자 전문 정신과 의사 와다 히데키 和田秀樹 는 "혼자 사니까 불행하고 가족과 함께 있으니 행복하다는 사회 통념이 바뀌고 있다"면서 "이제는 부모를 골칫덩이로 취급하는 자녀와 함께 살기보다는 혼자 사는 고령자가 늘어날 것이다"라고 지적했다.

요즘 젊은이들에게 앞으로 부모에게 어떻게 효도할 것이냐고 물어보면 "용돈 많이 드리고, 자주 찾아뵈면 된다"라고 답한다. 결국 부모를 모시고 살지는 않겠다는 얘기다. 실제로 30~40대 가운데 부모를 모시고 살겠다는 사람은 그리 많지 않다.

2011년 초 여성가족부가 발표한 가족실태조사에서 "다음 중 우리 가족이라고 생각할 때 포함되는 사람을 모두 고르시오"라는 질문에 응답자 중 77.5퍼센트만 '부모'를 골랐다.[17] 응답자 넷 중 한 명은 부모를 가족으로 생각하지 않는다는 얘기다. 통상 가족이라고 하면 부부를 중심으로 한 집에서 얼굴을 맞대고 사는 사람들을 말하는데, 핵가족화로 부모와 멀리 떨어져 살다보니 부모 자식 관계가 소원해져 이런 현상이 생기는 것이다.

부담스럽기는 부모 역시 마찬가지다. 자식과 같이 살며 볼썽사나운 꼴을 보느니 차라리 떨어져 사는 게 속 편하다고 생각하는 부모도 많다. 그렇다고 부모와 자식 간의 정마저 끊고 살 수는 없는 일이다. 부모 입장에서는 자식과의 갈등이 싫은 것이지 자식을 사랑하는 마음은 여전하다. 자녀들도 돈 때문이지 부모가 싫어서는 아니다.

1980년대엔 '한 지붕 세 가족'이라는 인기 드라마가 있었다. 그런데 요즘은 '한 지붕 세 가족'이 아니라 '딴 지붕 한 가족'이라는 말이 어울릴 만한 새로운 형태의 가족이 나타나고 있다. 부모와 자식이 한집에 살진 않

| 그림 2-3 | 65세 이상 고령자가 노후에 희망하는 동거 형태

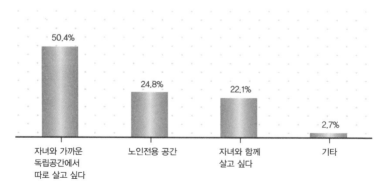

자료: 서울시

지만 도보나 차량으로 10~15분 거리에 살면서 서로 유대관계를 유지하는 새로운 개념의 가족이 등장한 것이다.

부모는 나이가 들면서 의지할 사람이 필요해지고, 자녀 역시 맞벌이를 할 경우 가까이에서 육아와 가사를 도와줄 사람이 필요해지면서 생겨난 근거리 가족 형태이다. 가족에 대한 이러한 의식의 변화는 2011년 서울시 조사에서도 잘 드러났다.

서울시가 65세 이상 고령자를 대상으로 '노후에 희망하는 자녀와의 동거 형태'를 묻는 질문에 서울 시민 10명 중 5명은 자녀와 함께 살기보다는 "자녀들과 가까운 독립된 공간에서 따로 살고 싶다"고 답했다. 자녀와 같이 살긴 부담스럽지만 그렇다고 멀리 떨어져 살고 싶지는 않은 것이다.

일본 노무라종합연구소NRI는 이처럼 가까운 곳에서 떨어져 사는 부모와 자녀를 '보이지 않는 가족Invisible Family'이라는 말로 표현했다.[18] 그리고 이런 가족 형태의 변화가 새로운 소비 행태와 주거 형태의 변화를 가져올 것으로 내다봤다. 예를 들면 자동차를 구입할 때도 승용차보다는 미니밴을 선호하게 될 것이다. 부모와 함께 쇼핑하거나 여가를 즐길 기회가 많아지기 때문이다.

일회용품이나 식료품을 구매할 때도 대량으로 구매한 다음 나눠 쓰는 방식으로 소비 패턴의 변화가 생겨날 것으로 보인다. 또한 소형 주택과 소형 가구에 대한 수요도 많아질 것이다.

사는 장소는 주로 도시가 될 가능성이 높아 보인다. 요즘은 기껏해야 자식을 하나둘밖에 낳지 않기 때문에 자녀들이 일자리를 찾아 도시로 떠나면 고향에는 노부부만 남게 된다. 이런 경우 자녀가 고향으로 돌아가기보다는 부모가 고향 집과 땅을 처분하고 자녀 곁으로 올 가능성이 크다. 특히 우리나라의 경제성장을 주도한 베이비붐 세대들은 도시를 근거로 생활해왔기 때문에 더욱 그렇다.

고령화로 부모 자식 간의 부양 부담이 커져 가는 상황에서 '딴 지붕 한 가족'과 같은 근거리 가족 형태는 새로운 해법이 될 수 있을 것이다. 서양에서는 이렇게 가족이 가까운 거리에 떨어져 사는 것을 두고 '방금 끓인 수프가 식지 않을 거리'라는 표현을 사용하는데, 이 정도 거리면 부모 자식 간의 유대관계는 돈독히 하면서 일상생활에서 오는 소소한 갈등은 피할 수 있다.

혼자 사는 즐거움을
찾아 나선 여성들

불과 얼마 전까지만 해도 30대 여성은 '아줌마'로 통했다. 하지만 요즘 들어 사정이 달라졌다. 서른이 넘어 결혼을 못 했다고 조바심을 내는 여성도 많지 않지만 따가운 눈초리를 보내는 사람도 보기 힘들다. 통계를 살펴봐도 30대 미혼 여성 비율이 빠른 속도로 증가하고 있다.

2005년 인구조사 당시 30대 초반(30~34세) 여성 중 미혼 비율은 19퍼센트에 불과했지만, 2010년 조사에서는 그 비율이 29퍼센트까지 상승했다. 5년 새 10퍼센트포인트나 상승한 셈이다. 같은 기간 30대 후반(35~39세) 여성의 미혼율도 7.6퍼센트에서 12.6퍼센트로 급증했으며,[19] 현재 상승률을 감안하면 향후 10년 이내에 20퍼센트를 넘을 것으로 예상된다.[20] 이 같은 30대 여성의 미혼율 증가를 어떻게 봐야 할까? 그녀들은 결혼을 안 하는 것일까, 못 하는 것일까?

결혼은 가난의 시작?

이에 대한 답은 결혼이라는 이벤트 변화에서 찾아볼 만하다. 우리 경제
가 빠른 속도로 발전하던 1970~1990년대까지만 하더라도 결혼은 일종
의 신분상승 이벤트였다. 대다수가 농사를 짓던 시절에는 모두가 가난했
고 형제도 많았고 주택 사정도 나빴다.

결혼 전 생활수준이 이처럼 낮았기 때문에, 결혼한 다음 생활수준이 떨
어진다고 해도 별로 잃을 게 없었다. 따라서 결혼에 이르는 장애물이 많

| 그림 2-4 | 빠른 속도로 늘어나는 30대 미혼 여성

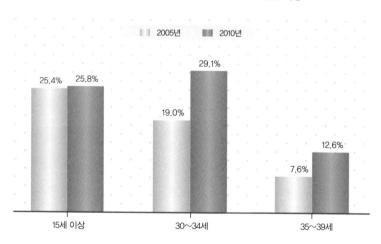

자료: 통계청 인구주택 총조사(2010년)

지 않았다. 남편이 밖에서 열심히 일하고 부인이 가사와 육아에 전념하면 어느 정도 풍요로운 생활에 도달할 수 있었다. 이러한 기대가 있었기 때문에 고도 성장기 젊은이들에게 결혼은 신분상승 이벤트로 여겨졌다.

하지만 2000년대에 들어오면서 상황이 달라졌다. 경제가 저성장 국면으로 접어들면서 결혼은 신분하락 이벤트로 전락했다. 저성장 여파와 잇단 경제위기로 청년 실업률이 고공행진을 하면서 누군가의 남편이 될 청년들은 제대로 된 일자리조차 얻기 힘들어졌다. 설령 일자리를 얻는다 해도 일용직과 비정규직이 늘어나면서 만족할 만한 소득은 얻기 어려워졌다.

반면 지금의 부모 세대는 우리나라 고도성장기를 이끌며 부를 축적했기 때문에 젊은이들보다 풍족하다. 이렇게 풍족한 부모 밑에서 자란 여성들 입장에서 결혼이란 잘사는 부모 곁을 떠나 장래가 불투명한 남편에게로 가는 신분하락의 이벤트가 된 것이다. 이른바 '결혼은 가난의 시작'처럼 되어버렸다.

너무도 어려운 알파걸의 배우자 찾기

여성의 사회 진출 확대도 미혼율 증가에 한몫하고 있다. 얼마 전까지만 해도 서른이 넘은 여자가 아직 미혼이라면 대부분 높은 학력이나 경제적 능력이라고 생각했다. 만약 둘 중 어느 것 하나에도 해당되지 않으면서 서른을 넘긴 여성이라면 "결혼도 안 했으면서 그동안 뭘 한 거야?" 하는 주변의 따가운 눈초리를 피하기 어려웠을 것이다.

하버드대학의 댄 킨들런Dan Kindlon 교수는 사회 각 분야에서 남성들을 능가하는 뛰어난 여성들을 '알파걸Alpha Girls'이라고 명명했다.[21] 알파걸은 먹고살기에 충분한 소득이 있기 때문에 굳이 결혼하지 않아도 생계를 유지하는 데 어려움이 없다. 이들 중에는 결혼이 오히려 자아실현을 방해한다고 생각하는 여성도 있다.

학력과 경제력을 갖춘 미혼 여성들을 바라보는 사회의 시선 역시 크게 달라졌다. 이제 그녀들은 노처녀라는 이름 대신 '골드미스'로 품격 있게 불린다. 골드미스란 학력, 외모, 경제력 등의 조건을 완벽하게 갖췄지만 결혼하지 않은 30대 중후반의 커리어우먼을 일컫는다. 여기에 '비혼非婚'이라는 말까지 등장하고 있다. '미혼未婚'이라는 말은 아직 결혼을 못 했다는 수동적 의미를 갖는 반면, '비혼'이라는 말은 스스로 결혼을 선택하지 않았다는 능동적 의미를 담고 있다.

골드미스에게 왜 결혼하지 않느냐고 물으면 상당수가 '결혼은 하고 싶은데, 괜찮은 남자가 없어서'라고 말한다. 대부분의 여성들은 결혼 상대를 고를 때 '자기보다 조금 더 배우고 조금 더 버는 남성'을 찾는다. 그런데 여성들의 학력과 경제력이 높아지면서 자기보다 잘난 남자를 만나기가 점점 더 어려워진 것이다.

프린스턴대학의 크리스틴 웰런Christine Whelan 박사는 성공한 여성들이 자신보다 더 부유하고 더 많이 배우고 야심도 더 많은 배우자를 물색하는 것을 '좁디좁은 연못에서 낚시하는 행위'에 비유했다. 사회적으로 성공한 엘리트 여성이 자기보다 나은 남성만 찾으면 결국 싱글이 될 수밖에 없다는 것이 웰런 박사의 분석이다. 여성의 높은 학력과 경제력이 결혼시장에서는 도리어 짝을 찾지 못하게 하는 '성공 벌점'으로 작용하는 셈이다.

한국보건사회연구원에서 2009년 실시한 설문조사에서도 이러한 사실이 잘 드러난다. 미혼 남녀를 대상으로 결혼하지 않는 이유를 묻는 설문에서, 남성들의 17.4퍼센트는 '실업 상태이거나 고용이 불안정해서'라고 답했고, 17.2퍼센트는 '소득이 적어서'라고 답했다. 즉 35퍼센트에 이르는 미혼 남성이 경제적 이유로 결혼을 못 한다는 것이었다.

반면 설문에 응한 여성 중 13.2퍼센트, 특히 34~44세 미혼 여성들 중에는 무려 28.3퍼센트가 '기대치에 맞는 사람을 만나지 못해서'라고 답했다. 이런 결과를 놓고 봤을 때 그녀들은 결혼을 못 한 것이 아니라 안 한 것이 맞다.

독신여성을 위한 똑똑한 노후대비법

젊은 시절 골드미스들은 부양할 가족이 없기 때문에 다른 어떤 계층보다 소비성향이 높다. 휴가 때마다 해외로 여행을 떠나고, 돌아올 때 명품 가방 하나씩 사오는 것을 당연하게 여긴다. 하지만 이렇게 살다가는 골드미스가 자칫 '골병미스'로 전락할 수도 있다.

결혼을 안 했든 못 했든 간에 이들에게도 어김없이 노후는 다가오기 때문이다. 젊었을 땐 부양할 가족이 없어 좋았지만, 나이가 들면 자신을 부양해줄 배우자나 자녀가 없어 불안하다. 그나마 믿고 의지하던 부모마저 세상을 떠나면 의지할 곳 없는 신세가 된다.

이처럼 따로 부양해줄 사람이 없는 혼자 사는 여성들은 누구보다도 은퇴 후 연금이 절실하다. 아무도 자신을 부양해줄 사람이 없는 사고무친四顧無親의 상황에선 연금이 자식과 같은 역할을 하기 때문이다. 연금 준비는 은퇴 후 장기간 생활하는 데 필요한 노후 소득을 마련하는 것인 만큼 준비 역시 장시간에 걸쳐 체계적으로 하지 않으면 안 된다. 그러나 혼자 사는 여성들은 언제 결혼할지 모른다는 생각에 장기적인 투자 계획을 세우지 못하는 경우가 많다. 주저주저하다 현금과 다름없는 단기상품에 투자했다 찾아 쓰기 일쑤이다. 사치를 부리지는 않아도 직장생활을 하면서 품위를 유지하기 위해 자신을 가꾸다 보면 상당한 비용이 들어가기 때문이다.

혼자 사는 여성에게 연금만큼 중요한 것이 의료비 준비이다. 혼자 사는 여성에게 사고나 질병의 의미는 남다르다. 일반적으로 부부의 경우 둘 중 한 사람이 아프거나 다치면 남은 사람이 생계를 책임질 수 있다. 이들은 사고나 질병에 따른 의료비 대책 정도만 세워두면 된다.

하지만 혼자 사는 여성에게 사고나 질병은 의료비용을 발생시킬 뿐만 아니라 소득의 단절을 의미한다. 혼자 사는 여성은 다치거나 아플 때 대신 일해줄 사람이 없기 때문에 항상 비상시에 대비한 예비자금을 갖고 있어야 한다. 따라서 의료비 보상과 소득보상을 모두 고려해 보험전략을 수립해야 한다.

먼저 병원에서 발생한 의료비용을 대기 위해서는 '실손의료비보험'에 가입해두는 것이 좋다. 실손의료보험의 경우 병원에서 발생한 치료비를 최대 90퍼센트까지 보상해준다. 다음으로 치료기간 동안 소득을 대체할 수 있도록 '정액보상보험'도 필요하다. 예를 들면 특정질병이나 사고가 발생했을 때 거액의 보상금을 지급해주는 질병보험이나 상해보험에 가입해두는 것이 좋다. 반면 혼자 사는 여성에게 사망 시 거액의 보상금을 주는 '종신보험'은 적절한 상품이 아니다.

둘이 버는데도
왜 가난할까

얼마 전까지만 해도 일등 신붓감은 집에서 살림하면서 자녀들 잘 키우고 내조 잘하는 전업주부였다. 가정에서는 '샐러리맨 남편과 전업주부 부인'라는 역할 분담이 표준모델로 자리 잡고 있었다. 하지만 요즘 대세는 맞벌이다. 경제가 어려워지면서 소득이 줄어들어 남편 혼자 벌어서 아이들 교육시키며 생활하기에는 역부족이다.

이런 상황에서 노후준비는 언감생심 꿈도 못 꿀 일이다. 전업주부는 그야말로 사치이다. 차라리 결혼을 안 하면 안 했지 혼자 벌어서는 못 살겠다는 것이 요즘 젊은이들의 생각이다. 남자 혼자 벌어서는 생존 자체가 힘들어지는 세상이 되면서, 일할 의사나 능력이 없는 여자들을 남자들은 더 이상 선호하지 않게 되었다. 전업주부들이 설 땅이 없어져버린 것이다.

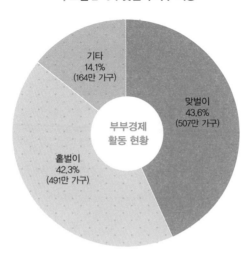

| 그림 2-5 | 맞벌이 가구 비중

기타
14.1%
(164만 가구)

맞벌이
43.6%
(507만 가구)

부부경제
활동 현황

홑벌이
42.3%
(491만 가구)

*기타는 노인부부 등 부부가 모두 일하지 않는 경우

자료: 통계청

맞벌이 가구의 뚜렷한 증가세는 통계로도 확인된다. 2011년 통계청이
조사한 바에 따르면, 우리나라 맞벌이 가구는 507만 가구로 배우자가 있
는 가구의 43.6퍼센트를 차지해 홑벌이 가구(491만 가구, 42.3퍼센트)를 앞
질렀다. 특히 40대 맞벌이 가구 비중이 52.1퍼센트로 절반을 넘어섰다.[22]
이쯤 되면 맞벌이가 한국 가정의 주류 모델이 됐다고 할 만하다.

엄마를 일터로 내모는 아이들

흔히 맞벌이 부부라고 하면 경제적으로 여유로울 것이라고 생각한다.

과연 그럴까? 물론 홑벌이보다 맞벌이가 소득이 많은 건 당연하다. 문제는 많이 버는 만큼 씀씀이도 커진다는 점이다. 예를 들어 식사준비를 할 시간이 없기 때문에 외식을 자주 한다거나 아이를 돌볼 사람이 없기 때문에 육아 도우미를 고용하는 등의 추가 지출이 발생한다.

특히 '가사 서비스'는 가장 빠르게 지출이 늘어나는 항목으로 맞벌이 가구가 홑벌이 가구의 다섯 배 이상의 비용을 쓰는 것으로 나타났다. 과거에는 친척이나 주위 사람에게 부탁해 가사노동을 해결하다 점차 가사 도우미를 활용하는 비중이 높아지기 때문으로 보인다.

LG경제연구원의 조사에 따르면, 맞벌이 가구가 가사노동을 포기하는 대가로 추가로 부담하는 기회비용은 한 달 평균 70만 원 정도이다. 맞벌이 가구의 한 달 소득은 496만 원으로 홑벌이 가구(370만 원)에 비해 34퍼센트나 많다. 그러나 가사노동 부족으로 인한 효용 감소분 70만 원을 제외하면 맞벌이 가구 소득은 홑벌이 가구보다 15퍼센트 높은 수준에 그쳤다.[23] 이렇게 이것저것 빼고 나면 맞벌이를 한다고 해도 별로 남는 것이 없다.

그렇다면 누가 전업주부를 일터로 내모는가? 그것은 다름 아닌 자녀들이다. 자녀들을 좋은 대학에 보내려면 일부 명문 학군 내 주택으로 이사하는 수밖에 없다. 그러려면 당연히 돈이 필요하다. 엄마들이 일터로 내몰리는 또 다른 이유는 집단 따돌림, 폭언, 폭행, 협박, 금품갈취 등 학교폭력으로부터 자녀를 지키기 위해서다. 이런 문제를 해결하는 방법은 좀 더 나은 주거지로 이사 가는 방법밖에 없다.

대부분의 부모들은 좋은 학교가 있는 안전지대의 주택을 찾고 싶어 한다. 이로 인해 자녀의 '성공'과 '안전'이 담보되는 지역의 주택은 수요가 증가하면서 자연히 집값이 오른다. 집을 사든 전세를 얻든 이런 집에 살기 위해서는 더 많은 돈을 지불해야 한다. 얼마 전만 해도 부동산 중개인들은 주택 가격을 결정하는 요인으로 "첫째도 위치, 둘째도 위치, 셋째도 위치"라고 했다. 이제 이 말은 "첫째도 학교, 둘째도 학교, 셋째도 학교"로 바뀌어버렸다.

자녀를 둔 부모들은 주택에 많은 비용을 쓸 수밖에 없다. 많은 중산층 부모들은 학군 입찰에서 탈락해 자녀들을 좋지 않은 학교에 보내기보다는 대출을 받는 쪽을 선택한다. 사교육비만 해도 허리가 휠 지경인데 대출 원리금 상환부담까지 떠안아야 하는 것이다. 한편으로 좋은 주거지에 살면서 주변 소비수준에 맞추다 보면 덩달아 소비수준이 높아지게 된다.

자녀교육비 대고, 주택 대출이자 상환하고, 높아진 소비수준에 맞춰 생활비까지 대려면 혼자 벌어서는 도저히 감당이 안 된다. 결국 엄마도 일터로 나갈 수밖에 없다.

맞벌이 함정에서 벗어나기

부부가 모두 일터로 나가는 것은 가정 내 안전장치를 버리는 것과 마찬가지이다. 홑벌이 가정은 아이가 아프면 부부 가운데 한 명이 직접 아이를 돌볼 수 있다. 홑벌이 가정에서 소득활동을 하지 않는 사람은 유사시 가정을 구원하는 보험과 같은 역할을 한다. 맞벌이 가정은 이러한 안전장치를 가지고 있지 않는 것이다.

따라서 맞벌이 부부는 한 사람 몫의 월급을 저축해 이러한 유사시에 대비해야 한다. 아무 대비책도 마련하지 못한 상황에서 실업과 질병, 사고 같은 예기치 않은 일이 일어난다면 경제적 파탄에 빠지기 쉽다. 그런데 현실은 주택 대출 원리금 상환과 사교육비를 감당하기에도 벅차다.

미국에서 맞벌이 부부의 소비자파산 신고가 늘어나 화제가 된 적이 있다. 하버드대학 법대교수이자 미국 의회 파산조사위원회 고문을 지낸 엘리자베스 워런Elizabeth Warren은 딸과 함께 쓴 책《맞벌이의 함정The Two-income Trap》[26]에서 맞벌이와 소비자파산 사이의 상관관계를 주목했다. 워런은 그녀가 진행하는 소비자파산 프로젝트에서 최악의 재정난에 빠진 사람들이 대부분 '자녀를 둔 맞벌이 부부'라고 밝혔다.

파산자들은 대부분 자녀들의 '성공'과 '안전'을 위해 좋은 학군 내 주택을 사려고 무리하게 대출을 받았다가 부채를 갚지 못한 사람들이었다. 부부의 소득에 맞춰 대출원리금 상환 계획을 세웠기 때문에, 둘 중 한 사람이라도 실직이나 사고를 당해 소득을 잃으면 그 가정은 파산에 이르게 된다는 것이 워런의 분석이었다.

이 같은 문제는 비단 맞벌이 부부에게만 해당되는 것은 아니다. 한 세대 전까지만 해도 열심히 일하고 아껴 쓰면 홑벌이 가정도 중산층의 안락한 지위를 보장받을 수 있었다. 하지만 맞벌이 부부를 중심으로 게임의 규칙이 바뀌면서 홑벌이 가정도 그 룰을 따를 수밖에 없게 됐다. 맞벌이 부부가 홑벌이 가정의 경제적 안정이라는 사다리를 걷어차버린 것이다.

가정 경제를 살리기 위해선 홑벌이 가정의 엄마들도 다시 일터로 나설 수밖에 없다. 이는 여성의 연령별 경제활동 참여율을 보면 잘 드러나 있다. 여성의 경제활동 참여는 대학을 졸업하는 20대 후반에 정점을 이루다가 출산육아기에 잠시 하락한 다음 40대부터 다시 상승하는 'M자형 곡선'을 이룬다. 실제 자녀가 중·고등학교에 다니는 40대(53.1퍼센트)와 50대(49.7퍼센트) 가구에서 맞벌이 비율이 절반에 육박하고 있다. 이는 대학을 졸업하고 여성들이 한창 경제활동을 하는 30대 가구의 맞벌이 비율 (41.1퍼센트)보다 10퍼센트포인트나 높은 수치이다.

그렇다면 맞벌이의 함정에서 벗어나려면 어떻게 해야 할까? 여기에는 거창한 교육제도 개혁이나 주택문제 해결은 필요하지 않다. 부부가 조금만 생각을 바꾸면 현실적인 해결책을 찾을 수 있다.

우선 부부가 함께 일할 수 없는 비상사태에 대비해야 한다. 과거와 달리 현재 맞벌이 부부의 지출 계획은 부부가 함께 벌어들이는 소득수준에 맞춰져 있는데, 한 사람이라도 죽거나 아프면 큰일이다. 이때 상실된 소

| 그림 2-6 | 여성의 연령별 경제활동 참여율

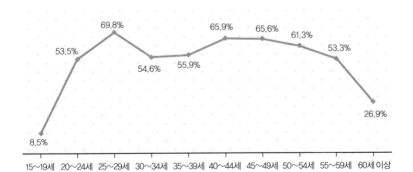

자료: 통계청 경제활동인구연보(2010년)

득원을 대신할 수 있는 건 비상 예비자금이다. 하지만 당장 대출금도 갚지 못하고 있는 마당에 언제 일어날지도 모를 일에 대비해 거액의 비상 예비자금을 따로 떼어두고 있을 리 만무하다.

이와 같은 상황에서 차선책으로 활용할 수 있는 것이 보험상품이다. 종신보험에 가입해 다달이 보험료를 납부하면 보험 가입자가 사망했을 때 거액의 보험금을 받을 수 있다. 이 돈이면 자녀 교육비도 댈 수 있고 빚도 갚을 수 있다. 만약 다달이 납부하는 보험료가 부담스럽다면, 자녀 교육 기간이나 대출금 상환기간에 맞춰 정기보험에 가입해두는 것도 좋은 방법이다. 정기보험은 일정한 기간을 정해 그 기간 내에 보험 대상자가 사망하면 보험회사로부터 약속한 금액을 받을 수 있는 보험이다. 보장기간이 종신보험에 비해 짧은 만큼 보험료가 저렴한 게 장점이다.

맞벌이 부부의 파산 원인을 분석한 워런 교수도 '재정 소방 훈련Financial Fire Drill'을 제안했다. 부부 중 한 명이 일을 그만두었을 때 어떻게 살아갈지에 대한 훈련을 하라는 것이다. 한쪽의 소득이 없어지면 어떻게 살아갈 것인지, 고정비용과 대출금은 어떻게 상환할 것인지 등을 점검하라는 얘기다.

다음으로 재무관리는 부부가 함께하는 것이 바람직하다. 맞벌이 부부는 각자 독립적으로 수입을 관리하는 경우가 많다. 부부이기는 하지만 자기가 번 돈을 배우자에게 맡기는 것이 싫은 까닭이다. 하지만 이럴 경우 중복되거나 비효율적인 자산관리를 하기 쉽다.

예를 들면 남편은 6퍼센트 금리로 신용대출을 받고 있는데, 부인은 3퍼센트 이율의 적금을 들고 있는 경우이다. 가계 전체를 놓고 보면 6퍼센트 자금을 빌려 3퍼센트 적금을 붓고 있는 셈이다. 따라서 부부의 수입을 통합해 관리하지 않더라도 재무 계획을 세울 때만큼은 부부가 함께해야 한다.

교육비 지출 계획은 자녀와 함께 세우는 것이 좋다. 사교육 전문가들은 자녀가 6개월 이상 같은 학원에 다니면 매너리즘에 빠져 공부를 하지 않는 경우가 많다고 조언한다. 그러므로 자녀와 정기적인 상담을 통해, 한 번 수강한 학원이라고 계속 등록할 것이 아니라 계속 다닐 것인지 여부를 결정하는 것이 좋다. 옆집 아줌마 말만 듣고 이 학원 저 학원 쫓아다니다 보면, 아이는 아이대로 지치고 돈은 돈대로 낭비되기 때문이다.

은퇴 후에는 '연금 맞벌이'

맞벌이 부부에게도 노후준비는 소홀히 할 수 없는 일이다. 그러나 노후에는 많은 돈을 저축할 수 없는 만큼 맞벌이의 장점을 최대한 살려 적은 비용으로 효용을 극대화하는 전략을 짜야 한다.

맞벌이의 가장 큰 장점은 부부가 모두 국민연금 등 공적연금을 수령할 자격을 갖고 있다는 점이다. 국민연금공단에 따르면, 2011년 4월 기준으로 노령연금을 수령하는 부부는 모두 13만 4,000쌍으로, 이들 부부가 받는 연금을 합치면 월 49만 원이다.

연금수령액이 예상외로 적은 것은 현재 노령연금 수령자들 중 '특례노령연금' 수령자가 70퍼센트를 차지하기 때문이다. 국민연금은 최소 10년간 보험료를 납부해야 노령연금을 수령할 자격을 갖게 되고 완전노령연금을 수령하려면 20년간 가입 자격을 유지해야 된다.

하지만 1988년 국민연금제도를 처음 도입할 당시 이 같은 자격요건을 갖출 수 없는 사람들을 달래기 위해 정부는 최소 5년만 납입하면 국민연금을 수령할 수 있도록 했는데, 이를 '특례노령연금'이라고 한다. 이 경우 가입기간이 짧아 수령 연금도 얼마 되지 않는다. 국민연금제도를 도입한 지 20년을 넘어서면서부터는 대부분의 은퇴자들이 완전노령연금 수급자격을 갖추게 되었다.

국민연금공단에 따르면, 2012년 현재 '완전노령연금'을 수령하는 사람이 매달 82만 원의 연금을 수령한다. 맞벌이 부부의 경우 150~160만 원 정도의 생활비를 국민연금으로 해결할 수 있다는 계산이 나온다. 이 정도면 풍족하지는 않아도 기초적인 노후생활비는 해결할 수 있을 것이다. 따라서 맞벌이 부부의 최선의 노후준비는 완전노령연금 수급자격을 갖추는 일이다.

문제는 여성들 중 출산과 육아문제로 국민연금을 수령하기 위한 최소 가입기간인 10년을 못 채우고 직장을 그만두는 경우가 많다는 점이다. 2011년 통계청 조사에 따르면, 직장을 다니는 여성 중 5년 이내 직장을 그만두는 비율이 78.4퍼센트나 됐다. 이들의 경력 단절 원인은 결혼(47.0퍼센트), 육아(28.7퍼센트), 임신·출산(20.0퍼센트) 순으로 나타났다.[25] 이런 경우는 '노령연금'을 수령할 수 없지만 '추납'제도가 있기 때문에 실망할 필요는 없다.

국민연금에는 가입자가 실업이나 군복무 등으로 연금보험료를 납부하기 곤란한 경우 그 기간 동안 연금보험료 납부를 면제해주는 '납부예외' 제도가 있다. 다만 이 기간 동안은 연금보험료를 납부하지 않았기 때문에 연금지급액 산정 기준이 되는 가입기간에도 포함되지 않는다.

추납제도는 납부예외를 신청한 가입자가 추후에 소득이 생겼을 때 납부예외 기간 동안의 연금보험료를 납부하게 할 수 있도록 한 제도이다. 추가 납입을 할 경우 과거 국민연금을 납입했던 기간이 국민연금 가입기간에 포함된다. 예를 들어 과거에 5년간 직장을 다녔던 사람이라면 추납제도를 활용해 5년 이상 보험료를 납부하면 노령연금 수급자격을 얻을 수 있다.

이 같은 장점이 알려지면서 최근 들어 국민연금 추납 신청 건수가 빠른 속도로 늘어나고 있다. 2008년만 해도 채 1만 건이 안 됐던 추납 건이 2009년에는 2만 건, 2011년 말에는 4만 2,000건에 이르렀다.

이미 국민연금에 납입했던 보험료를 찾아 쓴 사람은 '반납'제도를 활용하면 된다. 지금은 사라졌지만 1999년 이전까지는 국민연금 가입자가 실직하면 그동안 냈던 보험료를 돌려주는 '반환일시금'제도가 있었다. 당시만 해도 결혼·육아문제로 직장을 그만두는 여성들 중에 반환일시금을 신청한 사람이 많았다. 이렇게 반환일시금을 받아버리고 나면 해당 기간이 국민연금 가입기간에서 제외된다.

따라서 새로이 국민연금에 가입하더라도 그때부터 다시 10년 동안 보험료를 납부해야 노령연금 수급자격을 얻을 수 있다. 이때 과거 돌려받은 반환일시금에 소정의 이자를 가산해 납부하는 반환일시금 제도를 활용하면 이미 소멸된 가입기간을 복원할 수 있다. 이자는 해당 기간 은행 예금

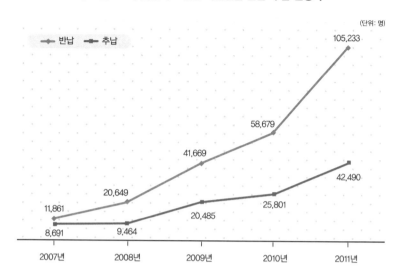

| 그림 2-7 | 급증하고 있는 국민연금 반납·추납 신청자

(단위: 명)

- 반납 - 추납

105,233

58,679

41,669

20,649

11,861

8,691   9,464

20,485

25,801

42,490

2007년   2008년   2009년   2010년   2011년

자료: 국민연금공단

금리를 기준으로 정해지며 반납금은 분할해 납부할 수도 있다.

반납제도의 장점은 같은 보험료를 납부하고 더 많은 연금을 수령할 수 있다는 것이다. 국민연금제도에서 나중에 수령할 연금이 얼마인지 결정하는 데 있어 결정적인 역할을 하는 것이 '소득대체율'이다. 소득대체율이란 국민연금 수령액이 퇴직하기 직전 소득과 비교해 어느 정도인지를 나타내는 것이다. 예를 들어 퇴직 직전에 한 달 소득이 200만 원인 근로자가 국민연금으로 매달 80만 원을 수령할 경우 소득대체율은 40퍼센트가 된다. 따라서 소득대체율이 높다는 말은 같은 보험료를 내고 더 많은 연금을 받는다는 의미이다.

국민연금의 소득대체율은 가입기간 40년을 전제로 할 때, 1988~1998

년까지는 70퍼센트, 1999~2007년까지는 60퍼센트, 2008년 이후부터는 50퍼센트에서 매년 0.5퍼센트씩 낮아져 2028년에 40퍼센트 수준이 되도록 되어 있다. 2012년 현재 소득대체율은 48퍼센트이다. 따라서 반납제도를 활용해 과거 소득대체율이 높았던 연금 가입기간을 회복하면 같은 보험료를 내고 더 많은 연금을 받을 수 있다. 이 같은 장점이 알려지면서 반납 신청 건도 매년 꾸준히 증가하고 있는데, 2007년 1만 건 남짓하던 반납 신청 건이 2011년 말에는 10만 건을 넘어섰다.

부부가 받는 국민연금에 '연금저축'까지 더하면 은퇴 후 좀 더 여유로운 생활을 할 수 있다. 연금저축 가입자는 매년 저축한 금액에 대해 400만 원까지 소득공제를 받을 수 있다. 따라서 연금저축은 여유가 되면 부부가 각자 하나씩 가입하는 것이 좋다. 그럴 여유가 없다면 둘 중 소득이 많은 사람의 명의로 가입해 연말정산 때 더 많은 세금을 환급받도록 한다.

맞벌이 부부는 현역시절의 소득이 분산되었던 것처럼 은퇴 후의 소득도 자연스럽게 분산된다. 잘만 준비하면 은퇴한 다음 국민연금과 개인연금도 부부 각자의 명의로 수령하는 '연금 맞벌이'가 가능하다. 이는 부부 간 수명 차이를 고려해도 의미 있는 일이다. 일반적으로 홀벌이 부부는 남편에게만 소득이 집중돼 있기 때문에 남편이 사망하면 부인의 노후생활비 재원이 없어 문제가 되는 경우가 많다. 하지만 맞벌이 부부는 연금자산도 각자 명의로 준비되기 때문에 이런 걱정은 하지 않아도 된다.

내일 죽더라도
오늘 이혼하고 싶다

황혼이혼 늘면서 연금분할 급증

최근 '황혼이혼'이 꾸준히 증가하면서 사회문제가 되고 있다. 황혼이혼이란 결혼기간이 20년 이상인 부부가 이혼하는 것을 말한다. 통계청에 따르면, 전체 이혼 중 황혼이혼이 차지하는 비중은 2001년 14.9퍼센트에서 2011년 24.8퍼센트로 증가했다. 이혼한 부부 네 쌍 중 한 쌍이 황혼이혼을 했다는 얘기다.

우리나라에서 황혼이혼이 처음 사회적 문제로 떠오른 것은 1998년 9월로 거슬러 올라간다. 당시 칠순을 맞은 이시형 할머니는 아흔인 남편을 상대로 재산분할 및 위자료청구 이혼소송을 냈다. 가부장적인 남편이

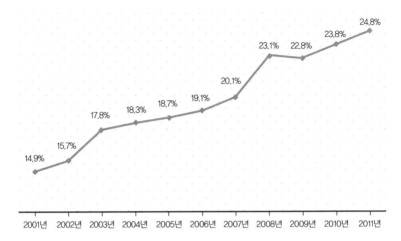

| 그림 2-8 | 황혼이혼 비율 증가 추이

```
                                                                    24.8%
                                                            23.8%
                                            23.1%   22.8%
                                    20.1%
                            19.1%
                    18.7%
            18.3%
        17.8%
    15.7%
14.9%

2001년 2002년 2003년 2004년 2005년 2006년 2007년 2008년 2009년 2010년 2011년
```

자료: 통계청 혼인 이혼 통계(2011년)

결혼생활 내내 경제권을 박탈한 데다, 급기야 부인의 의견을 묻지도 않은 채 전 재산을 대학에 기부해버렸기 때문이다. 하지만 법원은 오랜 결혼생활과 노령이라는 점을 이유로 이혼청구를 기각했다.

이에 할머니는 "평생 억눌려 살아온 여성 노인들이 여생이나마 남편의 굴레에서 벗어나 인간답게 살아보겠다는 소망을 거부하는 판결은 인간 존엄성과 행복 추구권을 박탈하는 처사"라며 "내일 죽더라도 오늘 이혼하고 싶다"며 대법원에 항소했고, 결국 남편에게 재산의 3분의 1과 위자료 5,000만 원을 지급하라는 판결을 얻어냈다. 이 사건을 계기로 물꼬를 튼 황혼이혼은 이후 해마다 증가세를 멈추지 않고 있다.

황혼이혼이 늘어나면서 노후를 국민연금에 의존하려던 사람들에게 비상이 걸렸다. 이혼을 하면 부부가 국민연금을 나눠 갖는 '분할연금'제도

| 그림 2-9 | 국민연금 분할연금 수령자 수

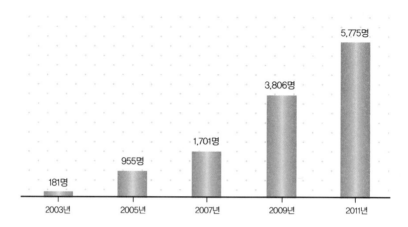

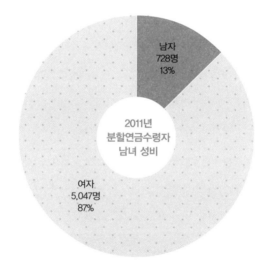

자료: 국민연금공단

때문이다. 분할연금이란 결혼기간이 5년 이상인 부부가 이혼했을 때 혼인기간 중 형성된 연금을 절반씩 나눠 갖는 제도로 1999년에 처음 도입되었다. 분할연금은 이혼한 다음 3년 이내에 신청해야 받을 수 있으며 재혼한 다음에도 계속 받을 수 있다. 황혼이혼의 증가와 함께 분할연금 신청자 수도 빠른 속도로 증가하고 있는데, 2003년만 해도 181명에 불과하던 분할연금 수령자가 2011년 말에는 5,775명으로 늘어났다. 만 8년 동안 30배가 늘어난 것이다.

국민연금뿐만 아니라 공무원연금도 문제이다. 2011년 8월에는 서울가정법원에서 공무원연금 분할 판결이 나와 화제가 되었다. 당시 서울가정법원은 퇴직한 공무원인 남편 박모 씨(57세)에게 "이혼한 부인 이모 씨(54세)에게 연금의 40퍼센트(70만 원)를 분할하라"고 판결했다. 그동안 공무원, 군인, 사립학교 교직원연금은 이혼 후 분할 대상이 아니었다. 사망할 때까지 얼마나 받을지 총액을 확정할 수 없다는 이유였다. 하지만 이번 공무원 연금 분할 판결로 인해 군인연금이나 사학연금도 영향을 받을 가능성이 높아졌다.

이 같은 현상은 황혼이혼이라는 말이 만들어진 일본에서도 빈번하게 벌어지고 있다. 일본 정부가 '후생연금분할제도'를 도입한 것은 당시는 일본의 단카이 세대가 본격적으로 정년(60세)을 맞아 은퇴하기 시작한 때이다. 종신고용과 연공서열이란 말로 잘 알려진 일본의 고도성장기를 이끌었던 단카이 세대의 가정은 대부분 샐러리맨 남편과 전업주부 부인으로 이뤄져 있어, 직장인을 대상으로 한 후생연금에서 여성들은 소외될 수밖에 없었다.

만약 남편과 이혼하면 평생 전업주부로 산 여성들은 제대로 된 노후 대책이 없는 셈이다. 실제로 당시 퇴직한 남편은 이혼 뒤 후생연금을 독차지해 월평균 20만 엔을 받은 반면, 부인은 기초연금 5만~6만 엔밖에 받지 못했다. 이에 일본 정부는 여성들의 노후를 보장한다는 목적으로 '후생연금분할제도'를 도입했다. 이 제도가 도입되면서 일본 남성들은 이혼할 경우 후생연금 수령액을 최대 50퍼센트까지 부인에게 나눠줘야 했다.

경제적인 문제로 이혼을 주저하던 여성들은 후생연금분할제도가 도입되면서 과감히 이혼을 선택했고 황혼이혼도 이러한 분위기에 힘입어 급증하게 됐다. 부인과 헤어지면 연금의 절반을 내줘야 하는 남성들은 2007년 당시 이혼을 막기 위한 '애처가 모임' 등을 만들어 가족 간의 유대를 부활시키기 위해 노력했다.

20~30년 넘게 함께 살던 부부가 이혼하는 이유는 과거보다 이혼에 대한 사회적 편견이 줄어든 까닭도 있지만, 자녀들이 독립하기 시작하면서 부부관계를 유지시켜줬던 연결고리가 느슨해진 탓도 크다. 또한 은퇴를 계기로 가정의 대들보 역할을 하던 가장의 위상이 급격히 추락한 반면, 부인의 목소리가 커진 것도 무시할 수 없는 이유이다.

은퇴남편증후군

베이비붐 세대들이 갖고 있는 부부의 상은 '샐러리맨 남편-전업주부 부인'의 형태일 것이다. 이들이 한창 경제활동을 하던 시절만 해도 남편의 위상은 드높았다. 남편 입장에선 밖에서 열심히 일해 벌어온 돈으로 아이들 교육도 시키며 가정을 꾸릴 수 있었다. 가정에 조금 소홀해도 부인에게 책잡힐 일은 아니었다. 하지만 퇴직과 함께 남편의 위상에 변화가 일기 시작했다.

은퇴를 전후해 일어나는 부부간의 잦은 갈등의 원인을 진화심리학자들은 공간의 문제로 해석하기도 한다. 가족의 생계를 책임지느라 한때 가정을 소홀히 하기도 했지만 남편에게 가정은 언젠가는 돌아가야 할 고향과 같은 곳이다. 하지만 부인 입장은 다르다. 많은 시간을 남편과 떨어져 지내는 것에 익숙해 있는 부인들은 가정을 자신만의 공간으로 생각한다. 그런데 은퇴한 남편들이 이 공간으로 침범해 들어오면서 생활리듬이 깨지고 부적응상태에 빠지는 것이다.

일본의 신경정신과 전문의 쿠로카와 노부오黒川伸雄 박사는 이러한 증상을 가리켜 '은퇴남편증후군Retired Husband Syndrome, RHS'이라 명명했다. 이 증후군은 남편의 은퇴와 함께 부인의 스트레스 강도가 높아지면서 몸이 자주 아프고 신경이 날카로워지는 증상을 말한다.

쿠로카와 박사의 말에 따르면, 노년기 일본 주부의 60퍼센트 이상이 이 병에 걸린다고 한다. 이유야 어찌 됐든 은퇴라는 일생일대의 사건을 앞두고 남편과 부인의 입장이 너무 다르다는 것만큼은 분명하다. 그리고 이런 입장 차이가 사소한 일을 계기로 표면에 드러나면서 부부싸움으로 이어지게 된다.

은퇴한 부부가 싸우는 데는 크게 세 가지 원인이 있다. 첫 번째 원인은 하루 종일 파자마만 입고 집안에서 빈둥거리는 남편의 모습 때문이다. 어디 외출할 예정도 없고, 특별히 할 일도 없는 하루가 은퇴한 남편들의 보편적인 일과이다.

연락할 친구라도 있으면 좋으련만 그렇지도 못하다. 인간관계라는 것이 대부분 직장을 중심으로 이루어지기 때문에 지역사회와의 교류가 원활하지 않다. 옛 친구들은 그동안 새벽부터 밤늦게까지 회사생활을 하느라 언제부터인가 소원해져 있다.

결국 직장 끈이 떨어진 남편이 유일하게 하는 일이란 게 파자마 차림으로 거실 소파에 앉아 텔레비전을 보는 것이다. 은퇴한 남편을 묘사하는 우스갯소리로 '파자마 맨', '공포의 거실남'이라는 말까지 생겼을 정도이다. 통계청이 2009년 부부들을 대상으로 가장 하고 싶은 여가활동을 물었더니, 60대 이상 응답자의 44퍼센트가 '여행'이라고 답했다. 하지만 실제 "주말이나 휴일에 여가를 어떻게 활용하느냐"고 물었더니, '여행'이라고 답한 사람은 6.9퍼센트에 불과했고, '텔레비전 및 비디오 시청'이라고 답한 사람이 66퍼센트나 됐다. 노는 것도 해본 사람이 잘한다. 평생 일만 하느라 제대로 놀아보지 못한 사람은 은퇴 후 시간이 넘쳐나도 잘 놀 줄 모른다.

은퇴한 부부가 싸우는 또 다른 원인은 '부인의 외출'이다. 은퇴 후 남편은 집에 있는 시간이 많아지고 부인은 외출하는 횟수가 잦아진다. 남편은 부인과 오붓하게 시간을 보내거나 여행을 하며 노후를 즐기고 싶어 하지만, 부인은 친구와 어울리는 걸 더 좋아한다. 부인이 집을 나설 때마다 남편은 "여보 어디 가?" 혹은 "나가면 언제쯤 올 거야?" 하고 묻는다. 행선지와 귀가시간을 시시콜콜 묻는 남편이 부인은 달가울 리 없다.

세 번째 원인은 '점심식사' 때문이다. 남편이 부인에게 행선지와 귀가시간을 묻고 뒤를 따라 다니는 이유는 '점심식사' 때문이다. 사실은 부인의 행선지보다는 부인이 점심 전에 귀가해 자신의 점심상을 차려줄 것인가가 더 궁금한 것이다.

은퇴 후 남편들은 혼자 끼니 챙기는 것을 무척 어려워한다. 현역시절처럼 부인이 식사 정도는 당연히 차려주겠거니 생각하는 것이다. 하지만 은퇴 후에는 사정이 다르다. 매일 똑같은 일상이 반복되기 때문이다. '매일 놀면서 무슨 염치로 하루 세 끼를 꼬박꼬박 차려주길 원하는 거야?' 이것이 부인들의 속마음일지 모른다.

부인들의 아침은 바쁘다. 아침상 차리기, 설거지, 빨래, 청소 등등. 한숨을 돌리고 차라도 한잔 마시려 하면 벌써 11시이다. 점심을 차리려면 늦어도 11시 30분에는 또 준비를 해야 한다. 이런 일상이 반복되는 걸 좋아할 주부는 없다.

은퇴 후 부부가 정답게 지내려면

그러나 은퇴한 부부가 싸우는 원인을 알면 문제의 해결책도 쉽게 찾을 수 있다. 먼저 부인은 남편이 집에만 있다고 구박할 것이 아니라 은퇴 후의 환경변화에 적응할 수 있도록 도와줘야 한다. 거실에서 어슬렁거리는 남편을 보는 게 싫다면 출가한 자녀가 쓰던 방을 남편 방으로 만들어주는 것도 좋은 방법이다.

또 남편이 주변 사람들과 친분을 다지며 지역사회에 정착할 수 있도록 도와줘야 한다. 부인과 마찬가지로 남편도 은퇴한 다음에는 지역사회가 삶의 주요한 터전이 된다. 매일 인사를 주고받는 이웃사촌, 취미를 함께할 친구, 함께 자원봉사할 친구를 미리 사귀어두면 외롭지 않게 여생을 보낼 수 있다.

점심상 고문에서 벗어나려면, 남편이 제대로 못한다고 구박하지만 말고 쉬운 요리 몇 가지 정도는 혼자서도 해먹을 수 있도록 가르쳐주는 것도 좋다. 은퇴 후 남편 점심 차리기에서 해방되려면 이 정도 노력은 해야 한다.

평소 남편과 대화의 토양을 쌓아두는 것도 중요하다. 부부싸움보다 더 무서운 것이 '침묵'이라고 한다. 우리나라 남편들 중 상당수가 부인이 무슨 말을 하든 아무런 관심도 보이지 않는다. 텔레비전이나 신문을 보면서 짤막한 대답을 하는 게 전부이다. 자기 의견을 말하는 게 귀찮고 싫은 것이다. 부인들은 이런 대접을 받고 나면 남편과 속 깊은 얘기를 나누는 것을 포기하게 된다. 그리고 그렇게 불만이 쌓이면 언젠가는 부부싸움으로 번지기 마련이다.

평소 대화가 없는 부부에게는 이심전심을 기대할 수 없다. 친구들 사이에는 있는데 부부 사이에는 없는 것이 '이심전심'이라는 말도 있다. 따라서 부부간에 대화가 필요할 때는 진지하게 상의할 내용이 있으니 시간을 내어달라고 요청해야 한다. 은퇴 후 부부가 함께 많은 시간을 보내려면 미리미리 대화의 토양을 일궈둬야 한다.

마지막으로 변화를 기꺼이 받아들이려는 마음가짐이 중요하다. 남편 입장에서 은퇴란 생활 중심이 직장에서 가정으로 옮겨가는 것을 의미한다. 가정은 부인의 생활공간인 만큼 남편들이 변해야만 부부가 화목해질 수 있다.

침팬지를 상대로 한 실험에서 사육사가 젊은 수컷, 젊은 암컷, 늙은 수컷, 늙은 암컷 네 마리 침팬지에게 갑자기 먹이를 주는 방법을 바꾸면, 가장 먼저 적응하는 것이 젊은 암컷이라고 한다. 그다음이 젊은 수컷, 늙은 암컷 순으로 새로운 방식을 받아들인다고 한다.

하지만 늙은 수컷은 무슨 이유 때문인지 배가 고파도 끝까지 예전 방식을 고수한다고 한다. 그 결과는 보지 않아도 뻔하다. 과거에 얽매여 변화할 줄 모르면 결국 가정에서도 따돌림을 받게 될 것이다.

남편보다 10년 더 사는
부인을 위한 최소 안전장치

고령사회는 '여자들 세상'?

고령사회가 되면 대부분 '여초女超현상'이 두드러진다. 전 세계 100세 이상 남녀의 성비를 비교해보면 여성이 남성보다 무려 일곱 배나 많다. 세계에서 가장 빠른 속도로 늙어가는 나라 일본도 마찬가지이다. 2010년 일본 내각부 통계에 따르면, 100세 이상 고령자 4만 4,239명 중 86.8퍼센트에 해당하는 3만 8,380명이 여성이라고 한다.

우리나라도 사정은 다르지 않다. 통계청이 2005년 조사한 바에 따르면, 100세 이상 고령자는 총 961명으로 파악됐다. 이 중 89.2퍼센트에 해당하는 857명이 여성으로 나타났다. 2010년 조사에서는 여성 비율이 다

소 감소하기는 했어도, 여전히 100세인 1,836명 중 86.1퍼센트에 해당하는 1,580명이 여자였다.[26] 이렇게 여초현상이 심각하다면, 100세인 사회는 그리스신화에 나오는 여성 전사들만으로 구성된 부족 '아마조네스Amazones'에 비유될 만큼 '여자들 세상'이 될 것이다.

여초현상은 고령층으로 갈수록 심해지고 있다. 먼저 신생아들부터 살펴보자. 여자아이 100명당 남자아이 수를 나타내는 것이 출생 성비인데, 우리나라는 105.7이다. 출생 당시에는 남자아이가 여자아이보다 오히려 더 많다.[27] 인구 전체를 놓고 봐도 남자 대 여자 비율은 49.7퍼센트 대 50.3퍼센트로 거의 대등한 것으로 나타난다.

| 그림 2-10 | 연령별 남녀 성비 현황

■ 남자   ■ 여자

총인구	65세 이상	85세 이상	100세 이상
24,149,865명 50.3%	3,227,061명 59.5%	271,873명 74.2%	1,580명 86.1%
23,840,896명 49.7%	2,197,606명 41.5%	94,736명 25.8%	255명 13.9%

자료: 통계청 인구주택조사(2010년)

하지만 고령자로 가면 사정이 달라진다. 65세 이상 인구 10명 중 6명 (59.5퍼센트)이 여성이고, 85세 이상 고령자 4명 중 3명(74.2퍼센트)이 여성이다. 앞에서 살펴봤지만 100세인들은 10명 중 9명(86.1퍼센트)이 여성이다. 이 같은 현상이 두드러지는 것은 남녀 간 수명 차이 때문이다. 한국인의 남녀 기대수명을 비교해보면, 여성(84.5세)이 남성(77.6세)보다 평균 7년은 더 사는 것으로 나타난다.

상황이 이렇다 보니 배우자 없이 혼자 사는 '여성 독신가구'도 차츰 늘어나고 있다. 여기에는 남녀 간 수명 차이뿐만 아니라 남편과 아내의 나이 차이도 영향을 미친다. 2011년 현재 한국인의 초혼 연령은 남성(31.9세)이

| 그림 2-11 | 65세 이상 고령가구 중 여성 독신가구 비율

남성 독신
168,377명
5.4%

미혼(1.3%)
이혼(3.3%)

여성 독신
816,662명
26.3%

65세 이상
고령가구 현황
(2010년)

사별(95.4%)

2인 이상
2,125,972명
68.3%

자료: 통계청 인구주택조사(2010년)

여성(29.1세)보다 세 살가량 많다. 간단히 계산해봐도 아내들이 남편보다 수명이 7년 더 길고 나이는 세 살 더 어리기 때문에 평균 10년은 더 산다는 결론이 나온다. 이 같은 사실은 고령가구 통계에 그대로 드러난다. 우리나라 65세 이상 고령가구는 311만 가구가 넘는다. 이 중 배우자가 없는 여성 독신가구가 무려 26.3퍼센트를 차지한다. 고령가구 넷 중 한 가구가 여성 독신가구인 셈이다. 이에 반해 남편이 배우자 없이 남겨진 비율은 5.4퍼센트에 불과해 여성 독신가구의 5분의 1 수준밖에 되지 않았다.

고령 여성들이 혼자 사는 원인을 분석해보면, 남편과 '사별'한 경우가 95.4퍼센트로 압도적으로 많았고, 남편과 '이혼'하고 혼자 사는 여성이 3.3퍼센트, 아예 처음부터 결혼하지 않은 '미혼'은 1.3퍼센트를 차지했다. 여성 독신가구 비율은 나이가 많을수록 꾸준히 증가세를 보이고 있는데, 85세 이상 여성 10명 중 8명(78퍼센트)이 배우자 없이 혼자 사는 것으로 조사됐다.

남편 자식에 밀려 부인의 노후는 없다

부인이 남편보다 10년을 더 산다면, 노후준비와 자산관리도 자연히 오래 사는 부인에게 맞춰야 할 것이다. 하지만 현실은 그렇지 못하다. 노후 생활의 버팀목이라 할 수 있는 국민연금부터 살펴보자. 2012년 6월 기준으로 우리나라 국민연금 수령자는 311만 명을 넘어섰다. 하지만 여성은 123만 명으로 채 40퍼센트에도 못 미친다. 이 정도면 됐지 왜 호들갑이냐는 사람도 있겠지만 실상을 따지고 보면 그렇지 않다.

여성 국민연금 수령자들 대부분이 연금수령액이 얼마 되지 않는 특례노령연금이나 '유족연금(국민연금에 가입하고 있었거나 연금을 받던 사람이 사망하면, 그에 의해 생계를 유지하던 유족에게 가입기간에 따라 기본 연금액의 40~60퍼센트에 부양가족연금을 합산해 지급하는 연금)' 수령자이고 정작 제대로 된 연금이라 할 수 있는 노령연금 수령자는 얼마 되지 않기 때문이다.

2012년 10월 현재 조기노령연금(국민연금 가입기간이 10년 이상이고 55세 이상인 사람이 소득이 있는 업무에 종사하지 않을 경우 60세 이전이라도 지급받을 수 있는 연금) 수령자의 월평균 연금수령액은 47만 원에 육박했고, 완전노령연금 수령자가 받는 연금은 82만 원을 넘었다. 그런데 조기노령연금을 받으려면 국민연금 가입 자격을 최소 10년 이상 유지해야 하고, 완전노령연금의 경우에는 그 기간이 20년 이상 돼야 한다.

하지만 출산과 육아문제로 수시로 경력이 단절되는 여성들 입장에서 이 같은 자격을 갖추기가 쉽지 않다. 그래서일까? 10만 명이 넘는 완전노령연금 수령자 가운데 겨우 8퍼센트(8,288명)만이 여성이다. 여성 국민연금 수령자가 123만 명이 넘는다고는 하지만, 완전노령연금을 받는 여성은 0.7퍼센트에 불과한 셈이다.

조기노령연금은 그나마 상황이 조금 낫기는 하지만 여성 국민연금 수령자 중 6.6퍼센트(80,914명)만 여기에 해당한다. 나머지 여성들은 대부분 특례노령연금이나 유족연금 등을 수령하는데, 받는 연금이 완전노령연금의 3분의 1에도 못 미친다. 여성 연금수령자 중 44.5퍼센트는 특례노

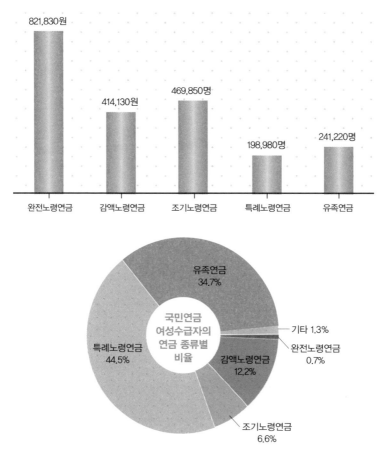

| 그림 2-12 | 국민연금 종류별 월평균 수령액

821,830원 — 완전노령연금
414,130원 — 감액노령연금
469,850명 — 조기노령연금
198,980명 — 특례노령연금
241,220명 — 유족연금

국민연금
여성수급자의
연금 종류별
비율

유족연금 34.7%
기타 1.3%
완전노령연금 0.7%
감액노령연금 12.2%
조기노령연금 6.6%
특례노령연금 44.5%

자료: 국민연금공단(2012년 6월 기준)

령연금을 받고 있고, 34.7퍼센트는 유족연금을 수령하는데, 월평균 연금 액이 각각 20만 원과 24만 원 정도밖에 되지 않는다.

　퇴직연금과 개인연금도 마찬가지이다. 여성의 경우 잦은 이직과 경력 단절로 중간에 수령한 퇴직금을 전부 생활비와 자녀교육비로 소진해버리기 일쑤이다. 개인연금 가입자도 여성이 남성보다 적다. 우리나라 개인연금저축제도는 노후자금 마련 수단이라기보다는 소득공제를 받기 위한 재테크 수단으로 자리 잡았다. 이처럼 연금저축제도가 근로자, 자영업자 등 경제활동인구 중심으로 발달해오다 보니, 상대적으로 경제활동 참가율이 낮은 여성은 소외될 수밖에 없었다. 국민연금, 퇴직연금, 개인연금 등의 보장에서 부인들이 모두 외면당하고 있는 것이다. 남편이 사망하면 당연히 노후가 막막할 수밖에 없다.

홀로 남을 부인에게 투자하라

그렇다면 홀로 남겨질 부인의 노후는 어떤 식으로 준비해야 할까? 남편은 부인을 위해 부부의 은퇴자금 가운데 일부를 떼어놓아야 한다. 하지만 자금을 별도로 떼어둔다고 해서 근본적인 문제가 해결되는 것은 아니다. 부부가 생활하는 동안 생활비가 부족하거나 병에 걸리면 그 돈을 헐어 쓸 수밖에 없다. 따라서 어떤 상황에도 손대지 않을 재원을 마련해둬야 한다.

가장 손쉬운 방법은 국민연금 임의가입제도를 활용하는 것이다. 국민연금 가입의무가 면제된 전업주부도 임의가입제도를 활용하면 연금을 수령할 수 있다. 국민연금은 가입자가 사망할 때까지 연금이 지급되기 때문에 남편이 사망한 후에도 연금을 수령할 수 있다.

다만 부부가 모두 노령연금을 수령하다가 한 사람이 사망한 경우에는 본인의 노령연금과 배우자 사망으로 인한 유족연금 중 하나를 선택해야 하는데, 본인의 노령연금을 선택하는 경우에는 노령연금액에 유족연금의 20퍼센트를 추가로 받을 수 있다.

연금보험을 활용해 노후자금을 설계할 때는 '피보험자' 선정에 신중을 기해야 한다. 연금보험에서 '종신형' 수령 방식을 선택하면 피보험자가 살아 있는 동안 계속 연금을 수령할 수 있기 때문이다. 물론 여유가 되면 남편과 부인 명의로 하나씩 가입해두면 좋겠지만, 자금 사정이 여의치 않을 경우에는 오래 살 확률이 높은 부인을 피보험자로 지정해두는 것이 유리하다.

종신형은 일단 연금수령이 개시되면 중도에 계약을 해지할 수 없기 때문에 부인이 살아 있는 한 계속해서 연금을 수령할 수 있다. 다만 연금보험은 가입한 다음 중도에 피보험자를 변경할 수 없기 때문에 가입할 때 신중하게 결정해야 한다.

종신보험을 노후생활 재원으로 활용할 수도 있다. 대부분의 종신보험은 근로기간 중에 가장이 사망할 경우 유가족의 생활비를 충당할 목적으로 가입한다. 따라서 가장의 근로기간이 끝나면 종신보험의 용도를 다시 한번 생각해봐야 한다.

먼저 가장이 은퇴한 다음 종신보험을 연금으로 전환해 생활비로 사용하는 방법을 생각해볼 수 있다. 현재 시중에서 판매되고 있는 대부분의 종신보험은 연금전환 특약을 두고 있어 연금으로 전환할 수 있다.

또 다른 방법은 남편이 사망할 때 받은 종신보험금으로 홀로 살아야 하는 부인의 노후생활비를 충당하는 방법이다. 이렇게 되면 '부부생존기간'

동안 생활비나 남편 간병자금으로 노후생활비를 전부 써버린다 해도 남편이 사망할 때 받은 종신보험금으로 부인의 노후생활비를 충당할 수 있다. 이때 종신보험금은 남편이 부인에게 남겨주는 가장 아름다운 선물이 될 것이다.

주택연금을 활용하는 것도 좋은 방법이다. 주택연금은 부부가 모두 60세 이상이고, 9억 원 이하의 1주택을 보유한 경우 가입이 가능하다. 가장 큰 장점은 주택 소유자와 배우자가 모두 사망할 때까지 연금을 지급한다는 점이다. 누가 오래 살든 상관없이 노후생활비 걱정을 덜 수 있다.

부부가 한날한시 눈을 감지 못하더라도, 나중까지 살아남는 사람을 위한 배려가 있어야 할 것이다. 홀로 남게 될 배우자의 여생에 대한 충분한 대비를 해두는 것이야말로 부부 사이의 책임을 다하는 태도라고 할 수 있을 것이다.

홀로 죽는 안타까움,
사후를 부탁해

'무연사회'의 도래

핵가족화로 가족이나 친지와의 교류가 소원해지면서 혈연이 끊기고, 산업화로 고향을 떠나면서 지연도 찾아보기 힘들어졌다. 그나마 회사에 다닐 때 가졌던 '사연社緣'도 퇴직하고 나면 단절된다. 삶이 팍팍해지면서 학교 동문 간에 끈끈하던 '학연學緣'마저 경쟁이라는 이름으로 대체되고 있다.

이래저래 아는 사람은 많아도 막상 연락할 사람은 드문 게 현실이다. 이렇게 사람들 사이의 연이 사라져가는 사회, 사람들 사이의 관계가 없는 사회를 '무연사회無緣社會'라고 한다. 이러한 무연사회의 단적인 현상이 바로 '무연사'이다.

'무연사회'와 '무연사'라는 말은 일본에서 유래했다. 일본 사회에 '무연사회'라는 말이 유행처럼 퍼지기 시작한 것은 2010년 1월 일본 공영방송 NHK가 〈무연사회: 무연사 3만 2,000명의 충격〉이라는 프로그램을 방영하면서부터이다. 지켜보는 가족도 없이 죽음을 맞는 사람이 한 해 '3만 2,000명'이 넘는다는 방송이 나가자 일본 열도는 발칵 뒤집혔다.

특히 '무연사'가 남 일이 아닌 자신의 일이 될 수도 있다는 두려움 때문에 일본인들은 더욱 관심을 보였다. "바로 내 이야기라고 생각했다"고 말하는 할머니가 있는가 하면, "가까운 장래에 나 또한 그렇게 되지 않을까 하는 불안과 절망감이 머리를 떠나지 않는다"며 걱정하는 남성도 있었고, "나도 일이 없어지면 '무연사'할 것 같다"고 말하는 젊은이도 있었다.[28]

'무연사'란 죽음을 지켜봐주는 사람 없이 오랜 시일이 지난 다음 시신으로 발견되는 것을 말한다. 우리나라에서는 '고독사' 혹은 '고립사'라는 말로 더 잘 알려져 있다. 고독사라는 말이 처음 알려지기 시작한 것은 1995년 일본에서 한신 대지진이 발생했을 때이다. 지진 발생 몇 달 후부터 임대주택에서 혼자 살던 재난 피해자들 중 일부가 사망한 다음 며칠이 지나 발견되는 일이 종종 일어나기 시작했다. 그러나 당시만 해도 가족 및 친지들과 연락을 끊고 홀로 사는 저소득 고령자들에게나 일어나는 문제로 치부했다.

하지만 2009년 8월, 한때 인기를 구가했던 일본의 여배우 오하라 레이코大原麗子가 자택에서 숨진 지 사흘 만에 발견되면서 사람들의 인식이 달라지기 시작했다. 이제 무연사는 단순히 저소득층만의 문제가 아니라 고령사회를 살아가는 현대인이라면 누구에게나 일어날 수 있는 일임을 깨닫게 된 것이다.

일본 내각부에서 발표하는 고령사회백서에 따르면, 도쿄 23개구 내에서 65세 이상 독거노인 중 자택에서 사망한 사람이 2007년부터 2009년까지 3년간 연속 2,000명이 넘었다. 또 도시재생기구가 운영 관리하는 임대주택 76만 호 내에 거주하는 독신자 중에서 고독사하는 사람이 2009년 한 해에만 무려 665명이나 됐다. 이 중 65세 이상 고령자는 472명이었다. 2000년과 비교해보면 전체로는 약 세 배, 65세 이상 고령자는 네 배나 증가한 수치였다.[29]

고독사가 잦아지면서 일본에서는 새로운 비즈니스도 생겨났다. 고독사로 사망한 시신은 평균 21.3일 만에 발견된다고 한다. 방에서 악취가 날 만한 기간이다 보니 유족들조차 방에 들어가기를 꺼린다. 이에 '유품정리회사'라는 새로운 업종이 생겨났다.

일본 최초 유품정리회사는 2002년 설립된 '키퍼스'이다. 이 회사의 요시다 다이치 吉田太一 대표는 유품정리 사업은 어떤 의미에서 저세상으로 가버린 사람들이 '천국으로 이사하는 걸 돕는 일'이라고 했다.[30] 유품정리인은 부패한 시신을 옮기고, 청소를 하고, 남은 유품을 정리해 유가족에게 넘기거나 버리는 일을 하며 건당 25만 엔에서 30만 엔을 받는다. 가족들에게 폐를 끼치고 싶지 않은 독거노인들 중에는 '사전 예약'을 하는 사람도 있다고 한다. 현재 도쿄와 오사카 등 6곳에 지점을 둔 키퍼스는 2010년 한국에도 진출해 부산과 경기도 분당에 지사를 낸 상태이다.

홀로 살다 홀로 죽는 사람들

무연사는 주로 혼자 사는 노인들에게서 많이 일어난다. 일본 총무성이 2010년 발표한 자료에 따르면, 혼자 사는 65세 이상 고령자는 479만 명으로 전체 고령자의 16.4퍼센트에 해당한다. 30년 전인 1980년(90만 명)에 비해 다섯 배 이상 증가한 수치이다. 이처럼 독거노인 수가 빠른 속도로 늘어나면서 무연사하는 사람도 많아졌다.

한국이 처한 상황도 일본과 별반 다를 게 없다. 보건복지부가 발표한 자료에 따르면, 2012년 현재 65세 이상 고령자 589만 명 중 20퍼센트에 해당하는 118만 명이 홀로 사는 것으로 나타났다. 고령자 다섯 명 중 한

| 그림 2-13 | 65세 이상 고령자 및 독거노인 추이

전체 노인 수 ■ 65세 이상 독거노인 수 ━●━ 전체 노인 중 독거노인 비율 (단위: 천 명)

2000년	2010년	2011년	2012년	2020년	2030년
16.0%	19.4%	19.9%	20.2%	21.6%	22.2%
3,395	5,452	5,656	5,890	8,084	12,691
544	1,056	1,124	1,187	1,745	2,820

자료: 보건복지부

명이 독거노인인 셈이다. 2020년에는 174만 명(21.6퍼센트), 2030년에는 282만 명(22.2퍼센트)으로 늘어날 것으로 예상되고 있다.

무연사 예비군도 엄청나다. 최근 결혼이 약육강식의 경제 논리에 휩싸이면서 저소득자들 중 일부는 비자발적 독신자가 되기도 하고, 일부는 '비혼'을 선택하기도 하면서 독신세대들이 더욱 늘어나고 있다. 2010년을 기준으로 일본 남자들 중 50세까지 한 번도 결혼하지 않은 사람의 비율을 나타내는 '생애미혼율'이 17.2퍼센트나 됐다. 이를 20년 전인 1990년(5.6퍼센트)과 비교해보면 세 배 이상 증가한 수치이다.

일본처럼 심각한 수준은 아니지만 우리나라의 생애미혼율도 빠른 속

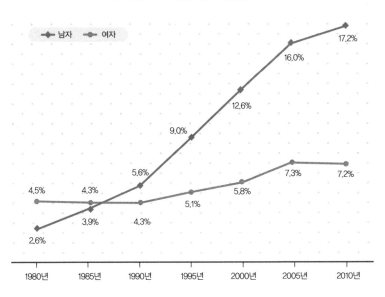

| 그림 2-14 | 일본 생애미혼율 추이

자료: 일본 통계청

도로 상승하고 있다. 통계청에 따르면, 남성의 생애미혼율은 2000년까지만 해도 1.1퍼센트 수준에 불과했으나 10년 동안 세 배 이상 증가해 2010년에는 3.4퍼센트에 이르렀다. 같은 기간 여성의 생애미혼율도 0.9퍼센트에서 2.1퍼센트로 두 배 이상 증가했다.

이들 미혼 독신자들은 일종의 '무연사 예비군'이나 마찬가지이다. 독신자는 혼자 살아가는 데다 결혼 경험도 없어 인간관계를 넓히기 쉽지 않다. 게다가 나이를 먹으면 부모도 세상을 떠나고 절친한 친구가 있어도 결혼해 가정을 꾸리고 나면 자연히 멀어지게 된다. 관심사와 생활 방식이 달라지면서 얘깃거리가 줄어들기 때문이다.

| 그림 2-15 | 한국 생애미혼율 추이

자료: 통계청

결혼해서 아이가 생기면 학교를 통해 부모끼리 친구가 되는 경우가 흔한데 독신자는 이런 관계가 불가능하다. 게다가 독신자는 여가생활도 동네가 아닌 번화가에서 찾기 때문에 지역 내에서 인간관계를 맺기가 더욱 어렵다.[31] NHK 무연사회 특집방송이 일본의 30대들에게 큰 반향을 일으킨 이유도 독신자들의 이런 현실과 무관하지는 않을 것이다.

독거노인을 위한 가족 대체 서비스

그렇다면 무연사회와 무연사 문제에 어떻게 대응해야 할까? 가장 근본적인 대책은 가족 간의 유대관계를 증진하는 것이다. 홀로 사는 노인이 사망한 지 한참 만에 발견되는 고독사 문제는 가족관계가 원만하지 못하고 단절됨으로써 발생하기 때문에 가족관계 복원은 그 어떤 대책보다 중요하다.

현재 96.7퍼센트에 해당하는 독거노인들에게는 평균 3.86명의 자녀가 있지만 자녀와 주 1회 이상 접촉하는 비율은 34.9퍼센트밖에 되지 않는다고 한다. 가족관계만 잘 복원해도 무연사 문제는 상당 부분 해결될 것으로 보인다. 하지만 고령화에 따른 가족 형태의 변화가 거스를 수 없는 추세라는 점을 감안할 때 가족관계의 복원이 그리 쉽지만은 않아 보인다.

가족의 기능이 제대로 작동하지 않는 독거노인의 경우, 홀로 사는 노인들끼리 사회적 연대를 형성하는 것도 좋은 방법이다. 예를 들면 냉난방비를 걱정하고 규칙적인 식사가 어려운 농어촌 독거노인들이 마을회관이나 경로당에 모여 생활하는 것이다. 2007년 의령군에서 처음 실시된 '독거노인 공동거주제도'는 현재 40개 시·군·구에서 총 227개소가 운영 중이다. 대표적인 예로 전북 김제시에서는 경로당 100개소를 노인 친화적으로 리모델링해 1,130명의 독거노인이 함께 생활하고 있다.

독거노인 공동주거제도는 열악한 주거환경하에서 살아가는 저소득 독거노인에게 쾌적하고 편안한 가정환경을 제공할 뿐만 아니라, 독거노인끼리 모여 살면 서로 의지할 수 있어 정신건강이 증진되고 사회적으로 안전 확인의 부담이 경감되는 등 여러 가지 장점이 있다.[32]

비영리 시민단체인 NPO의 역할도 주목해볼 만하다. NPO는 가족이나 친척을 대신해 행정이나 병원, 간병제도, 복지시설 등의 틈새를 이어주는 역할을 한다. 일본 나고야에 본부를 둔 한 NPO는 혼자 사는 사람이 신원보증이 필요하다고 하면 도움을 주고, 갑자기 부상을 당하거나 병이 나면 가족을 대신해 입원수속을 해주기도 한다. 또 죽은 뒤 유품정리와 장례준비, 납골당까지 마련해주는 일을 대신해주고 입회금을 받는다.

NPO를 찾는 사람들 중에는 전직 교사, 대기업 은퇴자, 전직 공무원 등 경제적 여유가 꽤 있는 사람들도 많다고 한다. 이들은 현역시절 수입도 많았고 은퇴한 다음에도 많은 연금을 받고 있지만 배우자와 이혼하거나 사별한 다음 혼자가 된 사람들로, 의지할 친족은 있지만 스스로 짐이 되고 싶지 않은 사람들이 대부분이다.[33]

부모와 먼 거리에 떨어져 사는 자녀들이라면, 보건복지부와 소방방재청이 함께 실시하고 있는 '독거노인 U-Care 서비스'에 주목해볼 만하다. 65세 이상 독거노인을 대상으로 한 이 서비스는 독거노인 집에 활동감지센서를 설치한 다음 이를 통해 활동량이 아예 없거나 평소보다 뚜렷하게 낮아진 경우 생활관리사가 전화로 안부를 확인하거나 직접 방문한다.

또 응급상황 때 자동으로 스피커폰이 작동하는 전화기, 연기가 조금이라도 날 경우에 작동하는 화재 감지센서와 가스유출 감지센서가 설치되고, 버튼을 눌러 응급상황이 발생했음을 알릴 수 있도록 작은 열쇠고리 크기의 휴대용 무선 호출기가 지급된다.

최근에는 통신사들이 스마트폰을 활용해 혼자 사는 노인의 건강과 안전을 지키는 서비스를 선보이고 있다. 이 서비스는 전용 전화기와 응급 호출기, 활동량 감지기 등을 통해 고령자의 활동을 원격으로 체크하고, 응급상황이 발생하면 가까운 병원 등에 연락해 신속한 조치를 할 수 있도록 하고 있다. 활동량 감지기는 침실과 화장실, 주방 등에 설치돼 노인의 활동을 보호자의 스마트폰이나 PC 등으로 전송해준다.

무연사회와 고독사를 방지하기 위한 다양한 대책을 살펴보기는 했지만 아무리 좋은 대책과 정부지원책이 있다고 한들, 스스로 고립상태에서 벗어나 새로운 인간관계를 만들어나가려는 의지가 없다면 아무 소용이 없다. 본인 스스로 이웃과의 소통을 위해 먼저 손을 내밀고 주변 사람들과 가족 못지않은 돈독한 인간관계를 맺어나가는 일만큼 좋은 대책은 없다.

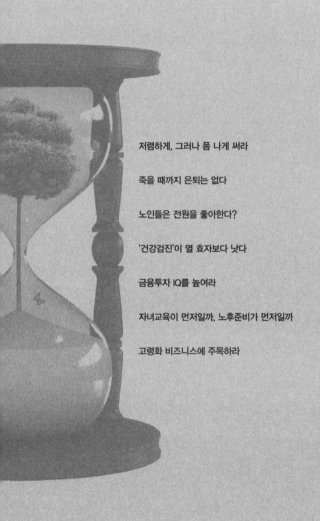

저렴하게, 그러나 폼 나게 써라

죽을 때까지 은퇴는 없다

노인들은 전원을 좋아한다?

'건강검진'이 열 효자보다 낫다

금융투자 IQ를 높여라

자녀교육이 먼저일까, 노후준비가 먼저일까

고령화 비즈니스에 주목하라

감속 시대,
은퇴 경제학

저렴하게, 그러나
폼 나게 써라

풍요롭게 살고 싶다면 남들보다 더 벌면 된다. 그러나 원한다고 돈이 더 벌어지는 것은 아니다. 그렇다면 풍요로운 삶을 누리는 다른 방법은 없을까? 많이 버는 게 힘들다면 적게 쓰는 데서 기쁨을 찾는 것이다. 당신이라면 둘 중 어느 쪽을 택하겠는가?

사람들은 의사결정을 할 때 경제 상황의 영향을 받는다. 경기가 좋을 때는 더 버는 쪽을 선택해도 무리가 없다. 우리 경제가 고도성장을 구가하던 1970~1990년대로 돌아가보자. 당시 한국 경제는 그 어느 때보다도 빠른 성장을 했고, 누구나 조금만 노력하면 성장의 과실을 향유할 수 있다는 꿈이 있었다.

하지만 2000년대 후반에 접어들면서부터는 사정이 달라졌다. 우리 경

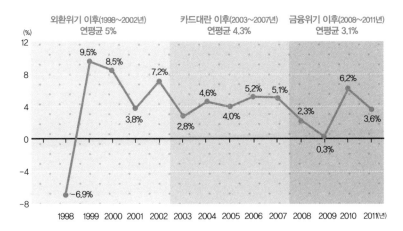

| 그림 3-1 | 외환위기 이후 한국의 실질경제성장률

자료: 한국은행

제가 고도성장기를 지나 '감속 시대'에 접어든 것이다. 한국은행에 따르면, 금융위기가 발생한 2008년부터 2012년까지 5년간 경제성장률이 세 차례나 4퍼센트를 밑돌았다고 한다. 경제연구기관들은 2013년에도 경제성장률이 3퍼센트를 밑돌 것으로 전망하고 있다.

소비는 줄이고 취향은 높이고

고도성장기를 살며 가속페달을 밟는 데만 익숙해 있는 기성세대들은 감속시대를 맞아 적잖이 당황하고 있다. 내리막길에서 운전자는 오른발을 가속페달이 아닌 브레이크 위에 올려놔야 한다. 즉 벌이가 신통찮으면 적게 쓰는 방법을 찾는 게 순리이다.

퇴직을 전후로 사람들은 삶의 방식을 바꾸기도 한다. 정년을 맞아 월급봉투가 사라지면 지갑 단속에 나설 수밖에 없다. 자산관리 중심축이 더 많이 벌자는 소득 관리에서 똑똑하게 소비하자는 지출 관리로 옮겨가는 것이다. 지금 우리나라에서는 700만 명이 넘는 베이비붐 세대의 퇴직이 한창 진행 중이다. 그리고 이 같은 변화는 생각보다 빠른 속도로 진행될 것으로 보인다.

이 같은 움직임은 이미 우리 생활 곳곳에서 찾아볼 수 있다. '가치소비'라고 불리는 실속형 소비문화의 확산을 대표적인 예로 들 수 있다. 가치소비란, 품질은 우수하지만 가격은 저렴한 제품을 골라 소비하는 행위를 말한다.

과거에는 마른 수건 쥐어짜듯 무조건 아끼고 안 쓰는 것을 최고의 미덕으로 여겼다. 하지만 '가치소비'는 이와는 다르다. 가치소비자들은 무분별한 과시소비나 충동구매는 삼가지만, 가격과 품질을 꼼꼼히 따져본 다음 가격 대비 품질이 우수한 제품이 있으면 과감히 지갑을 연다.

우리보다 앞서 고령화와 저성장으로 시름하고 있는 일본에는 가치소비와 비슷한 의미로 '난차테 지유가오카なんちゃって 自由ヶ丘'라는 말이 있다.[34] 일본의 '지유가오카'는 우리나라의 서울 압구정동이나 청담동처럼 부자들이 모여 살고 고급 점포가 즐비한 도쿄의 대표적인 부촌이다. 여기에 '난차테'를 붙이면 '가격은 저렴하지만 감각은 지유가오카풍'의 상품과 서비스를 일컫는 말이 된다. 이 같은 콘셉트를 가진 상품이 최근 일본인들 사이에서 인기를 끄는 것은 저성장으로 소득이 줄어들면서 지유가

오카에서 물건을 살 수 있다는 희망은 버렸지만 그 분위기만이라도 만끽하고 싶은 염원 때문이다.

이처럼 '감각은 상류층, 가격은 중·하류층'에 맞춘 제품을 찾는 소비자 심리에 재빨리 대응해 고도성장을 하는 기업으로 '내추럴 키친Natural Kitchen'이 있다. 식기와 수저 같은 주방용품을 주로 취급하는 내추럴 키친은 비록 점포 형태는 '100엔숍'처럼 보이지만, 취급하는 제품의 질이나 디자인은 수입 잡화점이나 유명 인테리어숍 물건에 뒤지지 않는다. 다만 차이가 있다면 수입 잡화점이나 인테리어숍에서는 이탈리아나 북유럽의 고가 제품을 판매하는 데 반해, 내추럴 키친에서는 대부분 중국산을 판매한다는 점이다.

유행에 맞는 의류를 신속하고 저렴하게 제작해 공급하는 패스트패션Fast Fashion 업계의 선두주자라 할 수 있는 '자라ZARA' 역시 중·하류층의 소비행태 변화를 제대로 읽어 성공한 대표적 기업이다. 일본의 대표적인 부유층 주거지라고 할 수 있는 롯폰기힐스에는 세계 최고급 브랜드 제품을 파는 상품들이 즐비하지만 이곳을 찾는 젊은 여성들은 주로 자라 매장에서 쇼핑을 한다. 고급 브랜드 가게에서 5만~6만 엔은 줘야 할 옷을 이곳에서는 1만~2만 엔이면 살 수 있기 때문이다.

잇따른 금융위기로 경기침체가 장기화되면서 저소득자들이 양산되고 있다. 소득이 줄어든 만큼 어쩔 수 없이 소비를 줄일 수밖에 없지만 감각이나 취향은 여전히 고급스러움을 추구하는 이들이 늘어나면서, 전 세계적으로 자라의 매출이 폭발적으로 늘고 있다.

작은 것도 꼼꼼히 따지는 스마트 컨슈머

과거와 달리 효율적 소비를 추구하는 '스마트 컨슈머Smart Consumer'의 등장도 비슷한 맥락에서 이해할 수 있다.[35] 스마트 컨슈머란 동일한 제품과 서비스를 다른 소비자에 비해 현저하게 저렴한 가격에 구입함으로써 삶의 질을 높이려는 사람을 말한다.

스마트 컨슈머들은 다른 소비자들에 비해 같은 제품을 적게는 20퍼센트, 많게는 60~70퍼센트까지 싸게 구입한다. 이렇게 할 수만 있다면 자신보다 연봉이 두세 배 많은 사람과 비슷한 생활수준을 누릴 수 있게 된다. 스마트 컨슈머들이 월등히 저렴한 가격으로 물건을 구입할 수 있는 이유는 일반 소비자들에 비해 시간적, 공간적, 수단적 측면에서 한 차원 높은 소비를 하기 때문이다.

스마트 컨슈머들은 우선 가장 저렴한 시기에 물건을 구매한다. 일반 소비자들이 어떤 제품이나 서비스가 필요할 때 바로 구입한다면, 스마트 컨슈머들은 필요한 제품과 서비스가 무엇인지 미리 파악해둔 다음 연중 가장 저렴한 시기에 구입한다. 일반 소비자들도 백화점 세일기간 정도는 염두에 두고 소비를 하지만, 스마트 컨슈머들은 불과 수분 만에 매진되는 게릴라 세일까지도 놓치지 않는다.

얼리버드Early Bird 항공권이 그 대표적인 사례이다. 실제 탑승일보다 3~12개월 전에 판매되는 얼리버드 항공권은 일반 항공권보다 20~50퍼센트가량 저렴하다. 하지만 예고 없이 아주 짧은 시간에 판매되기 때문에 순식간에 매진된다. 더욱이 환불불가 조건으로 판매하는 경우가 많아 장기적인 계획을 세워두지 않은 사람은 구매하기가 쉽지 않다.

스마트 컨슈머의 또 다른 특징은 이들이 국내뿐만 아니라 해외의 각종 인터넷 쇼핑몰까지 가격을 비교한 후 각종 포인트와 마일리지 같은 가상 화폐까지 모두 동원한다는 점이다. 이 같은 방식으로 물건을 구매한다는 게 번거롭긴 하지만 잘 활용한다면 저성장 시대에 삶의 질을 향상시킬 수 있는 유용한 수단이 될 수 있을 것이다.

카셰어링, 마이카 시대의 종말

경제 전반의 발전 속도가 현저히 둔화된 감속시대에 살아남으려면 단순히 남보다 싸게 제품을 구입하는 스마트한 소비 혹은 값싸고 품질이 우수한 상품과 서비스를 골라 구매하는 가치소비만으론 부족하다. 쉽지 않은 일이지만 전반적인 생활 규모를 줄이는 '다운사이징Downsizing'을 단행하지 않으면 안 된다.

다운사이징이라는 표현은 IBM왓슨연구소 직원인 헨리 다운사이징 Henry Downsizing 의 이름에서 따온 말이다. 그는 1980년대 초 대형 컴퓨터에서만 수행하던 응용 프로그램을 개인용 컴퓨터와 근거리통신망LAN 에서 운영할 수 있도록 재구성해, 보다 작고 빠르고 유연하고 값싼 컴퓨팅 환경을 구현했다. 이후 다운사이징이란 말은 '조직 슬림화를 통해 능률 증진을 추진한다'는 의미로 기업 경영에서 주로 사용해왔는데, 요즘에는 개인의 생활 규모나 소비수준을 줄인다는 의미로도 많이 사용되고 있다.

다운사이징은 씀씀이를 줄인다는 점에서 다이어트와 유사하다. 갑자기 체중이 불어나면 건강에 적신호가 오는 것처럼, 소득에 어울리지 않게 씀씀이가 커지면 가계 재정에 그늘이 드리워지기 마련이다. 군살을 빼려면 매일 먹는 밥그릇의 크기부터 줄여야 하듯, 생활 규모를 다운사이징하려면 일상에서 가장 익숙하게 사용하는 것부터 손대지 않으면 안 된다.

가계에서 쓰임새에 비해 돈이 많이 들어가는 물건 중 하나로 '자동차'를 꼽을 수 있다. 대다수 가정의 자동차는 출퇴근 때나 가끔 외출할 때 한두 시간을 빼면 주차장에서 잠잘 때가 많다. 하지만 들어가는 비용은 만만치 않다. 2000CC급 중형 자동차를 1년에 1만 킬로미터 운행한다고 가정했을 때, 기름값과 보험료 등 유지비를 합하면 연간 390만 원이 든다. 한 달로 보면 30만 원이 넘는 돈이다. 하루 23시간 주차장에 서 있는 자동차에 이만한 돈을 쓸 필요가 있을까?

바쁠 땐 택시를 타고, 장거리 여행에는 렌터카를 쓴다고 해도, 평소 대중교통을 이용하면 한 달에 10만~20만 원은 족히 절약할 수 있을 것이

| 그림 3-2 | 2000CC급 중형 차량의 연간 유지 비용

연간 비용		사용 내용
유류대	200만 원	연비 10km, 연간주행거리 10,000km, 휘발유 2,000원/리터
자동차세	54만 원	–
보험료	76만 원	31세 남성 1인 운전자, 대인 무한, 대물 2억 보상 한도
기타비용	60만 원	주차비, 통행료, 소모품비, 기타 등(월 5만 원)
합계	390만 원	

자료: 미래에셋은퇴연구소

다. 하지만 다이어트에 고통이 따르는 것처럼, 가까운 거리도 자가용을 몰고 다니던 사람이 대중교통을 이용하기는 쉽지 않다. 더구나 한국에서 자동차는 단순한 소비재가 아니라 '지위재' 성격을 갖는다. 누가 어떤 차를 몰고 다니느냐에 따라 그 사람의 지위와 신분이 드러나기 때문에, 하루 종일 자동차를 주차장에 세워두는 한이 있더라도 쉽게 처분하지 못하는 것이다. 심지어 대형차를 소형차로 바꾸는 것을 스스로 지위를 깎아내리는 행위로 여기는 사람들도 있다. 그러나 생활 규모를 줄이는 다운사이징에 성공하려면 자동차 소유에 대한 인식부터 바꿔야 한다.

최근 차량 공유 서비스인 '카셰어링Car Sharing'이 등장하면서 자동차 소유에 대한 사람들의 인식에 변화의 조짐이 보이고 있다. 카셰어링은 자동차를 빌려 쓰는 서비스이다. 그런데 우리가 흔히 알고 있는 렌터카와는 다르다. 우선 카셰어링의 가장 큰 매력은 접근성에 있다. 기존 렌터카 서비스는 여행이나 출장을 다니는 사람을 위해 영업소가 주로 공항이나 철도역사 주변의 외진 곳에 있어 이용하기가 번거로웠다.

하지만 카셰어링 서비스는 차량을 도심 또는 주거지 근처에 분산 배치해 회원들로 하여금 손쉽게 이용할 수 있게 했다. 차량 대여 절차가 간편한 것도 장점이다. 렌터카는 자동차를 빌릴 때마다 계약서를 다시 써야 하지만, 카셰어링은 일단 회원으로 가입하기만 하면 웹사이트나 스마트폰으로 간단히 예약해 자기 차처럼 이용할 수 있다.

이용 시간도 필요에 따라 조정 가능하다. 렌터카는 하루 단위로 불필요한 시간까지 대여해야 하지만, 카셰어링은 한두 시간 짧게 대여할 수 있고, 밤에도 이용할 수 있다. 부수적으로 환경개선과 건강증진 효과도 얻을 수 있다. 카셰어링을 이용하는 사람들은 대개 차량을 대여하기 전에 자동차가 꼭 필요한지 다시 한 번 생각한 다음 서비스 이용 여부를 결정한다. UC버클리에서 수행한 연구에 따르면, 자동차 공유 서비스에 가입한 사람들은 자동차를 소유했을 때보다 47퍼센트 자동차를 덜 이용하는 것으로 나타났다.[36] 차량 공유 서비스를 이용하면 자연스레 걷는 시간이 늘어나면서 운동효과도 높아진다.

이런 장점 때문일까? 선진국에서 카셰어링 서비스는 점차 확산되고 있다. 대표적으로 미국 최대 차량 공유 서비스 회사인 '집카Zipcar'의 사례를 들 수 있다. 2000년 미국에서 처음 출발한 집카는 캐나다와 영국에까지 빠른 속도로 사업을 확장해, 현재 전 세계 50개 도시에서 60만 명이 넘는 회원을 보유한 초대형 기업이 됐다.

집카가 이처럼 빠르게 성장할 수 있었던 것은 소비자의 기호와 선택권을 강조했기 때문이다. 자동차를 소유하고 싶게 만드는 브랜드의 매력을 그대로 활용해 사람들로 하여금 자동차를 공유하고 싶도록 만든 것이다. 집카는 '오늘은 BMW나 한번 타볼까? 아니면 볼보?'라는 광고 카피로 유명하다.[37] 일단 자동차를 사면 싫든 좋든 그 차만 계속 타고 다녀야 하지만, 집카를 이용하면 자신이 필요할 때 원하는 차량을 바꿔가며 탈 수 있다. 과거에는 차량을 빌려서 타는 일이 구질구질하고 귀찮은 일로 여겨졌다면, 집카는 이를 이용자가 자신만의 개성과 감각을 뽐낼 수 있는 계기로 바꿔놨다. 사람들의 의사결정 틀을 '소유의 만족에서 이용의 즐거움으로' 전환시킨 것이다.

우리나라에서도 2011년 처음으로 카셰어링 서비스가 시작됐다. 국내

최초의 카셰어링 업체인 '그린카'는 2010년 10월 서비스 개시 후 2년 만에 등록회원이 6만 5,000명을 넘어섰다. 최근에는 제주도와 수원 등 지방 도시에도 카셰어링 업체가 속속 등장하고 있다. 하지만 아직 차량 공유 서비스를 전 세대를 아우르는 트렌드로 해석하는 데는 무리가 따른다. 국내 카셰어링 서비스 이용 고객의 90퍼센트 이상이 20~30대 젊은이들이다. 이는 경기침체와 양극화로 소득이 줄어든 20~30대들이 자동차를 갖고 싶은 소유욕을 카셰어링을 통해 발산하고 있기 때문이다.

하지만 카셰어링이 차량 소유에 대한 생각을 바꿔놓고 있는 것만큼은 분명하다. 필요할 때마다 바로 편리하게 쓰려면 무엇이든 다 소유하고 있어야 한다. 그러나 그러려면 많은 돈이 필요하다. 자동차처럼 자주 사용하지 않는 물건을 공유하면 상당한 비용을 절감할 수 있다. 소유에서 오는 만족을 내려놓으면 필요할 때마다 빌려 쓰는 즐거움을 누리게 된다. 그리고 미래를 위해 더 많은 저축을 할 수도 있다.

전세가 지고 월세가 뜬다

최근 두드러지게 나타나는 집값 하락과 전세 가격 급등 현상도 사람들의 가치관이 '소유에서 이용으로' 옮겨가는 것과 무관하지 않다. 국민은행 조사에 따르면, 서울시의 아파트 가격 대비 전세 가격 비율은 집값 버블이 한창이던 2008년까지만 해도 38.7퍼센트에 불과했지만, 2012년 8월에는 52.6퍼센트까지 치솟았다. 같은 기간 전국 아파트 가격 대비 전

세 가격 비율도 52.4퍼센트에서 61.7퍼센트로 올랐다.

일반적으로 집값이 떨어지면 전세 가격도 떨어져야 정상일 것 같은데 도리어 급등하는 현상을 어떻게 해석해야 할까? 이를 제대로 이해하려면, 다른 나라에는 없는 전세제도가 우리나라에 어떻게 정착했는지 그 배경부터 살펴볼 필요가 있다.

우리나라에서 경제개발과 핵가족화가 한창 진행되던 1960~1980년대에는 주택공급이 수요에 비해 한참 모자랐기 때문에 주택을 사두기만 하면 돈을 벌 수 있었다. 하지만 당시만 해도 소매금융이 활성화되지 않았던 터라 주택을 사려면 개인에게 자금을 빌릴 수밖에 없었다.

이런 점에서 보면 전세제도는 일종의 '사금융私金融'이다. 집주인이 세

| 그림 3-3 | 아파트 가격 대비 전세 가격 비율

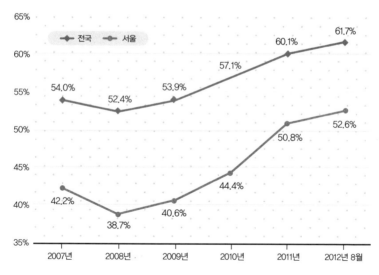

자료: KB국민은행(2012년 8월 기준)

입자에게 돈을 빌려 주택을 구입하고, 빌린 돈에 대한 대가로 세입자에게 주택 사용권을 주는 것이다. 세입자는 적은 돈으로 주택 사용권을 가질 수 있어서 좋고, 집주인은 별다른 이자비용을 들이지 않고 자금을 빌려 주택을 구입할 수 있어서 좋았다.

집값이 계속 오를 때는 전세제도가 집주인과 세입자 모두에게 이득이 됐기 때문에 급속히 확산되었다. 하지만 집값 상승이 멈추거나 하락하게 되면 사정이 달라진다. 이제 집주인들은 소유에 따른 이익이 전혀 없는 상황에서 세입자에게 싼 가격으로 주택 사용권을 누리게 할 수 없게 됐다. 최근 전세 가격이 치솟고 있는 것은 부동산 불패신화의 붕괴와 함께 집주인과 세입자 간의 '신사협정'이 깨져버렸기 때문이다.

전세의 월세 전환도 비슷한 관점에서 해석할 수 있다. 서울 잠실지역 아파트를 예로 들어보자. 잠실의 111제곱미터(33평형)대 아파트 가격이 약 8억 5,000만 원 전후인 데 반해 전세는 5억 원 정도이다. 집주인이 전세금을 은행 정기예금에 넣어두고 세후 3퍼센트 이자를 받으면 연간 1,500만 원 정도 수입이 생긴다. 자기 자금이 3억 5,000만 원 들어간 점을 감안하면 연간 수익률은 4.3퍼센트 정도가 된다. 여기에 주택을 보유하는 데 따르는 각종 세금과 비용까지 감안하면 수익률은 이보다 더 떨어진다.

따라서 집값이 올라 차익이 생기지 않는 상황에서 집주인이 손해를 보지 않으려면 전세보증금을 올릴 수밖에 없다. 하지만 세입자도 그리 넉넉한 형편이 아니기 때문에 집주인 요구대로 계속해서 전세보증금을 올려줄 수 없다. 전세자금 중 일부를 월세로 전환하는 반월세가 등장한 것은 이 때문이다. 세입자들 사이에 월세보다는 전세가 유리하다는 생각이 사라질 때까지, 집주인들은 계속해서 전세 가격을 올리거나 월세로 전환할 것을 요구할 것이다.

생활비와 자녀교육비를 대기에도 빠듯한 직장인들에게 전세 대신 월세를 내라고 하면 부담스러울 수밖에 없다. 하지만 전세가 월세로 전환되는 것을 반드시 나쁘게만 볼 필요는 없다. 우선 월세시장이 정착되면 주택시장의 거품이 사라지게 된다. 한 해 동안 받는 임대료 수익을 시장 이자율로 나누면 간단히 주택가격을 계산할 수 있다. 전세 중심으로 거래가 이루어질 때는 주택 매도호가와 실제 거래가격 사이에 얼마만큼 차이가 있는지 매수인이 알아채기 쉽지 않았다.

하지만 월세시장이 정착되면 간단한 계산만으로 적정한 주택 가격을 가늠할 수 있다. 게다가 월세는 장기적으로 그 지역 거주자들의 소득수준에 맞게 형성될 것이기 때문에 터무니없이 집값이 뛰는 일도 줄어들 것이다. 이렇게 되면 전세자금을 마련하느라 결혼을 더 이상 미룰 필요도 없고, 부모들도 자녀들이 결혼할 때 전세자금을 마련하기 위해 소중한 노후자금에 손댈 필요도 없다.

사서 쓸 것과 빌려 쓸 것

어떤 물건을 소유하면 당연히 그것을 이용할 권리도 함께 갖는다. 어떤 물건을 소유하고 있다는 것은 그 물건에 대한 배타적 사용권도 함께 갖는 것이다. 그런데 특정 물건을 소유하지 않으면서 이용할 권리만 가질 수도 있는데 빌려 쓰는 것이 그 방법이다. 월세를 내고 사는 집이나 차량 공유 서비스를 이용해 빌려 타는 자동차에는 소유권은 없고 이용권만 있다.

시장경제가 발달하면서 점점 소유하지 않고 이용할 권리만 누릴 수 있는 상품과 서비스가 넘쳐나고 있다. 바야흐로 사람들이 소유권과 이용권을 선택할 수 있는 시대가 된 것이다. 그렇다면 소유할 물건과 이용할 물건을 판단할 수 있는 기준은 무엇일까? 여기에는 몇 가지 원칙이 있다.

우선은 소유에 따른 이익을 살펴봐야 한다. 즉 제품을 구매한 다음 가격 상승에 따른 차익을 기대할 수 있는 물건은 사서 쓰는 게 좋다. 하지만 물건을 구입한 다음 계속해서 감가상각이 일어나 그 가치가 떨어진다면 굳이 사서 쓸 필요가 없다. 이런 경우라면 필요할 때마다 빌려 쓰는 게 낫다.

주택을 대표적인 사례로 들 수 있다. 집값이 계속해서 오른다는 보장만 있으면 전세보다는 내 집을 사는 게 낫다. 이용가치도 누리면서 동시에 양도차익도 얻을 수 있기 때문이다. 하지만 이제 이런 시대는 가고 있다. 주택시장 침체가 장기화될 조짐을 보이면서 소유를 통해 얻는 이익은 불확실해지고 오히려 위험만 커져가고 있다. 이런 시대에서는 주택을 소유하기보다는 임대라는 형식을 통해 주거의 질만 누리면 된다.

다음으로 제품의 수명주기를 고려해야 한다. 자고 나면 새로운 기능과 디자인을 가진 제품이 쏟아진다면 굳이 그 제품을 사서 쓰기보다는 빌려 쓰는 게 낫다. 잠시 빌려 쓰다가 신제품이 나오면 반납하고 다시 빌리면 되기 때문이다.

최근에는 제품의 생산주기가 갈수록 짧아지고 있는데, 이는 '무어의 법칙'으로 설명된다. 전기기술자로 일하다가 반도체회사인 인텔Intel을 설립한 고든 무어Gordon Moore는 일찍이 컴퓨터 칩의 처리 속도가 18개월마다 두 배로 늘어나는 반면 칩의 생산원가는 제자리에 머물러 있거나 하락할 것이라고 예견했다. 무어의 예측은 기가 막히게 맞아떨어졌다. 컴퓨터 칩의 가격이 계속 떨어지는 와중에도 처리 속도는 꾸준히 개선된 것이다.

무어의 법칙은 컴퓨터 메모리, 데이터 저장 용량, 무선통신 분야 등 거의 모든 산업 분야에 확장되고 있다.[38] 굳이 사서 쓰는 것보다는 필요할 때마다 빌려 쓰는 게 더 유리한 시대가 도래하고 있는 것이다.

마지막으로 제품의 사용빈도와 사후관리 문제도 고려해야 한다. 자주 사용하는 제품이라면 사서 곁에 두고 쓰는 게 덜 불편하다. 하지만 어쩌다 가끔 사용하는 제품이라면 빌려 쓰는 것이 유리하다. 사후관리에 특별한 기술이 필요하거나 고액의 비용이 지불되는 경우에도 빌려 쓰는 게 낫다.

지금 우리 사회는 고도성장기를 지나 감속 시대로 접어들고 있다. 경기 불황과 고령화의 여파로 소득 증대와 자산 증대 둘 다 힘겨워졌다. 많이 벌지 못할 때의 생존 방법은 하나이다. 소비를 줄이는 데서 기쁨을 찾아야 한다는 것이다. 필요하다고 무조건 사서 쓸 게 아니라 앞서 설명한 대로 사서 쓸지, 빌려 쓸지 판단한 후에 결정을 내려도 늦지 않다.

죽을 때까지 은퇴는 없다

퇴직 후에는 어떻게 살아가야 할까? 수명이 늘어나면서 은퇴 후의 삶도 덩달아 늘어났다. 예순에 정년을 맞아 아흔까지만 살아도 노후생활 기간이 30년이다. 이렇게 긴 시간을 무얼 하며 보낼까? 사람마다 처한 상황이 다르고 원하는 라이프스타일이 다르므로 은퇴 후 삶을 어떻게 살아야 한다고 한마디로 규정짓기란 쉽지 않다.

평생을 일만 하고 살았으니 이제 일이라면 지긋지긋하다고 말하는 사람이 있는 반면, 아무 일도 하지 않고 어제와 같은 오늘을 보내야 하는 것을 견디지 못하는 사람도 있다. 돈은 벌 만큼 벌었으니 이젠 정말 자기가 하고 싶은 일만 하며 살고 싶다는 사람이 있는가 하면, 생계 때문에 어쩔 수 없이 다시 일을 해야 하는 사람도 있다.

일을 하더라도 어떤 이는 전업을 원하고, 어떤 이는 현역시절보다 일하는 시간을 줄여 일과 삶의 균형을 찾으려 한다. 이처럼 은퇴자 수만큼이나 은퇴 후 삶의 방식도 다양하다. 이를 크게 구분하면 다음과 같은 네 개의 범주로 나눠볼 수 있다.[39]

은퇴생활의 네 가지 유형

첫 번째 유형은 '이젠 일은 그만'이라고 외치는 '순수 레저형'이다. 순수 레저형들은 은퇴 후의 삶을 등산이나 여행, 골프와 같은 레저로 채운다. 취업, 창업, 봉사활동처럼 책임이 부여되는 조직활동은 전혀 하지 않는다. 이들은 현역시절 모든 열정을 다 바쳐 일했기 때문에 더 이상 일에 대한 열정도 동기도 남아 있지 않다. 일이라면 넌덜머리가 나는 사람들인 셈이다. 이런 유형은 대개 돈과 명예를 다 손에 쥔 사람들이라 더 이상 성취할 것이 없다. 때문에 노년은 무조건 즐겨야 한다고 생각한다.

하지만 일탈도 계속되면 일상이 되는 법이다. 시간이 지날수록 슬슬 따분해지기 시작할 것이다. 남은 삶을 레저로만 채우기엔 은퇴 후 주어진 시간이 너무 많다. 시간이 지나면서 슬슬 돈 걱정도 되기 시작할 것이다. 일상 탈출에 대한 대가로 카드 영수증이 수북이 쌓여갈 테니 말이다.

두 번째 유형은 일은 하지만 돈 때문에 하는 것은 아닌 '자원봉사형'이다. 은퇴 후 봉사활동에서 얻는 보상은 다양하다. 봉사활동하는 동료들과 연대감을 가지면서 현역시절 직장동료와 가졌던 동료애를 느끼게 된다.

무언가 가치 있고 중요하다고 생각하는 바를 실천하고 있다는 사명감을 주기도 한다. 은퇴자에게는 사명감이 행복의 필수조건이 되기도 한다.

자원봉사를 통해 새로운 기술을 배우기도 하고, 사는 동안 사회에서 받은 은혜를 갚는다는 생각에 뿌듯해하기도 한다. 봉사활동에 참여할 때는 해당 조직과 사회에도 이득이 돼야겠지만, 자신도 얻는 것이 있어야 한다. 만약 봉사하는 시간이 더 이상 기다려지지 않는다면 뭔가 조치를 취해야 한다. 자원봉사는 은퇴 후 삶을 더 풍성하게 하기 위해 하는 일이지 시간 때우려고 하는 일은 아니기 때문이다.

세 번째 유형은 '시간제 근로형'이다. 현역시절처럼 일주일에 40시간 근무를 소화하기엔 체력적인 어려움이 있는 사람 또는 일의 즐거움과 생활의 여유를 함께 가지려는 사람에게 적합하다. 파트타임 일자리는 크게 두 종류가 있다.

우선 현역시절 경험과 기술을 살려 근무하던 회사와 파트타임 근로계약을 맺는 경우이다. 주로 장기간 기술숙련을 요하는 제조업체에서 이런 유형의 파트타임 일자리를 찾아볼 수 있다. 이때 파트타이머들이 주로 하는 일은 현역시절 쌓았던 노하우를 후배 직원들에게 알려주는 것이다.

또 다른 유형은 현역시절 했던 일과는 전혀 다른 일을 하는 것이다. 새로운 경험을 할 수 있는 좋은 기회가 되기는 하겠지만, 대부분 허드렛일이 많고 보수도 적어 만족도가 떨어진다는 것이 단점이다.

아직까지 우리나라는 은퇴자들의 입맛에 맞는 다양한 시간제 일자리가 많지 않고 사람들의 인식도 그리 좋지 않다. 하지만 고령화가 진전될수록 고령자들을 위한 새로운 일자리는 계속 나타날 것이고 일에 대한 생각에도 많은 변화가 있을 것으로 기대된다.

마지막 유형은 현역시절과 마찬가지로 일이 없으면 못 사는 '전업형'이다. 이들이 전업을 희망하는 이유는 다양하다. 미처 노후준비가 끝나기도 전에 떠밀리듯 회사를 떠나야 했던 사람, 레저나 봉사활동에 만족하지 못하는 사람 등이다. 하지만 이들이 일을 하는 가장 큰 이유는 역시 경제적 문제이다.

통계청 조사에서도 취업희망 고령층(55~79세)이 일하기 원하는 주된 이유는 '생활비에 보탬이 되어서(54.9퍼센트)'가 가장 높았고, 다음은 '일하는 즐거움(35.5퍼센트)'으로 나타났다. 새 출발은 새로운 직장에 재취업하거나 스스로 창업을 하는 방법이 있다. 드물긴 하지만 현역시절 경험을 토대로 강연이나 저술활동에 나서는 사람들도 있다.

재취업은 급여 이외에도 몇 가지 경제적인 도움을 준다. 우선 회사로부터 고용보험, 의료비 지원 등 각종 복지혜택을 받을 수 있다. 또 국민연금 불입기간이 길어져 나중에 더 많은 연금을 수령할 수 있다.

시간제 근로형과 마찬가지로 노후자금을 불릴 수 있는 시간적 여유가 있는 것도 장점이다. 하루를 좀 더 계획적으로 보낼 수 있고, 너무 길어진 시간에서 오는 우울증도 예방할 수 있고, 새로운 일터에서 얻는 인간관계 또한 무시할 수 없는 보상이다.

이 같은 은퇴 후의 삶에 대해 생각해본 적이 있는가? 아직 생각해보지 않았다면, 지금이라도 진지하게 고민해볼 필요가 있다. 이때 고려해야 할 것은 일과 여가의 조화이다. 사람들은 은퇴를 일하지 않고 레저만을 즐기는 삶으로 생각하지만 실상은 그렇지 않다. 은퇴란 일을 하지 않는 게 아니고, 하고 싶지 않은 일을 하지 않는 것이다. 만약 그렇게 할 수만 있다면 일과 여가는 자연스럽게 조화를 이룰 것이다.

재취업을 위해 버려야 할 것, 갖춰야 할 것

한국인은 몇 살까지 일할까? 우리나라 직장인이 가장 오래 일한 연령은 평균 54세라고 한다. 하지만 정년퇴직을 했다고 해서 일을 그만두는 것은 아니다. 정년퇴직자들 중 상당수가 퇴직한 후 창업이나 재취업을 통해 새로운 일자리를 갖는다.

OECD에 따르면, 우리나라 사람들은 평균 71세까지 일한다고 한다. 멕시코를 제외하면 우리나라 사람들은 OECD 국가 중 가장 오랫동안 일하는 국민들이다. 그렇다면 우리나라 사람들은 54세에 퇴직한 다음에도 71세까지 거의 15년 가까운 시간을 또 다른 일을 하며 살고 있는 셈이다.

실제로 우리나라 65세 이상 고령자 10명 중 3명이 경제활동을 하고 있다고 한다. 하지만 정년퇴직자들 중 일자리를 원하는 사람은 이보다 훨씬 많다. 2012년 통계청의 자료에서 정년퇴직자 중 55세에서 79세 고령층 인구의 59퍼센트가 취업을 희망하는 것으로 나타났다.

정년퇴직자들이 새로운 일자를 찾아 나서는 이유는 아무래도 경제적인 문제가 크다. 그렇다고 돈 때문에 하기 싫은 일을 억지로 하는 것은 아니다. 자기가 하고 싶은 일을 하거나 일 자체에서 즐거움을 찾으려는 사람들도 상당수 있다.

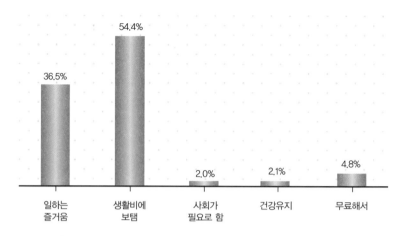

| 그림 3-4 | 고령층(55~79세) 인구가 취업을 원하는 이유

자료: 통계청 고령자 통계(2012년)

하지만 취업을 희망한다고 해서 모든 고령자들이 직장을 가질 수 있는 건 아니다. 그리고 직장을 갖는다고 해서 누구나 안정적으로 자리를 잡을 수 있는 것도 아니다. 그렇다면 은퇴 후 재취업에 성공하기 위해 어떤 자세를 가져야 할까? 재취업 전문가들은 정년퇴직자들이 재취업에 성공하기 위해 버려야 할 것과 갖춰야 할 것이 크게 세 가지가 있다고 한다.

우선 재취업에 성공하기 위해 버려야 할 것부터 살펴보자.

첫째 재취업 전문가들은 '이 정도 급여는 받아야지' 하는 생각부터 버리라고 주문한다. 2012년 고령자 통계를 보면, 60세 이상 근로자의 월 급여는 전체 근로자 급여의 75.6퍼센트 수준으로 나타났다. 예전과 똑같이 일하는데 급여가 전 직장과 비교도 안 될 만큼 적어진 것이다. 이런 현실에 실망할 수도 있다.

그러나 프레임을 바꿔 생각하면 반드시 실망할 일만은 아니다. 자신의 가치가 떨어진 것이 아니라 전 직장에서 자신의 공헌도 이상 받았던 '초과 급여'를 못 받게 된 거라고 생각해도 된다.

더구나 은퇴 후 갖는 새로운 일자리에는 보수가 많은 정규직보다는 파트타임 일자리가 많기 때문에 일하는 시간이 줄어든 만큼 급여가 줄어드는 것은 어쩌면 당연한 일이다. 또 일하는 시간이 준 만큼 삶의 여유는 늘어난다. 잃는 게 있으면 얻는 것도 있는 법이다.

둘째, 재취업을 하려면 체면을 버려야 한다. 고령자들 중에는 분명 자신이 하고 싶고 할 수 있는 일인데도 불구하고 주위 시선이나 평판을 의식해 선뜻 나서지 못하는 사람이 많다. '내가 어떻게 그런 일을' 하는 생각을 해서는 재취업에 성공하기 어렵다. 설령 직장을 얻었다 해도 적응이 쉽지 않다.

은퇴 후 새로 얻게 되는 직장에서는 젊은 상사와 일해야 할 경우가 많다. 심지어 현역시절 부하직원이나 자식뻘 되는 사람에게 업무지시를 받아야 하는 경우도 있다. 이럴 때마다 체면을 따져 몸을 사린다면 좋아할 상사가 있을 리 없다. 아쉽지만 폼 나고 멋진 일은 젊은이의 몫이다. 재취업에 적합한 인재는 체면을 버리고 궂은일을 마다하지 않는 사람이다.

셋째, 과거에 대한 향수를 버려야 한다. '내가 왕년엔' 하는 생각을 가지고 있다면 재취업에 성공하기 힘들다. 재취업을 했다가 이내 회사를 그만두는 사람들을 보면 대부분 '향수병'에 걸려 있는 사람들이다. 현역시절 대기업에서 일한 사람들일수록 이런 증상이 심하다.

큰 조직에서 일하다 중소기업으로 직장을 옮기면 사원복지도 형편없고, 업무 분담도 제대로 되어 있지 않아 혼자서 여러 가지 일을 해야 하는 경우가 많다. 이럴 때마다 "전에 다니던 회사는 이랬는데"라고 말하면 같이 일하는 동료들의 사기까지 떨어진다. 재취업에 성공하려면 과거를 잊고 현재를 살아야 한다.

재취업을 위해 버려야 할 것이 있다면 갖춰야 할 것도 있다. 그 세 가지를 살펴보면 다음과 같다.

첫째, 재취업에 성공하려면 무엇보다 자신만의 '주특기'가 있어야 한다. 강창희 전 미래에셋금융그룹 부회장은 "퇴직자를 다시 채용하려는 회사는 그 사람이 과거에 어떤 자리에 있었는지를 보는 것이 아니라 지금 무슨 일을 할 수 있느냐를 중요하게 여긴다"며 "자신만의 주특기가 있어야 재취업이 쉽다"고 말한다. 주특기라고 해서 꼭 고도의 전문지식이나 능력을 말하는 것은 아니다. 사소한 능력이라도 남다른 특기가 있다면 그것이 주특기이다.

주특기는 하루아침에 만들어지지 않는다. 오랜 세월을 두고 조금씩 쌓인 것이다. 따라서 지금 현역에 있는 직장인들은 스스로에게 다음과 같은 질문을 해봐야 한다. "지금 다니는 회사를 퇴직해도 곧바로 재취업할 수 있는 주특기가 있는가?" "주특기를 갖기 위해 나는 어떤 투자를 하고 있는가?"[40]

둘째, 젊은 후배들에게 경쟁자가 아닌 조언자가 돼야 한다. 재취업한 회사에서 후배들이 어려워하는 문제를 자신의 경험이나 인맥을 동원해 해결해줬다 해도 경계의 눈초리를 받을 수도 있다. 기껏 도와주고 후배들에게 이런 일을 당하면 상처를 받는다. 하지만 후배들 입장도 생각해야 한다. 후배들에게도 또 다른 후배가 있기 때문에 자존심을 세워줘야 한다. 따라서 후배를 도와줄 때는 생색을 내기보다는 소리 없이 도와줘야 한다.

마지막으로 경험과 노하우가 빛을 발하는 일을 찾아야 하다. 나이가 들었다고 주눅들 필요는 없다. 비록 근력과 힘은 떨어졌어도 오랜 기간 일하면서 쌓아온 경험과 노하우를 활용할 수 있는 일을 찾으면 젊은이보다 오히려 높은 경쟁력을 가질 수 있다.

자영업자로 살아가기

"퇴직하면 내 가게 하나 갖는 게 꿈입니다." 퇴직을 앞둔 직장인이라면 자의든 타의든 한번은 자기 사업을 생각해본 적이 있을 것이다. 현역시절 20~30년을 회사와 상사에게 복종하는 삶을 살았으니, 퇴직한 다음에는 자기 뜻을 맘껏 펼치며 사업을 해보고 싶은 것이 직장인들의 꿈이다. 하지만 퇴직한 직장인들을 자영업으로 내모는 현실적인 이유는 현역시절 받던 월급봉투를 대체할 뭔가가 절실히 필요하기 때문이다. 재취업을 원하지만 마땅한 일자리가 없어, 스스로 사장이 되어 자신을 고용하는 방법을 택한 것이다.

물론 사업이 잘되면 그보다 더 좋을 순 없다. 잘하면 화려한 인생 후반전을 열 수도 있다. 하지만 대한민국에서 자영업자로 성공하기란 결코 쉽지 않다. OECD 발표에 따르면, 우리나라의 자영업자 비중은 31.3퍼센트로 OECD에 속한 국가 평균(15.8퍼센트)의 두 배에 가깝다. 이는 OECD 국가 중 터키(39.0퍼센트), 그리스(35.1퍼센트), 멕시코(33.9퍼센트)에 이어 네 번째로 높은 수치이다.

자영업자 수가 많다 보니 경쟁에서 살아남기가 결코 녹록하지 않다. 국세청에 따르면, 2008년에 개업한 자영업자 중 3년 내 폐업한 사람이 43만 7,000명(10.3퍼센트)이나 된다. 자영업자 10명 중 1명이 개점한 지 채 3년이 못 돼 문을 닫는 셈이다. 상대적으로 창업이 쉬운 반면 경기에 민감하게 영향을 받는 외식업의 경우 3년 내 폐업하는 비율이 무려 19.7퍼센트나 됐다. 음식점 다섯 곳 중 한 곳은 개업 후 3년도 못 버티고 문을 닫는

| 그림 3-5 | 자영업 업종 및 사업기간별 폐업자 비율

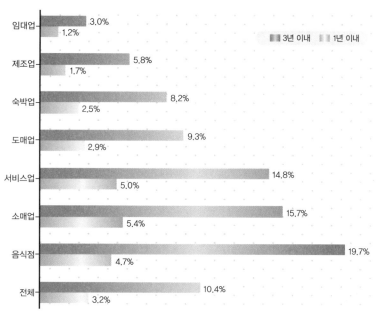

자료: 국세청(2010년)

셈이다.

따라서 무턱대고 자영업에 뛰어들 것이 아니라 시작하기 전에 적어도 다음과 같은 사항들을 점검해봐야 한다.

첫째, 나는 갖고 있는데 상대방이 못 가진 것은 무엇인지 살펴본다. 아무리 작은 사업이라도 성공하려면 남들이 갖지 못한 '독점적 경쟁력'을 갖고 있어야 한다. 그것이 남들보다 뛰어난 제품이나 서비스일 수도 있고, 상권이나 점포 위치가 좋은 것일 수도 있고, 월등히 싼 가격일 수도 있다. 무엇이 되었든 간에 경쟁자들이 쉽게 뛰어들지 못하도록 막을 수 있는 무엇인가가 있어야 한다. 독점적 경쟁력이 없다면 당장은 수익이 있더라도 결국 경쟁자들에 의해 사라지게 된다.

외식업 창업을 예로 들어보자. 외식업은 소규모 자본으로 쉽게 창업할 수 있다는 것이 장점이기도 하지만 도리어 단점이 되기도 한다. 즉 진입장벽이 낮은 게 장점일지 모르지만, 경쟁자 역시 쉽게 시장에 진입할 수 있기 때문에 생존경쟁이 치열해질 수밖에 없는 것이다.

국세청이 지난 2010년에 발표한 자영업자 통계를 보면, 2009년에 창업한 92만 5,000명 중 24만 2,000명(26.2퍼센트)이 2007~2008년에 회사를 퇴직한 이들로, 이 중 24퍼센트에 해당하는 5만 8,000명이 먹고 마시는 '생활 밀접 업종'을 창업한 것으로 집계됐다. 퇴직자 4명 중 1명꼴로 외식업을 창업 아이템으로 선택한 것이다.

2009년 말 기준 우리나라 음식점은 인구 110명당 한 곳이라고 한다. 이는 일본의 두 배, 미국의 일곱 배에 해당하는 규모이다. 이렇게 경쟁이 치열하다 보니 성공확률은 당연히 낮을 수밖에 없다. 한국프랜차이즈협회에 따르면, 외식업 창업자들의 60퍼센트 정도가 1년 내에 폐업 상황에 내몰리고 있으며 그나마 20퍼센트 정도는 겨우 현상유지에 급급한 실정이라고 한다.

둘째, 자신이 잘 아는 분야라고 해도 제대로 된 시장조사 없이 무턱대고 뛰어들어서는 안 된다. 다시 외식업을 예로 들어보자. 정년퇴직자가 외식 분야에 많이 뛰어드는 이유는 소자본으로 쉽게 창업할 수 있다는 것 외에도, 자기가 그 사업을 잘 안다는 착각을 하기 때문이다.

사람들은 하루 세끼 밥은 먹고 살기 때문에, 먹는 음식에 있어서만큼은 자기가 전문가라고 생각하는 경향이 있다. 익숙하기 때문에 잘할 수 있다고 생각하는 것이다. 하지만 하루 세끼 밥을 먹는다고 모두가 요리전문가는 아니다. 따라서 외식업에 성공하려면 그 특성을 잘 알고 사전조사부터 해야 한다.

초보자들이 점심이나 저녁 때 식당을 방문해 손님이 꽉 차 있거나 대기자들이 줄 서 있는 모습을 보면 장사가 잘된다고 생각하기 쉽다. 하지만 여기에 함정이 있다. 음식점은 고객이 한번 자리에 앉으면 적어도 30분 이상 체류한다. 커피전문점은 체류시간이 더 길다. 그러므로 단순히 고객이 많다고 장사가 잘된다고 생각할 것이 아니라 고객이 얼마나 빠른 속도로 바뀌는지 '회전율'을 살펴봐야 한다.

도심지는 회사들이 대부분 주 5일제를 실시하기 때문에 주말 손님이 거의 없는 경우도 있으므로 이 또한 주의해야 한다. 이런 상황이면 한 달에 영업할 수 있는 날이 30일이 아니라 20일밖에 안 된다. 영업일이 줄어든 만큼 임대료와 인건비 같은 고정비 부담이 커질 수밖에 없다.

따라서 개업 전 사전조사를 할 때는 점심이나 저녁시간에 잠시 들를 것이 아니라 개점에서 폐점 때까지 지켜봐야 하고, 요일별로 방문하는 고객수에 차이가 없는지 꼼꼼히 점검해야 실패 확률을 줄일 수 있다.

셋째, 사회적 경제적 환경 변화에도 주시해야 한다. 때로는 경쟁자가 전혀 생각지도 않은 곳에서 나타난다. 초등학교 앞에서 문구점을 개업한 한 퇴직자는 교육청과 지방자치단체의 학습준비물 비용 지원 때문에 울상을 짓고 있다. 교육청과 지방자치단체는 학습 준비물 비용을 학교에 지원해주는데, 학교에서는 비용절감을 위해 일괄 구매하기 때문에 학교 앞 문방구 매출은 줄어들 수밖에 없다. 그는 "학습준비물 지원사업이라는 서민정책이 자기와 같은 영세 자영업자들에게 피해를 입힐 줄은 몰랐다"고 말하며 "이렇게 장사가 안 돼서는 더 버틸 재간이 없다"고 했다.

최근 들어 동네 골목에까지 기업형 슈퍼마켓SSM과 각종 프랜차이즈 매장이 진출하면서 영세 자영업자들이 설 곳이 더욱 좁아졌다. 특히 은퇴자들이 주로 종사하는 외식업, 도·소매업 등 서비스업을 중심으로 하는 대형화로 인한 경쟁이 더욱 치열해지고 있다. 이처럼 경쟁자가 언제 어떤 방식으로 출현할지 모르기 때문에 자신이 종사하는 업종과 관련된 경쟁자만 볼 것이 아니라 거시적인 관점에서 사회적, 경제적 환경 변화도 주시해야 한다.

넷째, 종업원을 사업가로 만들어야 한다. 사업을 하다 보면 자기만의 시간을 갖기가 힘들다. 사업체를 종업원에게 맡겨두자니 매출이 떨어질까 마음이 놓이지 않고, 그렇다고 하루 종일 사업체에만 매달려 있자니 은퇴 후 갖게 된 여유를 누리지 못하는 것이 안타깝다. 이런 경우를 대비해 종업원을 자신과 같은 사업가로 만들어야 한다.

은퇴 후 음식점을 개업한 한 자영업자는 매일 일정한 매출액이 초과되면 그 이익을 종업원과 일정한 비율로 나눠 갖고 있다. 그는 "이익을 나눠주자 종업원들이 시키는 일만 하는 것이 아니라 스스로 일을 찾아 하기 시작했고, 종업원들이 주인의식을 가지고 사업가처럼 일하기 시작하면서 조금씩 여유가 생기기 시작했다"고 말했다. 종업원들과 함께 이익을 나눠 갖는 것이 아까울 수도 있다. 그러나 내 돈을 나눠 갖는 것이 아니라, 종업원이 열심히 일해 더 번 돈을 내가 나눠 받는다고 생각하면 마음이 편해질 것이다.

노인들은
전원을 좋아한다?

고령사회의 주거와 부동산 문제를 살펴보자. 고령자 수가 얼마 되지 않을 때는 특정 지역이나 장소를 고령자의 생활패턴이나 건강 상태에 맞게 단장하면 됐다. 양로원이나 실버타운은 이런 관점에서 접근한 결과이다. 하지만 고령자와 고령가구가 절대다수가 됐을 땐 사정이 다르다.

이젠 특정 지역이나 장소가 아니라 도시 전체가 실버타운이 될 수도 있다. 정작 고령자가 사회의 주역이 됐을 땐 지금과 같은 실버타운은 사라질지도 모른다. 도시 전체 아니 국가 전체가 고령화됐을 때 우리는 부동산 시장을 어떤 프레임으로 바라봐야 할까?

우선 눈에 띄는 것은 주택 규모에 대한 사람들의 인식 변화이다. 과거와 달리 요즘은 무조건 큰 집이 작은 집보다 좋다고 여기진 않는다. 가족

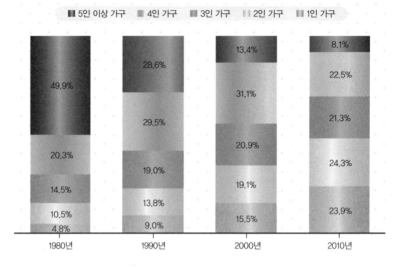

| 그림 3-6 | 가구원 수 규모 변화

5인 이상 가구   4인 가구   3인 가구   2인 가구   1인 가구

1980년
- 49.9%
- 20.3%
- 14.5%
- 10.5%
- 4.8%

1990년
- 28.6%
- 29.5%
- 19.0%
- 13.8%
- 9.0%

2000년
- 13.4%
- 31.1%
- 20.9%
- 19.1%
- 15.5%

2010년
- 8.1%
- 22.5%
- 21.3%
- 24.3%
- 23.9%

자료: 통계청 인구주택총조사(2010년)

해체에 따른 가구원 수 감소가 그 원인이다. 1980년대만 해도 가족이라고 하면 부모와 자식이 함께 모여 오순도순 사는 모습을 떠올렸다. 통계를 보더라도, 당시 우리나라 가구의 절반(49.9퍼센트)은 5인 가구였다. 여기에 4인 가구까지 더하면 그 비율은 70퍼센트를 넘어섰다. 이때는 혼자 또는 둘이서 사는 가구는 통틀어도 15퍼센트 남짓밖에 안 됐다.

하지만 그로부터 한 세대가 지난 다음의 상황은 정반대가 됐다. 2010년 가구통계를 살펴보면, 2인 가구가 24.3퍼센트로 전체 가구 중 가장 많은 유형을 차지했고 2위 자리를 차지한 가구도 1인 가구(23.9퍼센트)이다. 이제 혼자 또는 둘이 사는 소형 가구가 전체 가구의 절반을 차지하는 셈이다. 반면 5인 가구는 열 집 중 채 한 집(8.1퍼센트)도 안 되게 감소했다.

큰 집보다 작은 집이 좋다

그렇다면 한 세대가 지나는 동안 이렇게 가구원 수가 급감한 까닭은 무엇일까? 우선 나 홀로 가구가 급증한 원인부터 살펴보자. 여기에는 크게 세 가지 원인이 있다.

첫 번째 원인은 '화려한 싱글'의 증가이다. 만혼晚婚과 비혼 현상이 만연화되면서, 중년이 돼서도 결혼하지 않는 독신남녀를 주변에서 쉽게 찾아볼 수 있게 됐다. 두 번째 원인은 '돌아온 싱글'의 증가이다. 요즘 우리나라에서는 부부 세 쌍 중 한 쌍이 이혼한다고 한다. 자녀가 출가한 다음 배우자와 헤어지는 황혼이혼도 빠른 속도로 늘고 있다. 마지막 원인은 배우자와 사별하고 혼자 사는 '언젠가는 싱글'을 들 수 있다. 아무리 부부라고 해도 남녀 간의 수명 차이가 있기 마련이기 때문에 고령화가 진척되면 될수록 배우자를 여의고 혼자 사는 싱글들이 증가할 수밖에 없다.

요즘은 나 홀로 가구뿐만 아니라 2인 가구 또한 빠른 속도로 증가하고 있다. 결혼은 하지만 맞벌이를 위해 아이는 낳지 않는 '딩크Double Income No Kids, DINK 족'의 증가가 대표적이다. 소득이 줄어 혼자 벌어서는 도저히 생활비와 자녀교육비를 대기가 어렵다는 게 이들이 아이를 낳지 않는 이유이다. 게다가 요즘 고령자들은 자녀들과 같이 살기를 원하지 않는다. 2012년 고령자 통계에 따르면, 65세 이상 고령자 열 명 중 일곱 명(68.6퍼센트)은 자녀와 같이 살고 있지 않는 것으로 조사됐다.[41]

이렇게 혼자 또는 둘이서 사는 가구가 늘어나자, 서울시는 2012년 3월 '국민주택 규모'를 85제곱미터에서 65제곱미터로 줄이자는 안을 내놨다. '국민주택'이란 정부가 서민들을 위해 공급하는 분양주택을 말하는데, 1972년 주택건설촉진법(현 주택법)의 제정과 함께 이러한 개념이 도입됐다.

처음 법률 제정 당시만 해도 우리나라 가구의 평균 가구원 수는 5.37명이나 됐다. 따라서 국민주택 규모도 여기에 맞춰 5인 가구가 살 수 있도록 85제곱미터로 정한 것이다. 국민주택 규모를 전용면적으로 보면 25.7평 정도 되는데, 4~5인 가족이 살 수 있도록 거실 외에 침실을 2~3개 정도 갖춘 규모이다.

하지만 40년 세월이 흐르는 동안 평균 가구원 수는 절반으로 줄어 2010년 현재는 2.69명밖에 안 된다. 비록 서울시 안이 받아들여지진 않았지만, 가구원 수가 줄어든 만큼 국민주택 규모도 줄여야 한다는 서울시 주장이 전혀 설득력이 없는 건 아니다.

굳이 법률로 국민주택 규모를 줄이지 않더라도, 주택시장에서는 이미 보이지 않는 손이 작동하기 시작했다. 우리나라 부동산시장의 바로미터라고 할 수 있는 재건축 현장에서 대형 아파트 기피 현상이 나타나고 있는 것이다. 지금까지 재건축은 작은 집을 허물고 큰 집을 짓는 것을 의미했다. 하지만 요즘은 기존의 집보다 면적을 줄이려는 재건축 단지가 늘고 있다.

2012년 8월 서울 서초구의 삼호1차 아파트 재건축조합이 아파트 전체 가구의 면적을 20~30퍼센트 줄여 재건축하는 변경 안을 채택한 것이 대표적이 사례다. 이전 계획에 따라 재건축을 하면 총 800세대를 지을 수 있지만, 바뀐 계획에 따르면 907가구가 들어서게 된다.

재건축 조합원들이 작은 집을 찾는 이유는 뭘까? 뭐니 뭐니 해도 면적

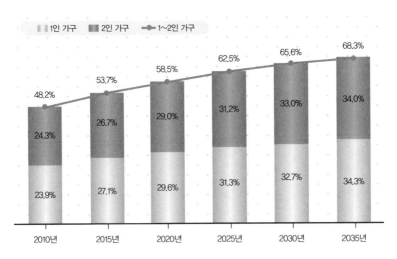

| 그림 3-7 | 전체 가구 중 1~2인 가구 증가 추이

자료: 통계청 장래가구추계(2010년)

을 줄이면 재건축에 따르는 건축비 부담을 덜 수 있기 때문이다. 집을 작
게 만들수록 같은 면적의 대지 위에 지을 수 있는 주택 수가 늘어나고, 늘
어난 주택만큼 일반 분양 물량이 늘어난다. 건축회사는 이를 매각해 건축
비용을 충당하면 되기 때문에 그만큼 조합원들에게 건축비를 부담을 줄
여줄 수 있다.

주택시장에서 시작된 '대형 기피 소형 선호' 현상은 지금보다 더 심화
될 것으로 예상된다. 앞으로도 계속 1~2인 가구가 늘어날 전망이기 때문
이다. 통계청 장래인구 추계자료를 살펴보면, 2035년이 됐을 때 혼자 또
는 둘이 생활하는 가구가 전체 가구의 68.3퍼센트를 차지하는 것을 볼 수
있다. 열 집 중 일곱 집이 혼자 또는 둘이서 사는 가구인 셈이다.

막내가 결혼하면 집부터 줄인다

'대형 기피 소형 선호' 현상은 고령 가구로 갈수록 더욱 두드러질 것으로 예상된다. 자녀들이 결혼해서 둥지를 떠나고 나면 집안에 나이 든 부부 둘만 덩그러니 남기 때문이다. '든 자리는 몰라도 난 자리는 안다'는 말처럼 자녀들이 떠난 빈자리는 생각보다 크게 느껴질 것이다. 결혼을 하고 자녀들을 낳고 아이들의 성장에 맞춰 주택 규모를 늘려온 것처럼, 자녀들이 출가하고 가족 수가 줄면 주택 규모를 줄이는 것이 당연하다.

물론 이 같은 생각을 실천으로 옮기는 것이 쉽지만은 않다. 자녀 중심의 사고 때문이다. 오죽하면 "왜 큰 집에 사느냐"고 물었을 때, "자녀나 손자가 놀러오면 재워야 한다"고 대답하는 사람이 있을 정도이다. 이미 자녀들은 둥지를 떠나고 없는데, 부모들은 여전히 자녀들 중심으로 모든 것을 생각하고 있는 것이다.

넓은 집을 팔고 작은 집으로 이사하지 못하는 또 다른 이유는, 우리 사회에서 집이란 것이 단순히 주거공간으로서의 의미만 갖는 게 아니라 소유자의 지위와 신분을 나타내는 지위재로서의 역할을 하고 있기 때문이다. 큰 집을 팔고 작은 집으로 이사라도 가면, 당장 주변에서 "요즘 저 집 무슨 일 있는 거 아냐?" 하고 수군대기 시작한다. 집을 팔면 자존심을 파는 것이라 생각하고, 집 크기를 줄이는 것을 체면이 손상되는 일로 생각하기 때문이다.

하지만 고령화가 본격화되고 주택시장이 침체로 접어들면서 이와 같은 생각도 서서히 변하고 있다. 요즘 들어 은퇴자들은 단순히 체면과 자존심만 내세우는 게 아니라 주택 보유에 따른 이해득실을 꼼꼼히 따진다. 대부분의 사람들은 내 집 장만이 끝나면, 그 집에 사는 데 비용이 얼마나 드는지는 따지지 않는다. 하지만 아무리 내 집이라 해도 비용이 든다.

예컨대 시중 금리가 5퍼센트일 때 시세가 1억 원인 집에서 살면 연간 500만 원을 임대료로 지불하는 것과 같다. 여기에 관리비와 세금까지 더하면 그 비용은 더 커진다. 물론 집값이 계속해서 오르면 이 같은 기회비용을 상쇄하고도 남을 수 있다. 하지만 요즘처럼 집값이 오를 기미가 보이지 않고 비용만 들어간다면, 계속 넓은 집에서 사는 게 옳은지 검토해볼 필요가 있다.

주택 규모를 조정하기에 적당한 시기는 막내가 결혼해서 독립할 때이다. 이때를 계기로 자녀 중심의 집 구조를 부부 중심으로 바꿔야 한다. 먼저 두 사람이 살기에 적합한 크기의 집으로 옮기고 노후생활을 본격적으로 시작하는 전환점으로 삼아야 한다.

주택 규모를 줄이면 크게 세 가지 이점이 있다. 첫째, 규모를 줄인 만큼 당장 목돈이 들어온다. 이 돈은 노후생활자금으로 활용할 수 있다. 둘째, 매달 들어가는 주거비용도 줄어든다. 아파트의 경우 평수를 줄이면 관리비 등의 비용을 매달 10만 원 정도 절약할 수 있다. 셋째, 집이 작아지면서 가사노동에 투입되는 시간이 줄어 여가활동에 좀 더 많은 시간을 할애할 수 있게 된다.

도시가 늙어간다

　사람이 나이 들듯 도시도 늙어간다. 1980년대 후반부터 베이비붐 세대가 한꺼번에 사회로 진출하면서 집값이 폭등하자, 정부는 수도권 5대 신도시와 주택 200만 호 건설이라는 단군 이래 최대 건설 프로젝트를 단행했다. 그런데 건설된 지 20년 가까운 세월이 흐르면서 이들 신도시도 함께 늙어가고 있다.

　당시 건설된 신도시의 대표주자 격인 경기도 분당을 예로 들어보자. 도시가 들어선 지 얼마 되지 않은 1996년만 해도 주민등록상 분당 거주자 중 65세 이상 고령자 비율은 4.8퍼센트에 불과했다. 하지만 2006년에는 고령자 비율이 7퍼센트를 넘어섰고 2009년에는 7.9퍼센트에 이르렀다. 한 사회의 65세 이상 고령자 수가 전체 인구의 7퍼센트 수준을 넘어갈 때 그 사회를 '고령화사회'로 규정한다. 이 기준에 따르면, 분당은 이미 고령화 사회에 들어선 셈이다.

　이렇게 신도시가 늙어가는 데 대해 일부에서는 일본처럼 '도심 회귀'가 시작된 것은 아닌가 하는 우려 섞인 목소리도 나온다. 1990년대 초반 입주했던 4050세대들은 고스란히 나이 들어가는 데 반해 상대적으로 젊은 인구의 유입은 그리 많지 않았다. 도리어 처음 입주했던 세대주의 자녀들이 일자리를 찾아 서울로 가면서 고령자 비율이 높아진 경향이 있다. 이러한 우려는 분당의 세대당 가구원 수가 급격히 감소하고 있다는 점에서 현실화되는 듯하다. 성남시 자료에 따르면, 1995년 당시 3.25명 수준이었던 분당의 세대당 가구원 수는 2010년에 2.74명 수준까지 떨어졌다.

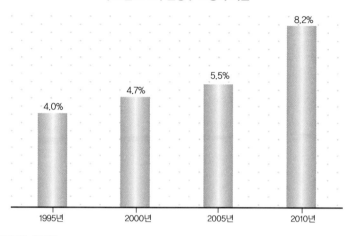

| 그림 3-8 | 분당구 고령자 비율

8.2%

5.5%

4.7%

4.0%

1995년   2000년   2005년   2010년

자료: 통계청, 성남시청

　신도시 주민의 도심 회귀를 걱정하는 것은, 한국과 일본의 신도시 건설 과정이 지나치게 유사하기 때문에 향후 신도시의 변화 과정 또한 일본을 좇아가지 않을까 하는 생각에서 비롯되었다. 우리나라가 수도권 인근 분당, 일산, 평촌, 산본, 중동 등 1기 신도시를 건설하기 시작한 것은 1980년대 말이다. 당시 부동산 투기 열풍은 정말 끔찍했다.

　경제개발에 따른 급속한 산업화와 베이비붐 세대의 사회 진출로 주택 수요가 폭발하면서 서울과 지방 가릴 것 없이 전국에 걸쳐 집값이 폭등했다. 집값 폭등은 서민들에게 직격탄을 날렸다. 집주인이 전월세 가격을 더 받기 위해 기존 세입자를 억지로 내쫓는 일이 비일비재했다. 오죽하면 "방 빼!"라는 말이 유행어가 됐을까. 이때 집값 안정을 위해 절치부심하던 정부가 빼든 카드가 바로 '수도권 5대 신도시 및 주택 200만 호 건설'이다. 그리고 1990년대 초반 이 신도시에 주민들이 입주하기 시작하면서

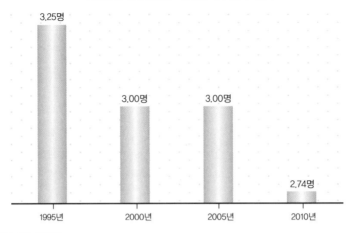

| 그림 3-9 | 분당구 세대당 가구원 수 변화

3.25명

3.00명

3.00명

2.74명

1995년 2000년 2005년 2010년

자료: 통계청, 성남시청

주택가격도 안정화되기 시작했다.

　일본의 신도시 건설 배경도 한국과 유사하다. 1960년대 후반 일본 정부는 급속한 산업화로 팽창하는 도쿄 인구를 수용하기 위해 신도시 건설을 시작했다. 가장 대표적인 곳으로 도쿄 인근의 '타마 뉴타운'을 들 수 있다. 타마 뉴타운은 개발 당시만 해도 교외의 넓고 쾌적한 주거환경 덕에 인기를 끌었다. 풍족한 녹지와 자연환경을 그대로 살린 쾌적한 도시에 거주하는 것이 일본인들의 로망이었기 때문이다.

　하지만 입주가 시작된 지 40년이 지난 지금은 사정이 달라졌다. 도시 나이만 보더라도 이제는 뉴타운이라는 이름보다는 '올드 타운'이라는 이름이 더 어울린다. 문제는 뉴타운을 건설할 때 산업기반을 고려하지 않았다는 점이다.

　젊은이들이 일자리를 찾아 하나둘씩 도심을 떠나면서 도시는 점점 노인들의 거주지로 변해갔다. 그나마 도심의 집값이 비쌀 때는 어쩔 수 없이 신도시에 살면서 도쿄로 출퇴근하는 젊은이가 많았다. 하지만 도심지 집값이 떨어지면서부터는 사정이 달라졌다. 굳이 비싼 교통비 들여가며 하루에 두세 시간을 출퇴근 전철 안에서 버릴 필요가 없어진 것이다. 그러자 실버타운을 지을 필요가 없을 만큼 신도시 전체가 실버타운이 돼버렸다. 게다가 요즘은 노인들마저 의료시설과 편의시설이 부족하다는 이유로 도쿄 도심으로 이동하면서 빈집이 늘고 집값도 큰 폭으로 하락하고 있다고 한다.

신도시서 도심으로의 회귀

이러한 도심 회귀 현상이 우리나라 신도시에도 일어날까? 일본에서 도심 회귀가 일어난 이유를 분석해보면 알 수 있을 것이다. 일본의 젊은이들은 직장과 가까운 곳에 살고 싶어 한다. 이들은 지하철이나 버스에서 아까운 시간을 낭비하는 것을 참지 못한다.

비싼 교통비도 문제이다. 신도시에서 도심으로 출퇴근하면 1시간 이상 소요될 뿐 아니라, 하루 8시간 일해 받는 급여 중 1시간 분을 교통비로 반납해야 한다. 도쿄 신주쿠에서 타마 신도시까지 편도 전철요금은 330엔으로 우리나라 돈으로 환산하면 4,500원이 넘는다. 회식이나 모임 때문에 마지막 전철을 놓치기라도 하면 택시비가 1만 3,000엔(약 17만 원) 정도 나온다. 비싼 교통비 때문에 귀가를 포기하는 직장인들도 드물지 않다고 한다.

맞벌이 부부의 증가도 도심 회귀를 부추기고 있다. 맞벌이 부부는 육아문제 때문에 직장에서 가까운 곳의 주택을 원하기 때문이다. 또한 도심 지가가 하락하면서 도심 재개발이 용이해졌다는 점도 중요한 이유로 꼽힌다. 도심 재개발이란 도시의 빈민가와 낙후지역을 재개발해 주거지 및 상업지로 탈바꿈시키는 것을 말하는데, 도쿄의 경우 도심이 슬럼화되면서 교외지역보다 저렴한 지가와 임대료를 형성하는 지역이 많아져 도심 재개발이 쉽게 이뤄질 수 있었다.

2000년 들어 도쿄 도심에서 대형 아파트가 잇따라 저가에 분양되면서 시내에서 급행 전철로도 1시간이나 걸리는 신도시의 매력은 아예 사라져 버렸다. 과거 도심의 높은 지가 상승이 신도시를 잉태했다면, 이젠 도심의 지가 하락이 신도시로 이주한 주민의 도심 회귀를 부추기고 있는 셈이다.

우리나라는 아직까지 일본의 전철을 밟을 가능성은 크지 않아 보인다. 여전히 서울의 땅값과 집값이 비싼 탓에 신도시 주민들의 도심 회귀를 주저하게 만든다. 최근에는 전세 가격이 급등하면서 도리어 도심 거주자가 시 외곽으로 밀려나는 형편이다.

베이비붐 세대의 은퇴가 임박했다는 점도 도심 회귀 가능성을 낮게 보는 이유 중 하나이다. 이들이 도심에 거주한 이유가 직장과 자녀교육 때문이었다면, 은퇴한 다음 자녀교육 문제가 해결되고 나면 굳이 비싼 비용을 지불하면서 도심에 머물 이유가 없기 때문이다. 이런 측면에서 보면 일본처럼 신도시 주민이 도심으로 회귀한다는 주장은 아직 시기상조인 듯하다.

그렇다고 안심하고 있을 수만은 없다. 2011년 한 민간 건설업체가 조사한 바에 따르면, 이사계획을 가지고 있는 수도권 주택 소유자 10명 중 4명이 "서울로 이사 가고 싶다"고 답했다. 이 비율은 2007년 25.2퍼센트에서 2008년 30.1퍼센트, 2009년 38.9퍼센트, 2010년 38.9퍼센트로 꾸준히 높아지다가 2011년에 41.3퍼센트를 기록했다.

서울로 이사하고 싶은 사람들의 주된 이유는 '교통의 편리함'이 50.4퍼센트, '훌륭한 편익·기반시설'이 45.4퍼센트, '부동산 투자 또는 재산 증식'이 34.5퍼센트, '교육 여건'이 33.6퍼센트로 나타났다.[42] 이런 상황에서 만약 도심 부동산 가격이 떨어진다면 일본과 같은 도심 회귀가 본격화될 가능성이 농후해 보인다.

도심 회귀 현상이 일어나지 않는다고 해도, 도시 전체가 늙어가는 현상은 피하기 어려울 듯하다. 우리나라 신도시들 대부분이 별다른 산업기반을 갖고 있지 않은 베드타운이기 때문에 젊은이들을 유인할 만한 일자리가 많지 않기 때문이다. 신도시 전체가 실버타운이 된다면 별도로 실버타운을 지을 필요는 없어 보인다.

생필품 구매난민 등장

도시가 늙어갈 때 고민해야 할 또 다른 문제는 '구매난민'이다. 노인대국 일본에서 유행한 구매난민은 생선, 채소 같은 음식재료와 생필품을 제때 구하지 못해 곤란을 겪는 노인들을 지칭하는 말이다. 생필품을 구하지 못하는 이유는 돈이 없어서가 아니다. 지금 일본의 노인들은 고도성장기를 이끌며 부를 축적한 덕에 중장년층에 비해 월등하게 나은 경제력을 자랑한다. 그런데도 구매난민이 된 이유는 우후죽순처럼 생겨나는 대형마트에 밀려 동네슈퍼가 사라지면서 집 근처에서 생필품을 구입하기 어려워졌기 때문이다.

일본에 가면 어디에서나 구매난민을 만날 수 있는데 대도시 인근 신도시에 특히 많다. 도쿄도 북쪽 이타마 현의 고마무사시다이는 1970년대에 만들어진 신도시이다. 30년이 지난 지금은 고령화가 급속히 진행되면서 전체 주민 6,000명 중 65세 이상 고령자가 25퍼센트를 차지하고 있다. 고령화에 따른 소비 둔화와 경기침체 여파로 2008년 4월 이 지역에 남아 있던 유일한 동네슈퍼가 문을 닫았다. 이제 두부 한 모를 사려고 자전거로 20~30분을 달리지 않으면 안 된다.

후쿠오카 현 이즈미가오카 하이타운도 사정은 비슷하다. 전체 1,500가구 중 300가구가 고령자인 이곳은 이미 5년 전에 단지를 지나는 노선버스를 폐지했으며, 하나밖에 없는 슈퍼마켓마저도 최근 폐점 위기에 놓였다. 이 슈퍼마켓이 문을 닫으면 이곳 노인들은 생필품을 사려고 2킬로미터 이상 떨어진 대형마트까지 40분 이상 걸어가야 한다. 나이 들면 운전도 쉽지 않기 때문에 고령자 중에는 장을 보려고 택시를 부르는 경우도 적지 않다. 하지만 두부 한 모와 콩나물 한 봉지 사려고 기본요금과 호출 비용을 내야 하니 배보다 배꼽이 큰 형국이다.

동네슈퍼를 대신해 곳곳에 들어선 편의점은 구매난민에겐 가뭄에 단비 같은 존재이다. 하지만 가공품을 주로 판매하는 터라 출근길 샐러리맨에게는 어울릴지 몰라도, 채소와 생선 같은 신선한 찬거리를 원하는 고령자에게는 적합하지 않다.

편의점에서 파는 인스턴트 식품이 노인 건강을 위협한다는 지적도 있다. 1970~1980년대 미국과 영국 등에서도 교외지역에 대형 쇼핑센터가 들어서면서 채소와 생선 등을 파는 골목 상점이 무더기로 도산했다. 당시 자동차를 이용할 수 없는 노인과 빈곤층의 식생활이 인스턴트 위주로 바뀌면서 심장병 발생이 늘어났다는 보고가 있다.

고령사회에서 구매난민 문제는 일정한 흐름을 거치면서 확대 재생산된다는 점에도 주목해야 한다. 처음에는 대형마트의 등장으로 경영 압박에 시달리던 골목상권이 무너지면서 구매난민이 발생한다. 고령화와 인구 감소로 경기침체가 본격화하면 대형마트 간 경쟁이 더 심해지고, 그로 인해 채산성이 떨어지면 아무리 대형마트라 해도 버티기 힘들어진다. 일본에 진출했다 경영 부진으로 철수한 서구의 대형마트가 좋은 사례이다. 대형마트가 철수하면 구매난민 문제는 더 심각해질 수밖에 없다.

골목상권 몰락이 고령자 생존권 위협한다

구매난민 문제를 해결하고자 일본은 다양한 대책을 내놓고 있다. 그중 하나가 인터넷 주문 서비스이다. 인터넷을 활용하면 고령자가 굳이 먼 거리를 이동하지 않아도 된다. 하지만 문제는 고령자가 대부분 인터넷 환경에 익숙지 않다는 것이다. 이를 해결하려고 간단하게 조작할 수 있는 터

치패드 방식의 주문 기계가 나왔다. 이 기계를 고령자들이 자주 모이는 장소에 설치한 뒤 생필품을 주문하도록 유도하는 것이다.

이러한 인터넷 주문 서비스에는 일본 최대 운수회사인 '야마토운수'와 지방 슈퍼마켓이 연대해 참여하고 있다. 고령자가 기계를 이용해 주문을 하면 야마토운수가 지방 슈퍼마켓에서 물품을 받아 고령자에게 당일 배송하는 방식이다. 편의점과 신문배급소가 제휴한 경우도 있다. 편의점의 생필품과 신문배급소의 배달망이 결합해 시너지 효과를 내는 것이다. 예를 들어 거동이 불편한 고령자가 일정 기간 도시락 배달을 신청하면, 신문배급소가 편의점에서 도시락을 가져다 고령자에게 배달하는 방식이다.

이동 판매를 활용하는 것도 구매난민 문제를 해결하는 좋은 방법이다. 특히 지방자치단체와 시민단체가 주도해 이동장터를 여는 곳이 증가하고 있다. 특정 요일에 마을 인근 광장을 식재료 판매 공간으로 활용하기도 한다. 이러한 방식은 5일장 전통을 가진 우리나라에서도 접목시켜볼 만하다. 이미 아파트 단지를 중심으로 특정 요일마다 장이 서는 곳이 있는데, 고령사회의 구매난민 해소라는 점에서 긍정적인 현상으로 볼 수 있다.

우리나라도 요즘 대형마트와 기업형슈퍼마켓SSM이 여기저기 들어서면서 골목 안 동네슈퍼가 자취를 감추고 있다. 최근 용지 확보에 어려움을 겪는 대형 유통업체들이 골목상권으로 눈을 돌리면서 이런 현상이 가속화하고 있다. 통계청에 따르면, 동네슈퍼라고 볼 수 있는 종업원 수 4인 이하 종합소매업 점포 수는 2006년 10만 6,000여 개에서 2009년 9만 7,500개로 3년 새 9,000개 이상 감소했다. 같은 기간 기업형 슈퍼마켓은 292개에서 673개로 두 배 넘게 늘었다. 이 같은 상황이 이어지면 골목상

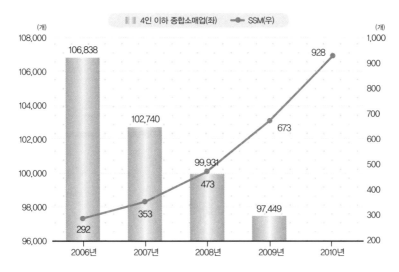

| 그림 3-10 | 4인 이하 음식료 소매업과 SSM 추이

자료: 통계청(종합소매업, 2006~2009년), 지식경제부(SSM, 2006~2010년)

권의 몰락은 불 보듯 뻔한 일이다.

우리나라는 전 세계에서 가장 빠른 속도로 고령화가 진행된다는 점에서 일본이 겪는 구매난민 문제를 반면교사로 삼아야 할 것이다. 이런 관점에서 본다면, 최근 대형마트와 기업형 슈퍼마켓 확산에 따른 골목상권의 붕괴는 단순히 영세상인만의 문제가 아니라 고령자의 생존권과도 밀접한 관련이 있다.

'건강검진'이
열 효자보다 낫다

　노후준비라고 하면 흔히 먹고 입고 자는 데 필요한 생활비를 마련하는
것 정도로만 생각하는 사람들이 많다. 연금만 잘 준비하면 노후준비는 끝
났다고 생각하는 것이다. 하지만 고령 은퇴자들을 곤궁에 빠뜨리는 것은
의식주와 관련된 생활비가 아니다. 갑자기 목돈이 드는 의료비가 더 큰
문제이다. 노후를 준비하는 아직 젊은 사람들이 의료비의 중요성을 간과
하는 것은 웬만해선 병원에 가는 일이 드물기 때문이다. 지금 당장 병원
에 가는 일이 많지 않으니 나중에 나이가 들어서도 그럴 것이라 여기는
것이다.

　그러나 과연 그럴까? 젊었을 때야 병원에 다녀온 날을 손가락으로 꼽
을 수도 있겠지만 나이가 들수록 병원 출입이 잦아진다. 오죽하면 "나이

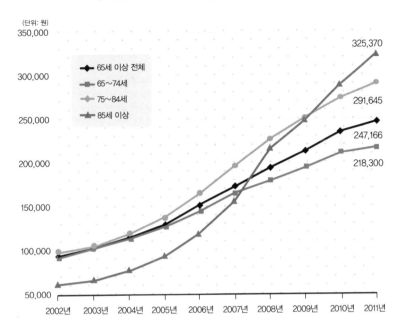

| 그림 3-11 | 고령자 월평균 의료비 증가 추이

(단위: 원)

범례:
- 65세 이상 전체
- 65~74세
- 75~84세
- 85세 이상

325,370
291,645
247,166
218,300

2002년 2003년 2004년 2005년 2006년 2007년 2008년 2009년 2010년 2011년

자료: 건강보험정책연구원(2012년)

들면 밥보다 약을 많이 먹는다"는 말이 있을까? 2011년 건강보험공단 자료에 따르면, 65세 이상 고령자가 전체 건강보험 적용인구에서 차지하는 비중은 10.5퍼센트밖에 안 되지만, 이들이 사용한 진료비는 총 진료비의 3분의 1이나 되는 것으로 드러났다. 65세 미만인 사람은 진료비로 월평균 5만 8,000원을 쓰는 데 반해, 65세 이상 고령자는 매달 24만 7,000원으로 네 배 가까운 돈이 드는 것으로 나타났다.

더 큰 문제는 의료비의 증가속도이다. 2002년 당시만 해도 65세 이상 고령자 월평균 9만 4,000원에 불과했던 의료비가 10년 새 2.6배나 증가해 24만 7,000원이 된 것이다. 이런 증가속도는 고령으로 갈수록 훨씬 빨라진다. 같은 기간 동안 75~84세 고령자 진료비는 9만 7,000원에서 29만 1,000원으로 세 배 가까이 늘어났고, 85세 이상 고령자의 경우 6만 7,000원에서 32만 5,000원으로 무려 다섯 배나 급증했다.[43] 이쯤 되면 고령자들 사이에서 밥보다 약을 많이 먹는다는 말이 단순한 우스갯소리가 아니다.

70세 이후 의료비가 급증하는 것은 건강수명에 잘 반영되어 있다. 평균수명에서 건강수명을 빼면 병치레 기간을 알 수 있다. 한국인의 건강수명은 71.3세로 평균수명이 80세인 점을 감안하면 우리나라 사람은 죽기 전에 10년 가까이 병치레를 하는 셈이다.

이 같은 병치레 기간은 의료비 부담과 직접적인 관련이 있다. 대부분의 사람들은 은퇴하면 생활비가 적게 들 것이라고 생각하지만 그렇지 않다. 은퇴설계 전문가들은 노후생활 기간을 활동기, 회상기, 간병기로 구분해 자금을 관리하라고 조언한다.

은퇴한 지 얼마 안 되는 활동기에는 취미활동이나 여행 등 그동안 일하느라 미뤄두었던 여가생활을 즐기려고 오히려 지출이 늘 수 있다. 이후 서서히 노화가 진행되면서 활동량이 줄어들어 생활비도 적게 드는 회상기에 접어든다. 외부 활동이 줄면서 남는 시간에 옛날 생각을 많이 한다는 뜻에서 이런 이름이 붙은 듯하다.

문제는 회상기 다음의 간병기, 즉 병치레 기간이다. 이 기간에는 치매와 각종 질병 탓에 병원이나 요양시설을 이용하는 빈도가 높아지면서 의료비 부담도 커진다. 간병기는 의료비가 곧 생활비라고 할 만큼 생활비에서 의료비가 차지하는 비중이 크다. 따라서 성공적인 노후준비의 핵심은 병치레 기간을 얼마나 짧게 하느냐에 달렸다고 해도 과언이 아니다.

병치레 기간 줄이는 건강수명 늘리기

최선책은 꾸준한 운동이다. 하지만 바쁜 하루 일과에 쫓기다 보면 쉽지 않다. 따로 시간을 내 운동을 해야 한다고 생각하면 실패하기 십상이다. 꾸준한 운동은 다이어트의 성공비결과 비슷하다. 심리학자들이 권하는 가장 좋은 다이어트 방법은 무엇일까? 마라톤이나 헬스 같은 스포츠일까, 식이요법일까? 둘 다 아니다. 밥그릇 크기를 줄이는 것이다. 밥그릇 크기를 줄이면 세 끼 밥을 다 챙겨먹으면서 칼로리 섭취량을 줄일 수 있다. 이와 같은 '밥그릇 줄이기' 전략을 운동에도 응용할 수 있다.

운동과 일상의 경계를 허물어버리는 것이다. 정해진 장소에서만 운동을 할 것이 아니라 퇴근할 때 한 정거장 먼저 내려서 걷기, 엘리베이터와 에스컬레이터를 멀리하고 계단 이용하기, 점심식사 후 커피숍에 앉아 수다를 떨기보다는 산보하기 등과 같은 작은 일에서부터 시작해야 한다. 낙숫물이 바위를 뚫듯 생활 속의 작은 운동 습관들이 쌓이면 큰 효과를 가져온다.

건강수명과 관련해 눈여겨볼 또 한 가지는 '산 좋고 물 맑은 시골에서 살면 건강하다'는 믿음이 깨지고 있다는 점이다. 한국보건사회연구원이 2012년 발표한 자료에 따르면, 서울시민의 건강수명은 73.9세인 데 반해,

전남도민의 건강수명은 68.3세로 5년 남짓 차이가 났다. 병치레 기간도 전남(9.5년)이 서울(6.5년)보다 3년 더 길었다.

이 같은 차이는 도시주민의 평균소득이 다른 지역보다 높아 건강관리에 투자할 여력이 많고, 병원 등 사회적 인프라가 잘 갖춰져 있기 때문인 것으로 보인다. 인구 1,000명당 의사 수만 봐도 서울은 2.9명인 데 반해 전남은 1.6명밖에 되지 않는다. 맑은 물과 깨끗한 공기보다 의료시설 접근성이 건강수명에 더 큰 영향을 미친다는 사실을 알 수 있다.

건강검진 참여율 또한 건강수명에 영향을 미치는 중요한 요소이다. 한국보건사회연구원의 조사에서 서울 등 도시주민의 건강검진 참여율은 60퍼센트를 넘었으나 건강수명이 짧은 강원(55퍼센트)과 제주(53퍼센트)는 이에 훨씬 못 미치는 것으로 나타났다.

정기적인 건강검진을 통해 만성질환을 조기에 발견하는 것만으로도

| 그림 3-12 | 시도별 건강수명과 병치레 기간

	건강수명	기대수명	병치레 기간		건강수명	기대수명	병치레 기간
서울	73.9세	80.4세	6.5년	대전	72.9세	79.2세	6.3년
경기	72.6세	79.2세	6.6년	인천	71.1세	78.5세	7.4년
부산	71.1세	77.8세	6.7년	울산	71.0세	77.7세	6.7년
대구	71.0세	78.5세	7.5년	충남	71.0세	78.0세	7.0년
광주	70.7세	79.1세	8.4년	충북	70.3세	77.6세	7.3년
경남	69.7세	77.5세	7.8년	전북	69.7세	78.2세	8.5년
제주	69.6세	79.3세	9.7년	경북	69.6세	77.7세	8.1년
강원	69.0세	77.6세	8.6년	전남	68.3세	77.8세	9.5년

자료: 한국보건사회연구원(2012년)

병치레 기간을 대폭 줄일 수 있다. 건강검진이라고 하면 돈이 많이 든다는 생각에 지레 겁을 먹는 사람들이 많은데 꼭 그렇지만은 않다. 국민건강보험공단에서 실시하는 건강검진제도를 이용하면 무료로 건강검진을 받을 수 있다.

국민건강보험공단은 지역 세대주와 직장 가입자 및 만 40세 이상 세대원과 피부양자를 대상으로 2년에 한 번씩 일반건강검진을 실시한다. 건강보험 가입자와 의료급여 수급자 가운데 만 40세와 66세에 해당하는 사람을 대상으로 생애전환기건강검진을 실시하는데, 일반건강검진보다 검진항목이 많다. 만 40세 이상 남녀는 증상이 없어도 2년마다 위암검진을 받을 수 있으며, 50세 이상 남녀는 1년마다 대장암 검진이 가능하다. 여자는 30세가 되면 2년마다 자궁경부암 검진을, 40세부터는 2년마다 유방암 검진을 받을 수 있다.

의료비 마련, 민간의료보험 활용하라

노후준비라고 하면 생활비 준비만을 생각하기 쉽지만 나이가 들수록 생활비에서 의료비가 차지하는 비중이 높아진다. 어쩔 수 없이 병치레 기간을 맞이할 것에 대비해 의료비 마련에도 신경을 써야 한다. 그런데 의료비는 생활비와 속성이 다르기 때문에 준비 방법도 달라야 한다. 매월 지출하는 생활비는 그 규모를 어느 정도 예측할 수도 있고 부족하면 줄여 쓸 수 있다.

하지만 의료비는 언제 아프고 다칠지 모르기 때문에 필요시기를 예측할 수 없는 데다 단기간에 막대한 비용이 들어가기도 한다. 게다가 생명과 연관된 일이기 때문에 쉽게 줄일 수도 없다. 이런 특성 때문에 저축이나 투자보다는 민간의료보험을 활용해 의료비를 마련하는 것이 좋다.

민간의료보험은 크게 '정액보험'과 '실손보험'으로 나누어지는데, 각각 장단점이 있기 때문에 적절히 혼용해서 가입하면 좋다. '정액보험'에 가입하면 특정 질병이 발생할 때 계약 당시 정해진 보험금을 받는다. 대표적인 정액보험 중 하나가 암보험이다.

예를 들어 보장금액이 3,000만 원인 암보험에 가입한 사람이 암에 걸리면 약속된 3,000만 원을 받는다. 정액보험은 한꺼번에 목돈을 받을 수 있기 때문에, 병원비 외에 환자를 위한 주거환경 개선이나 간병 자금 등 목돈이 들어갈 때 유용하게 활용할 수 있다. 다만 보험기간이 장기간일 때 인플레이션에 취약한 단점이 있다. 예를 들어 보험에 가입할 당시의 3,000만 원은 목돈이지만, 10년이나 20년이 지난 다음에는 의료비가 올라 이 돈만 가지고는 제대로 된 치료를 받지 못할 수도 있다.

이에 반해 '실손보험'은 실제 발생한 손해를 보상해준다. 대표적인 것이 '의료실비보험'이다. 의료실비보험이란 환자 본인이 실제 부담한 병원비를 보장하는 보험으로 국민건강보험이 적용되지 않는 MRI, CT 촬영비 등 본인 부담 의료비도 보장된다. 통상 병원에서 발생한 의료실비의 90퍼센트를 보장해주기 때문에 의료비가 오르면 보장금액도 따라서 올라가는 장점이 있다.

다만 3년에서 5년에 한 번씩 보험계약을 갱신할 때마다 보험료가 인상

될 우려가 있는 갱신형 보험이라는 것이 단점이다. 암보험과 의료실비보험에 가입할 때는 반드시 보장기간을 확인해야 한다. 보험료가 조금 비싸더라도 가능하면 보장기간을 길게 정해두는 것이 유리하다.

노인이 노인을 보살핀다

혹시 당신이 늙고 병들어 어쩔 수 없이 누군가의 도움을 받아야 한다면 누구에게 도움을 청할 것인가? 우리나라 남성 중 상당수는 본인의 노후 간병 부담을 고스란히 부인에게 지운다. 2010년 여성가족부가 조사한 결과, 누군가로부터 부양을 받아야 하는 65세 이상 고령 남성 중 65.8퍼센트는 그 부담을 모두 부인에게 지우는 것으로 나타났다. 자녀와 며느리의 부양을 받는 남성은 전부 합쳐도 20퍼센트가 되지 않았다.

반면, 여성들은 배우자보다는 자녀에게 의지하는 비율이 높았다. 돌봄이 필요한 65세 이상 고령 여성 중 남편에게 간병받는다는 사람은 29.8퍼센트밖에 안 됐다. 반면 자녀나 며느리에게 의지하는 여성을 합치면 그 비중은 57.1퍼센트나 됐다. 여자들이 남자보다 자녀들에게 의존하는 비율이 높은 것은 자녀들과의 관계가 돈독해서라기보다는, 남편을 먼저 보내고 자녀 외에 기댈 곳이 없어서라고 봐야 한다.

남편이 살아 있다면 당연히 남편에게 의지하겠지만, 이미 세상을 뜬 다음이라면 어쩔 수 없이 그 부담은 자녀들에게 전가될 수밖에 없다. 특이한 점이 있다면 아들(10.5퍼센트)이나 딸(11.5퍼센트)보다는 며느리(35.1퍼

| 그림 3-13 | 돌봄이 필요한 노인과 돌보는 사람과의 관계

남자 ■ 여자

65.8%
29.8%
5.5% 35.1%
2.7% 10.5%
10.9% 11.5%
0.0% 2.0%
14.3% 11.3%

고령자의
배우자

고령자의
며느리

고령자의
아들

고령자의
딸

유료
간병인

기타

자료: 여성가족부 가족실태조사(2010년)

센트)에게 의지하는 여성이 많다는 점이다. '고부갈등'이라는 말이 무색
할 정도이다.

하지만 배우자나 자녀에게만 전적으로 의존하는 지금과 같은 고령자
부양 시스템은 얼마 안 가 한계를 드러낼 것으로 보인다. 왜냐하면 돌봄
을 받아야 할 사람뿐만 아니라 이들을 돌보는 사람도 함께 늙어가고 있기
때문이다. 일본에서는 이 같은 사회현상을 '노인이 노인을 보살핀다'라
고 해서 '노노부양老老扶養'이라고 부른다. 일본 후생노동성의 2010년 조
사에 따르면, 일본에서는 돌봄이 필요한 남성 중 65퍼센트와 여성 중 61
퍼센트가 60세 이상 고령자에게 보살핌을 받고 있는 것으로 집계됐다. 돌
봄을 받는 남성들 중 80세 이상 고령자로부터 병수발을 받고 있는 사람도
20퍼센트가 넘었다. 이들 중 상당수는 그들의 부인인 것으로 짐작된다.

세계에서 유래를 찾아볼 수 없을 만큼 빠른 속도로 초고령사회를 향해 치닫고 있는 우리나라 입장에서도 노노부양 문제는 이미 발등에 떨어진 불이 된 지 오래이다. 2010년 여성가족부가 돌봄이 필요한 노인의 특성을 조사했더니, 10명 중 7명이 75세 이상 후기고령자로 밝혀졌다. 이는 2005년 같은 조사에서 드러난 후기고령자 비중(56.8퍼센트)을 큰 폭으로 상회하는 것이어서 관계자들을 깜짝 놀라게 했다. 이들 중 상당수가 배우자에게 병수발을 의지하고 있다는 점에서 노노부양은 이미 남의 나라 문제가 아니다.

노노부양의 어려움은 벌써부터 현실로 나타나고 있다. 2004년 10월 5일 서울 오류동의 한 아파트에서는 1년 동안 치매에 걸린 부인을 돌보던 92세의 노인이 93세의 부인을 목 졸라 숨지게 하고 자신도 목을 매 자살한 일이 발생했다. 노인은 죽기 전 "78년이나 함께 산 아내를 죽이는 독한 남편이 됐다"며 "살 만큼 살고 둘이서 같이 세상을 떠나니 너무 슬퍼하지 마라"는 유서를 써서 따로 사는 자녀에게 남겼다고 한다.

이 같은 사례들은 고령사회에서 노인부양의 부담이 전적으로 가족에게만 지워질 때 얼마나 끔찍한 일들이 일어날 수 있는지 잘 보여준다. 1차적인 부담을 가족들이 진다고 해도 국가와 지역사회가 연대해 서둘러 사회부양 시스템을 만들어내지 않으면 안 된다.

1970년대 이전 일본에서도 노인문제는 가정에만 국한된 것으로 여겼다. 이 같은 인식에 변화를 가져온 것은 1972년 출간된 아리요시 사와코 有吉佐和子의 소설《꿈꾸는 사람恍惚の人》이다.[44] 이 소설에서는 치매에 걸린 시아버지와 그를 헌신적으로 돌보는 며느리의 모습을 통해, 치매 노인

| 그림 3-14 | 일본 고령자 성별에 따른 간병인의 연령

자료: 일본 후생노동성 국민생활기초조사(2010년)

을 부양하기 위한 사회 시스템이 전혀 갖춰져 있지 않은 당시 일본 사회의 모습을 그대로 드러낸다.

맞벌이를 하는 며느리가 치매에 걸린 시아버지를 경로당이나 노인복지시설에 맡기려다 번번이 어려움을 겪는 장면에서, 독자들은 노인부양이 단순히 한 가정이 해결해야 할 문제가 아니라 국가와 사회적 노력이 뒤따라야 한다는 사실을 깨닫기 시작했다. 수많은 독자들이 너무나 비슷한 경험을 가지고 있었고, 주변에서 직접 목격했기 때문이다. 물론 소설한 편이 세상을 바꿨다고 할 순 없겠지만, 이 소설이 일본 사회에서 '노인 간호의 사회 시스템화'를 이끈 촉발제가 된 것만큼은 분명하다. 이후 일본은 치매 노인을 돕기 위한 특별 양로원 설치를 의무화하기 시작했고 1997년에는 개호보험법을 제정하기에 이르렀다.

노인 간호, 사회가 나설 때

일본에서 노인 수발 시스템이 가장 잘 갖춰진 마을로 평가받고 있는 곳은 야마토마치이다. 야마토마치는 언뜻 보기엔 평범한 시골마을처럼 보이지만, 오늘날 노인 부양을 위한 최적의 시스템으로 주목받고 있는 '재택개호在宅介護 서비스'를 이미 30여 년 전에 도입했다.

재택개호란 시설개호와 반대되는 개념으로, 노인 혼자 또는 노부부가 사는 세대, 자녀와 동거를 하더라도 맞벌이 등으로 낮 동안 노인을 돌볼 사람이 없는 가정에 간호사나 가사 도우미가 방문해 서비스를 제공하는 것을 말한다. 서비스의 종류에는 욕창을 치료하거나 당뇨와 고혈압과 같은 만성질환을 관리하는 '간호 서비스', 기저귀를 갈거나 목욕을 시키고 식사를 떠먹여주는 '개호 서비스', 세탁·청소·식사준비 등을 해주는 '가사지원 서비스'가 있다.

이러한 재택개호 서비스 덕택에 자리에 누운 노인도 병원에 입원하지 않고 자신의 집에서 일상생활을 유지할 수 있고, 가족들은 생계를 꾸리는 데 전념할 수 있다.

야마토마치에는 재택개호 서비스 외에도 노인들의 생활을 지원해주는 서비스가 몇 가지 더 있다. 낮 동안 노인을 시설에서 돌봐주는 '주간보호시설Day Service'과 가족이 여행이나 일시적인 질병으로 노인을 돌볼 수 없는 경우 단기간 보호해주는 '단기입소Short Stay'가 대표적인 서비스이다. 야마토마치의 데이서비스센터는 종합병원과 나란히 위치하고 있는데, 이곳을 찾은 노인들이 겸사겸사 병원에 들러 진료도 받고 약을 받아갈 수 있다.

노인들은 희망에 따라 일주일에 한 번에서 두세 번씩 이곳을 찾는다. 자리에 누운 채 홈헬퍼의 서비스를 받는 노인들과는 달리 외출이 가능한 건강한 노인들이 대부분이지만, 침대에 누운 채 이곳에 실려오는 경우도 있다. 데이서비스센터가 있기 때문에 가족들은 낮에 노인을 돌봐야 하는 부담을 덜 수 있어 좋고, 노인들은 외출을 통해 기분전환을 할 수 있어 좋다.[45]

우리나라도 만 65세 이상 노인을 대상으로 2007년부터 기초노령연금을 도입하고 2008년 7월부터는 노인장기요양보험제도를 도입하는 등 발빠른 대응에 나서고 있다. 하지만 기초노령연금은 너무 적고, 노인장기요양보험의 수혜자도 돌봄이 필요한 사람에 비하면 턱없이 부족한 게 현실이다.

물론 국가 재정과 예산에 한계가 있는 만큼 노인부양 부담을 전적으로 국가에 떠넘길 순 없다. 하지만 분명한 것은 노인부양이 개인과 가족의 노력만으로 해결하기에는 너무 버겁다는 점이다. 이제 우리나라도 노노부양 문제에 대해 한 번쯤 깊이 생각해볼 때가 됐다.

금융투자 IQ를 높여라

"나이가 들면 보수적으로 자산을 관리해야 한다."

불과 얼마 전만 해도 투자가들 사이에서 신화처럼 떠받들어졌던 말이다. 젊을 때는 투자에 실패하더라도 회복할 시간이 충분하지만, 나이가 들면 만회할 시간이 그리 많지 않기 때문이다. 하지만 요즘 들어 이 말이 점점 미신이 되어가는 듯하다. 빠른 속도로 수명이 늘어나면서 덩달아 노후기간도 길어졌기 때문이다.

노후자금을 운용할 때 잃지 않는 것도 중요하지만 수명을 다하기 전에 돈이 먼저 떨어져서도 곤란하다. '안전하지만 부족하지 않게', 이것이 100세 수명 시대의 새로운 노후자산 운용 패러다임이라 할 수 있다.

예를 들어 당신이 노후자금으로 5억 원을 준비했다고 하자. 매년 물가가 5퍼센트씩 상승하고 생활비로 매달 200만 원을 쓴다면 몇 년을 버틸 수 있을까? 답은 투자수익률에 따라 달라진다. 만약 당신이 5억 원을 정기예금에 맡겨 세후 연 3퍼센트 정도 수익을 얻는다면 대략 16년 동안 생활할 수 있다. 같은 조건에서 적극적인 자산운용을 통해 수익률을 5퍼센트로 올리면 20년, 7퍼센트가 되면 26년, 9퍼센트일 때는 38년 동안 생활할 수 있다. 수익률 1~2퍼센트 차이가 노후의 질을 좌우할 수도 있는 것이다.

대담한 늙은이, 소심한 젊은이

노후생활 기간이 늘어나면서 투자수익률뿐만 아니라 인플레이션도 고려해야 하는 상황이 됐다. 앞과 같은 조건에서 이번에는 투자수익률이 연 3퍼센트일 때 물가상승률을 달리해 노후자금 5억 원이 몇 년 만에 소진되는지 살펴보자. 만약 노후생활을 하는 동안 물가가 전혀 오르지 않는다면 5억 원으로 30년을 살 수 있다. 반면에 매년 물가가 3퍼센트씩 상승하면 19년, 5퍼센트씩 상승하면 16년밖에 버티지 못한다. 그럴 리는 없겠지만 만약 물가가 매년 7퍼센트씩 상승하면 노후자금 5억 원은 14년이면 소진된다. 투자를 통해 노후자금을 불리지 않으면, 인플레이션이 노후자금을 갉아먹는 것을 지켜볼 수밖에 없다.

하지만 말처럼 투자가 쉽지만은 않다. 높은 수익을 얻으려면 그만한 리스크를 감내해야 하기 때문이다. 자산을 정기예금이나 국채와 같이 안전한 곳에만 투자하면, 자산 가격이 출렁대는 변동성 리스크는 피할 수 있다. 하지만 그렇다고 해서 리스크가 없는 것은 아니다. 여기에는 자칫 돈 없이 오래 살아야 하는 '무전장수'라는 또 다른 리스크가 도사리고 있기 때문이다. 요즘 빠른 속도로 수명이 늘어나면서 은퇴자들이 변동성만큼이나 무전장수 리스크를 크게 느끼고 있다.

이와 관련해 25년이 넘는 기간 동안 〈포브스Fobes〉에 포트폴리오 전략과 관련된 칼럼을 연재하고 있는 켄 피셔Ken Fisher는 "자산을 오래 유지하려면 대부분의 시간 동안 포트폴리오의 일정 부분을 주식에 할애해야 한다"고 하면서 "지금의 65세는 그렇게 많은 나이가 아니며 여전히 투자할 수 있는 기간이 길다"라고 했다.[46]

고령자들의 리스크에 대한 의식 변화가 가장 먼저 눈에 띄는 곳은 주식 시장이다. 한국거래소의 분석에 따르면, 2005년 당시만 해도 53만 6,000명에 불과하던 60세 이상 고령 주식 보유자가 2010년에는 78만 3,000명

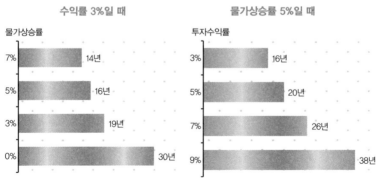

| 그림 3-15 | 노후자금 5억 원 소진 기간(생활비 월 200만 원)

수익률 3%일 때

물가상승률
7% 14년
5% 16년
3% 19년
0% 30년

물가상승률 5%일 때

투자수익률
3% 16년
5% 20년
7% 26년
9% 38년

자료: 미래에셋은퇴연구소

으로 5년 새 46퍼센트나 늘어났다. 이 숫자는 20세에서 35세에 이르는 젊은 주식투자가 수(74만 4,000명)를 앞지르는 수치이다. 같은 기간 이들 고령자가 보유한 주식의 시가총액도 40조 5,000억 원에서 94조 6,000억으로 2.3배 가까이 증가했다. 이는 젊은이는 공격적으로, 나이가 들면 보수적으로 투자한다는 상식을 뒤엎는 증거이다.

이 같은 변화는 2011년 8월 〈매일경제신문〉이 개인투자가 1만 4,269명을 대상으로 투자 성향을 조사한 것에서도 드러났다.[47] 조사 결과 20대와 30대는 각각 23.4퍼센트와 23.2퍼센트만이 공격형 투자 성향을 나타내는 데 반해, 60대 이상 고령자의 경우 이보다 훨씬 높은 31.7퍼센트가 공격형 투자 성향을 나타냈다. 상황이 이 정도 되면 '대담한 늙은이, 소심한 젊은이'라는 말이 절로 나올 법도 하다.

| 그림 3-16 | 60세 이상 주식 보유자 수

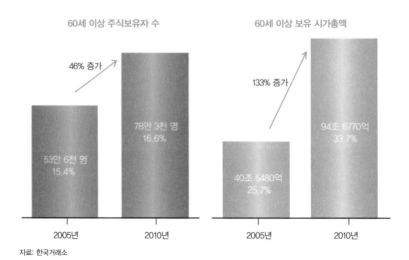

60세 이상 주식보유자 수

46% 증가

53만 6천 명
15.4%

78만 3천 명
16.6%

2005년 2010년

60세 이상 보유 시가총액

133% 증가

40조 5480억
25.7%

94조 6770억
33.7%

2005년 2010년

자료: 한국거래소

20대는 취업난과 결혼비용 마련 때문에 투자할 돈이 없고, 30대는 자녀교육과 전세와 내 집 마련을 위해 원금손실은 어떻게든 피하려고 든다. 이에 반해 60대는 퇴직금 등 목돈이 생기기도 하고, 자녀들이 출가하면서 어느 정도 자산운용에 여유가 생긴다. 게다가 수명연장과 함께 노후생활 기간이 길어지면서 지나치게 보수적으로 자산을 운용했다가는 노후자금이 부족할 수도 있다는 생각이 고령자들로 하여금 보다 적극적으로 자산운용을 하게 만들고 있는 것 같다.

장롱예금과 해외투자 선호 현상

2008년과 2011년 두 차례 금융위기를 겪으며 투자가들의 안전자산 선호가 뚜렷해졌다. 하지만 우리에게 닥쳐올 험난한 고령화의 파고를 헤쳐 나가려면 무조건 안전하게만 운용할 수도 없는 노릇이다. 이 같은 상황에서 주목을 받는 투자 대상이 바로 '해외채권'이다. 해외채권에 대한 투자는 이미 주식투자가라면 보수적인 투자 성향으로 이해하겠지만, 국내 정기예금이나 국채 투자를 하는 투자가 입장에서는 '저축에서 투자로' 이행하는 과정으로 생각할 것이다.

우리나라에서 해외채권 투자가 이제 겨우 걸음마를 뗀 수준이라면, 일본에서는 이미 대중화된 투자수단으로 자리 잡았다고 할 수 있다. 일본에서 해외채권 투자가 빠르게 자리 잡을 수 있었던 데는 저금리가 한몫했다. 일본인들은 전통적으로 공격적인 투자를 즐기지 않는다. 노후자금도 대부분 은행 정기예금에 맡겨두고 찾아 쓴다. 하지만 알다시피 일본 은행의 예금금리는 거의 제로에 가깝다. 예금을 한다고 해도 이자가 거의 붙지 않는다. 오히려 각종 명목으로 수수료만 꼬박꼬박 떼어간다.

일본인들 중에는 "은행이자가 돈 찾으러 갈 때 교통비도 안 된다"고 볼멘소리를 하는 사람이 많다. 그래서 일본 고령자들 중에서는 은행에 돈을 맡겨두고 찾아 쓰기보다는 집 안에 현금을 보관해두고 쓰는 사람이 많다. 일본에서는 이를 두고 '단스(장롱)예금'이라고 한다. 일본은행은 2008년 당시 일본의 장롱예금 규모가 약 30조 엔에 달할 것으로 추산했으며, 다이이치 생명의 구마노 히데오熊野英生 수석 경제학자는 장롱예금 규모가 현재 20조~45조 엔에 이를 것으로 예상했다. 2001년 일본 동북지방 대지진 당시 쓰나미에 떠내려온 금고 수와 보관된 현금 규모만 봐도 일본 가계에 쌓여 있는 현금 규모가 상당하다는 것을 알 수 있다. 실제로 쓰나미 피해를 입은 지역의 경찰서에 주인을 잃은 금고가 700여 개나 쌓였는데, 이 중 한 금고에서는 무려 7,000만 엔이 들어 있었다고 한다. 하지만 장롱에 넣어두면 은행 수수료는 아낄 수 있지만 원금이 늘어나지는 않는다. 오히려 분실할 위험만 크다.

이러한 상황에서 일본인들이 더 나은 투자 대안으로 찾아낸 것이 '해외채권'이다. 금융자산을 제로금리 예금에 맡겨두느니 이를 환전해 금리가 높은 국가에 투자하면 보다 큰 이자 수익을 얻을 것으로 믿었기 때문이다. 일본인들이 처음 해외채권 투자에 관심을 갖기 시작한 것은 1990년대 후반이다. 당시 일본 경제는 '잃어버린 10년'이라고 불리는 장기불황을 겪고 있던 터라 장기간에 걸쳐 저금리 기조를 유지할 수밖에 없었다. 이

때 제로에 가까운 초 저금리를 견디다 못한 투자가들이 엔화를 환전해 금리가 높은 국가의 채권을 찾아 투자하기 시작했다. 개인투자가들 자금이 가장 먼저 향한 곳은 영국과 호주와 같은 선진국 국채였다. 당시 영국과 호주의 정책금리 수준은 각각 5~6퍼센트 수준이었다. 이후 일본 투자가들은 보다 높은 수익을 얻으려고 미국과 같은 선진국 하이일드 채권high yield fund이나 브라질과 같은 신흥국가 국채를 찾아 투자하기 시작했다. 이들 채권은 금리가 높은 만큼 투자에 따른 위험도 크다.

'와타나베 부인'이란 말이 처음 등장한 것도 이 무렵이다. '와타나베'는 한국에서 김씨나 이씨처럼 흔한 성으로, 일본에서 낮은 금리로 엔화를 빌려 외화로 환전한 다음, 해외 고금리 자산에 투자하는 일본의 중상층 주부 투자가들을 일컫는 말이다. 일본은 평균수명이 세계에서 가장 높은 나라로서 노후자금 축적에 대한 고심이 와타나베 부인의 출현을 부추겼다. 금리가 낮아 국내에서만 투자해서는 자산을 축적하기가 어려운 상황에서 금리가 높은 국가의 예금이나 채권에 투자하는 개인투자가 수가 폭발적으로 증가한 것이다.

최근 우리나라도 금리가 떨어지면서 해외채권에 대한 관심이 증가하고 있다. 일본과 차이가 있다면 한국과 금리 차이가 얼마 나지 않는 선진국 국채를 건너뛰고 바로 브라질 같은 신흥국가 국채나 하이일드 채권에 투자하는 펀드가 주를 이룬다는 점이다. 최근에는 특정 국가 채권에 투자할 때 환 위험이 부각되면서 여러 국가 채권에 분산해 투자하는 글로벌 채권형 펀드에 대한 관심도 높아지고 있다.

금융상품도 출구 관리가 중요

계절이 바뀌면 옷차림이 바뀌고 시절이 바뀌면 유행이 바뀐다. 금융시장도 마찬가지이다. 시대가 바뀌고 사람들의 요구가 달라짐에 따라 속속 새로운 상품이 등장하고 있다. 산업화와 도시화로 만성적인 주택 부족에 시달릴 때 주택청약통장은 성년이면 누구나 '반드시 가져야 할' 금융상품이었다.

하지만 2000년대 들어 주택보급률이 100퍼센트를 넘어서고 경기침체와 인구감소에 대한 우려로 주택시장 상승 전망이 어두워지면서 청약통장이 애물단지로 전락하고 있다.

금리가 두 자릿수 고공행진을 하던 1970~1980년대만 해도 국민 재테크 수단은 예금과 적금이었다. 대표적인 상품이 1976년 정부가 근로자들의 재산 형성을 지원하고 저축을 유도하기 위해 도입한 '재형저축'이다. 당시 3년제 재형저축 금리가 23.2퍼센트, 5년제는 27.2퍼센트를 보장했는데, 금리가 이정도 되면 굳이 다른 금융상품을 찾아 나설 필요가 없다.

하지만 2000년대 접어들면서 사정이 달라졌다. 시중금리가 급락하면서 '저축에서 투자의 시대로'라는 슬로건과 함께 본격적인 펀드투자 시대가 열렸던 것이다. 저금리에 실망한 투자가들은 목돈 마련을 위해 적금 대신 적립식 펀드로 발길을 돌렸다.

최근 금융시장에서는 또 다른 지각변동이 일어나고 있다. 이번 변화의 원인으로 베이비붐 세대의 대량 퇴직이 지목되고 있다. 정년을 맞아 직장을 떠나는 은퇴자들에게 가장 아쉬운 것은 무엇일까? 뭐니 뭐니 해도 다달이 받던 '월급'이 아닐까 싶다. 따라서 이들이 월급을 대신할 만한 월지급식 금융상품을 찾는 것은 어쩌면 당연한 일이다. 월지급식 상품의 대표격으로는 월지급식 펀드가 있다.

한국에 월지급식 펀드가 처음 상륙한 것도 2007년 무렵이다. 하지만 아직은 시기상조였는지 당시 국내 투자가들은 월지급식 펀드에 큰 관심을 보이지 않았다. 우리나라 베이비붐 세대의 장남 격이라고 할 수 있는 1955년생이 55세가 되던 2010년이 지나서야 월지급식 펀드가 조금씩 주목을 받기 시작했다. 2011년 한 해 동안에 새로 설정된 펀드는 23개, 펀드자산도 6,000억 원가량 증가했다. 아직 성공 여부를 속단하기는 이르지만 대한민국이 세계 그 어느 나라보다도 빠른 속도로 늙어가고 있다는 점을 감안하면, 월지급식 펀드시장의 성장 자체를 의심하는 사람은 그리 많지 않다.

일본의 월지급식 펀드의 주된 투자 대상은 앞서 살펴봤던 해외채권이다. 해외채권 투자와 마찬가지로 월지급식 펀드가 초기 투자 대상으로 삼은 것은 선진국 국채였다. 2007년 일본 최대 규모를 자랑하던 고쿠사이투신國際投信의 '글로벌 소버린 펀드'는 유럽 선진국 채권을 주로 포트폴리오에 편입시켜 안정적인 분배금을 지급했다. 이 같은 사실이 투자가들 사이에 알려지면서 한때 그 규모가 5조 엔이 넘는 초대형 펀드로 성장했다.

하지만 최근 들어 펀드 간에 분배금 경쟁이 치열해지면서 하이일드 채권, 신흥국 채권, 고배당 주식, 리츠REITs(부동산 투자펀드)와 같이 복잡하고 위험한 곳에 투자하는 펀드들이 갈수록 늘어가고 있다. 일본의 재테크

전문잡지인 〈니케이마네지日經マネ〉가 지난 1월호에서 최고의 펀드로 꼽은 '노무라 미국 하이일드 채권(브라질 헤알화) 펀드'를 예로 들어보자.

이 펀드의 투자 엔진은 크게 두 가지이다. 우선 미국의 투기등급 채권에 투자해 높은 이율을 추구하는데 대부분 7~10퍼센트 정도의 수익을 기대한다. 물론 투기등급 채권인 만큼 부도율이 높아지면 수익률이 떨어지거나 손실을 볼 수도 있다.

다음으로 브라질 헤알화와 미국 달러 간의 외환거래를 통해 추가 수익을 확보한다. 통상 환헷지 대상 국가 간의 단기금리 차이에 따라 수익이나 비용이 발생하는데, 브라질 단기금리가 미국보다 높기 때문에 환헷지 프리미엄이 발생한다. 물론 환율 변화에 따라 손실을 볼 수도 있다. 이 펀드는 2010년 한 해 동안 21퍼센트가 넘는 분배금을 나눠주자 고배당을 노린 투자가들의 자금이 집중됐다.

국내 월지급식 펀드의 주된 투자 대상 역시 해외채권이다. 우리나라는 일본과 달리 국내 금리가 선진국과 큰 차이를 보이지 않기 때문에, 처음부터 고금리 혜택을 누릴 수 있는 브라질과 같은 신흥국가 채권이나 미국과 같은 선진국 하이일드 채권에 투자하는 펀드가 주를 이룬다. 앞으로 일본처럼 시장 규모가 커지면 펀드 간 분배금 경쟁이 치열해질 것이고, 보다 많은 분배금을 지급하기 위해 위험하고 복잡한 투자 대상을 찾아 나설 것으로 보인다.

일본에서는 월지급식 펀드의 인기가 지속되자 문제점을 지적하는 목소리도 커졌다. 언뜻 보기만 해도 복잡한 상품구조와 해외투자에 따른 환율 위험을 투자가들이 제대로 알고 있느냐는 것이다. 2010년 11월, 일본

금융리테라시연구소金融リテラシ—研究所 조사에 따르면, 월지급식 펀드에 가입한 투자가 중 60퍼센트 이상이 투자처를 묻는 질문에 '해외에 투자하고 있지 않다(49.3퍼센트)' 또는 '해외에 투자하고 있는지 잘 모르겠다(13.3퍼센트)'라고 답해 충격을 주었다.

이제 막 월지급식 펀드에 대한 관심이 일기 시작한 우리나라 입장에서는 이 같은 일본의 사례를 반면교사로 삼아야 할 것이다. 우리나라 은퇴자들도 저금리가 장기간 고착화되면 보다 높은 수익을 찾아 해외채권으로 눈을 돌리게 될 것이다. 하지만 금리보다 환율의 변동이 훨씬 크다는 점을 잊지 말아야 한다. 또한 해외채권 투자는 금리뿐만 아니라 환율에도 투자한다는 사실을 명심해야 한다. 자칫 잘못하면 어렵게 얻은 이자수익보다 환율변동에 따른 손실이 훨씬 더 클 수도 있다.

그렇다고 환율변동에 따른 손실을 입을까 두려워 국내 투자에만 머물러 있을 수도 없다. 당분간 국내 금리는 지금보다 더 높아지기 어려울 것이다. 따라서 앞으로 저금리와 고령화라는 험난한 파고와 맞서 싸우려면, 은퇴자들 입장에선 해외투자가 어쩔 수 없는 선택이 될 것이다. 이제는 어렵고 두렵다고 피할 것이 아니라 자신에게 맞는 금융지식을 쌓아야 한다. 100세 수명 시대를 살아가려면, 평소 금융상품과 투자에 관심을 가지고 꾸준히 공부해 금융투자 IQ를 높여야 한다.

자녀교육이 먼저일까,
노후준비가 먼저일까

자녀교육이 먼저일까, 노후준비가 먼저일까? 자녀를 둔 중년 부모에게 이 같은 질문은 마치 '닭이 먼저냐, 달걀이 먼저냐'라고 묻는 것과 마찬가지일 것이다. 어차피 자녀들이 부모 노후를 책임질 것도 아닌데 사교육비라도 아껴서 노후준비를 하는 게 낫다고 생각할 수도 있고, 반대로 '괜히 교육비 조금 아끼려다 나중에 자녀들이 제대로 된 직장에 취직하지 못해 부모에게 빌붙으면 그게 더 골치 아픈 일이라고 여길 수도 있다.

둘 다 맞는 말이다. 요즘 은퇴자들은 다음 두 가지 조건이 충족되어야 노후가 불안하지 않다고 한다. 우선 다달이 연금을 받아 먹고살기에 부족하지 않아야 하고, 자녀들이 모두 취직해 부모에게 손을 벌리는 일이 없어야 한다. 이 두 가지 조건을 다 충족하려면 자녀교육과 노후준비 어느 한쪽으로도 치우침이 없어야 한다. 하지만 자녀교육은 눈앞에 닥친 문제이고 노후는 먼 미래의 일이다. 당장 발등에 떨어진 불부터 끄려면 먼 미래의 일까지 신경 쓸 겨를이 없다. 나중 일은 그때 가서 어떻게 되겠지 하는 심정으로 외면하기 일쑤이다. 그래서 노후준비는 늘 뒷전으로 밀려난다.

어떤 사람들이 에듀푸어인가

요즘은 과도한 교육비 지출 때문에 먼 미래가 아니라 당장 생활고에 시달리는 가구들이 많다. 이른바 '에듀푸어Edu Poor'로 불리는 교육 빈곤층이 그들이다. 도대체 그들이 어떤 사람인지 궁금하다면 다음 질문에 답해보길 바란다.

- 도시에 거주하며 자녀교육비를 지출하고 있는가?
- 현재 빚을 지고 있는가?
- 가계소득보다 지출이 많은가?
- 자녀교육비를 다른 가구의 평균(월 51만 원)보다 많이 쓰는가?

만약 이 네 가지 질문에 모두 "예"라고 답했다면 당신이 바로 에듀푸어이다. 설마 빚을 갚느라고 허덕대는 상황에서 자녀교육비를 과도하게 지출하는 사람이 있을까 하고 생각하면 오산이다. 현대경제연구원이 최근

조사한 바에 따르면, 2011년 기준으로 전국 82만 4,000가구가 교육빈곤층으로 드러났다.[48] 유치원 이상 자녀를 둔 9가구 중 1가구 꼴이다. 이번 조사에서 자녀교육비를 지출하는 가구들은 한 달 평균 433만 원을 벌고 367만 원을 지출해 66만 원의 흑자를 내는 반면, 에듀푸어 가구는 한 달에 313만 원을 벌어 381만 원을 지출해 월 68만 원씩 적자가 나는 것으로 나타났다.

에듀푸어 가구가 다른 가구들에 비해 월평균 120만 원을 덜 벌면서 21만 원씩 더 쓰고 있는 셈이다. 이렇게 적게 벌면서 많이 쓰니 적자를 버텨낼 재간이 있을 리 없다. 그러면 이들 가구를 적자로 내몬 주범은 누굴까? 바로 '교육비'이다. 자녀교육비 지출이 있는 가구들이 월평균 51만 원을 교육비로 쓰는 데 반해, 에듀푸어는 다달이 87만 원을 교육비로 쓴다. 에

| 그림 3-17 | 교육 빈곤층의 소득 및 지출 구조

자료: 현대경제연구원

듀푸어가 남들보다 한 달 평균 교육비로 36만 원을 더 쓰는 셈이다.

그렇다면 에듀푸어는 어떤 사람들일까?

에듀푸어의 주류는 '대졸 이상 학력을 가진, 40대 이상 중산층'이다. 에듀푸어들 중 이 세 가지 조건을 모두 충족하는 가구는 26만 1,000가구(31.7퍼센트)나 된다. 그런데 교육수준으로 보나 소득수준으로 보나 어느 것 하나 빠지지 않는 이들이 자녀교육에 올인하는 이유는 뭘까? 혹시 지금의 그들을 있게 만든 성공 방정식을 자녀들에게 그대로 주입하려는 것은 아닐까?

현재 40대 중산층이 그나마 남부럽지 않은 직장과 소득을 가질 수 있었던 건 부모의 높은 교육열이 있었기 때문이다. 그래서 그들도 자녀들을 위해 해줄 수 있는 게 '교육'밖에 없다고 생각하는지도 모른다. 하지만 '자녀교육에 투자한 돈과 자녀들 성공 사이에 상관관계가 있다'는 증거는 어디에도 없다. 오히려 분수를 넘는 과도한 교육비 지출이 부모의 노후뿐만 아니라 자녀의 장래까지 망치는 경우가 허다하다.

예를 들어보자. 에듀푸어 가구 자녀들은 대부분 부모가 디자인한 삶을 산다. 초등학교 때부터 부모가 짜준 시간표에 따라 이 학원 저 학원 다니느라 스스로 무엇인가를 생각하고 계획할 겨를이 없다. 대학에 입학한다고 사정이 달라지는 건 아니다. 부모들이 학기 초 수강신청을 대신해주는 일도 다반사이고, 심지어 자녀들이 취업 면접에 떨어지면 회사로 항의전화를 하는 부모도 있다고 한다.

하지만 자녀가 온실 속의 화초처럼 하나부터 열까지 부모가 계획한 대로 살아서는 요즘같이 험난한 사회에서 성공하기 쉽지 않다. 한 번도 자신의 삶을 스스로 계획해보지 않은 자녀들이 사회에 진출할 경우 시키는 일은 잘할 수 있어도 스스로 창조적 결과물을 만들어내기는 어렵다. 아이러니하게도 현행 교육체계에서 우수하다고 평가받는 아이일수록 나중에 사회에 나가서는 빛을 발하기 어려울 수도 있다. 요즘 직장이나 사회에서는 시키는 일을 잘하는 사람보다는 아이디어가 많고 스스로 행동하는 사람을 원하기 때문이다.

교육 아웃소싱보다 위험한 일은 없다

따라서 무분별하게 자녀교육에 돈을 쏟아 붓느니 차라리 아이를 위해 좀 더 시간을 투자하는 편이 낫다. 이때 아버지의 역할이 중요하다. 아버지가 아이들에게 사회가 얼마나 험난한지, 어렵거나 곤란한 일에 부딪쳤을 때 어떻게 해결해야 할지 가르쳐야 나중에 아이들이 자립해서 살아갈 수 있다. 다시 말하면 세상의 온갖 험난한 파도와 싸워 헤쳐 나갈 근성을 길러주는 것이다.

어려운 일도 아니다. 자녀와 자주 대화하면서 사회생활 경험을 아이와 공유하면 된다. 마찬가지로 학교에서 일어난 일과 아이들의 생각을 들어봐야 한다. 아이들에게 인생관이나 인생철학을 길러주려면 가정에서의 이러한 소통이 절대적으로 필요하다. 그럼에도 불구하고 대부분의 부모는 이 역할을 서로 미루고, 가정교사나 학원교사에게 아이를 맡겨버린다. 하지만 그들이 인생에 필요한 신념이나 근성까지 가르치진 않는다. 결국 교육의 아웃소싱만큼 위험한 일은 없다.

물론 백날 이런 말을 해도 '교육은 곧 성공'이란 신념에 사로잡혀 있는 에듀푸어들에겐 소 귀에 경 읽기일 것이다. 이런 말을 계속하다간 오히려 세상물정 모르는 이상한 사람으로 취급받기 십상이다. 이런 현상을 '제멜바이스 반사Semmelweis Reflex'라고 한다.[49] 19세기 중반 오스트리아 빈의 종합병원에서 산모 6명 중 1명이 출산 과정에서 사망했다. 이는 의사가 아닌 산파가 아이를 받는 병동이나 심지어 집에서 혼자 아이를 낳는 경우보다 훨씬 높은 사망률이었다. 오히려 병원에 갔기 때문에 죽는 상황이 벌어진 것이다.

헝가리 출신의 의사 제멜바이스Ignaz Semmelweis는 높은 사망률의 원인을 추적한 끝에 '범인'을 밝혀냈다. 범인은 바로 의사들이었다. 당시 의사들은 관습상 시체를 해부한 손을 씻지 않은 채 산모들의 자궁을 만졌으며, 이 과정에서 세균에 감염된 산모와 신생아들이 산욕열로 죽어나갔던 것이다. 제멜바이스가 실험을 통해 얻은 해결책은 환자를 접하기 전에 의사가 염소소독제로 손을 씻는 것이었다.

지금은 의학공부를 하지 않은 사람도 이 정도 상식은 갖고 있지만, 당시만 해도 제멜바이스가 내놓은 해결책은 의사들이 가지고 있던 기존 생각과 충돌했고 어떤 의사도 그를 믿지 않았다. 이 사례는 한 사회의 오랜 규범에 반하는 새로운 지식이 얼마나 받아들여지기 어려운 것인지 잘 보여준다. 자녀교육 문제도 마찬가지로 보인다. 옆집 아줌마 말만 듣고 있으면 그게 다 맞는 것 같지만 진실은 그게 아닐 수도 있다.

은퇴와 자녀 대학 재학 시기가 겹친다

부모들은 자녀양육에 대한 책임을 어디까지 져야 할까? 우리나라 부모들 10명 중 9명은 자녀가 대학을 졸업할 때까지 양육 책임을 다하겠다고 말한다. 2010년 한국보건사회연구원이 조사한 바에 따르면, 한국 부모의 99.5퍼센트가 적어도 자녀의 고등학교 졸업까지는 책임져야 한다고 했으며, 89.9퍼센트는 대학을 졸업할 때까지 책임져야 한다고 답했다. 부모가 자녀의 대학졸업 때까지 책임을 진다고 할 때 자녀 1명당 부담해야 하는 교육비는 무려 2억 6,204만 원이라고 한다(2009년 기준). 이렇게 만만치 않은 돈이 드는데도 불구하고, 대학교육뿐만 아니라 '자녀가 취업한 다음에도 양육 책임을 져야 한다'고 생각하는 부모가 28.1퍼센트, '평생 양육 책임을 지겠다'는 부모도 5퍼센트나 됐다.[50] 이 정도면 자녀 사랑이 유별나다 못해 극성맞다고 할 수 있다.

어찌 됐든 부모가 자녀교육을 끝까지 책임질 수 있다면 문제가 없다. 그런데 문제는 요즘 들어 결혼과 함께 출산이 늦어지고 퇴직 시기는 빨라지면서, 자녀가 대학을 채 마치기도 전에 직장을 떠나는 부모가 늘고 있다는 점이다.

통계청에 따르면, 우리나라 여성은 평균 29세에 결혼해서 30세에 첫째 아이를 낳고 둘째 아이는 32세에 낳는다고 한다. 결혼할 때 남자 나이가 3세 정도 많다는 점을 감안하면, 둘째를 출산할 때쯤이면 남편 나이가 이미 30세 중반을 훌쩍 넘는다. 결국 부모의 은퇴시기와 자녀의 대학 입학 시기가 겹치게 된다.

| 그림 3-18 | 출산연령 증가로 인한 은퇴 시기와 자녀 대학 재학 기간 겹침 현상

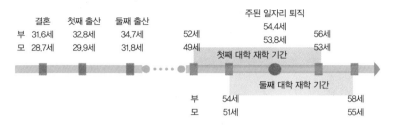

자료: 미래에셋은퇴연구소

우리나라 근로자의 평균 퇴직연령은 54세로 자녀가 한창 대학에 다닐 때이다. 다른 일자리를 얻는다고 해도 소득은 예전만 못한 경우가 많기 때문에 자녀 대학등록금을 감당하려면 어쩔 수 없이 퇴직금이나 노후자금을 헐어 쓸 수밖에 없다. 그렇게 하지 않으면 자녀의 미래가 결정되는 중요한 시기에 부모의 지원이 끊어지기 때문이다.

물론 자녀가 대학에 입학하면 학비 정도는 스스로 벌어 쓰라는 부모도 많다. 하지만 이런 일이 현실적으로 가능한지는 곰곰이 생각해볼 문제다. 자녀가 운 좋게 고액과외 자리를 하나 얻는다면 몰라도 아르바이트로 학비를 번다는 게 생각처럼 쉬운 일이 아니다. 2011년 교육과학기술부가 밝힌 대학등록금 자료에 따르면, 평균적으로 공립학교는 연간 443만 원, 사립학교는 769만 원이 든다고 한다.

아르바이트 시급이 4,000원을 조금 넘는다는 점을 감안하면, 사립대학교 한 해 등록금을 벌려면 1,900시간을 넘게 일해야 한다는 결론이 나온다. 하루 8시간씩 주 5일 근무한다고 할 때 48주, 즉 열한 달 가까운 시간을 일해야 등록금을 마련할 수 있다는 계산이 나온다. 한 해 일하고 한 해

공부하는 '징검다리 대학생'이 등장한 것도 이 때문이다.

만약 일하기 싫다면 학자금 대출을 받을 수밖에 없다. 학자금 대출을 받은 학생들은 대개 "직업 선택의 자유가 없어졌다"라고 말한다. 학교를 졸업하면 대출금을 갚아야 하기 때문이다. 만약 직장을 얻지 못해 대출을 상환하지 못할 경우 신용불량자가 되고, 그렇게 되면 다시는 제대로 된 직장을 얻을 수 없게 된다. 따라서 원하는 직장이 아니더라도 눈높이를 낮춰 하루 빨리 취업을 하지 않으면 안 된다.

학자금 통장에 날개 달기

상황이 이러하니 부모는 당장 자녀들 사교육비뿐만 아니라 대학등록금까지 고려한 장기적인 관점에서 교육비 지출 계획을 세워야 한다. 하지만 버는 족족 자녀교육비로만 쓸 수는 없는 노릇이다. 그래서 자녀교육비 관리에 들어가야 한다. 여기에는 몇 가지 원칙이 필요하다.

첫째, 전체 소득에서 매달 또는 매 분기 얼마를 교육비로 지출할 것인지 예산을 수립해야 한다. 여기서 꼭 지켜야 할 것은 예산 범위를 초과해서는 안 된다는 점이다. 옆집 아줌마 얘기를 듣다 보면 이것도 해야 할 것 같고 저것도 하고 싶어진다. 하지만 새로운 교육비를 지출하려면 그 금액만큼의 다른 지출 항목을 줄여야 한다.

둘째, 교육비 예산에는 사교육비 지출뿐만 아니라 대학등록금 마련을 위한 저축 계획도 함께 포함되어야 한다. 자녀들의 경쟁력은 대학에서 판가름난다고 한다. 이 시기에 일한다고 공부를 뒷전으로 미뤄두면 그만큼 경쟁력이 떨어지는 것이다. 학자금 대출에 자녀의 미래를 저당잡히는 것도 달가운 일은 아니다.

따라서 자녀를 좋은 대학에 보내기 위해 쓰는 사교육비도 중요하지만 자녀가 대학에서 공부에 전념할 수 있도록 도와주는 대학등록금 저축이 중요하다. 사교육비 지출이 늘어나면 자녀의 미래를 위한 저축이 그만큼 줄어들게 된다는 점을 명심하자.

셋째, 학자금 통장에 이름표를 달아두도록 하자. 투자는 엉덩이로 한다는 말이 있다. 자녀 학자금 마련과 같은 장기투자에서는 수익률도 중요하지만 중도에 계좌를 해지하지 않고 계속 유지해나가는 것이 더 중요하다. 계좌를 오래 유지하려면 통장 앞에 이름표를 달아두는 것이 좋다. 예를 들어 '첫째 OO의 대학 등록금 마련 통장'이라고 이름을 달아두는 것이다.

오랜 기간 투자하다 보면 생활에 어려움도 있고 통장을 해지하고 싶은 유혹도 많다. 그러나 통장 앞에 쓰인 이름을 보면 웬만한 유혹은 물리칠 수 있을 것이다. 중도에 계좌를 해지하는 것은 아이를 위한 꿈을 포기하는 것이기 때문이다. 통장 안쪽에는 아이가 대학에 입학할 때까지 마련해야 할 목표 금액을 써두고, 매달 투자금액을 점검하면서 얼마만큼 꿈이 이뤄지고 있는지 확인해보는 것도 좋다.

마지막으로 학자금 예산 관리에 자녀를 동참시키는 것도 좋다. 부모가 자녀를 위해 어떤 준비를 하고 있는지 보여줄 수 있을 뿐 아니라, 자녀에게 경제관념을 심어주는 데도 도움이 되기 때문이다.

고령화 비즈니스에 주목하라

앞으로 우리가 살아갈 사회는 고령자가 중심이 되는 사회로 변해갈 것이다. 고령화로 인해 지금까지 우리가 알고 있던 것과는 전혀 다른 세상이 도래할 것이므로 사회 변화에 맞춰 우리의 의식도 변화해야 한다. 사회 변화는 준비되지 않은 사람에게는 위기로 다가오지만, 이를 잘 이용하는 사람에게는 커다란 기회가 될 수 있기 때문이다.

아이들만 기저귀 차냐? 유니참 이야기

저출산 시대에 기저귀가 팔릴까? 출산율이 떨어지면 자연히 유아용 기

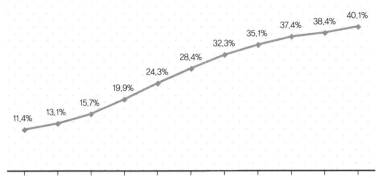

| 그림 3-19 | 65세 이상 고령자 비율

11.4% 13.1% 15.7% 19.9% 24.3% 28.4% 32.3% 35.1% 37.4% 38.4% 40.1%

2011년 2015년 2020년 2025년 2030년 2035년 2040년 2045년 2050년 2055년 2060년

자료: 통계청 장래인구추계

저귀 판매량은 줄어들 수밖에 없다. 하지만 노인인구가 급속히 늘어나면서 성인용 기저귀 판매량은 오히려 늘어나고 있다. 앞으로는 줄어든 유아용 기저귀 판매시장을 대체하게 될 것이다. 고령화가 심화될수록 요실금이나 배뇨 이상으로 기저귀가 필요한 노인 인구가 증가하고 노인 요양시설이 확산되면서 단체 주문도 많아질 것이기 때문이다.

65세 이상 고령자(2,948만 명) 비중이 전체 인구(1억 2,805명)의 23퍼센트에 달해 이미 초고령사회로 들어선 이웃 일본은 성인용 기저귀 시장 규모가 2조 원에 육박한다. 일본은 2010년 성인용 기저귀 시장이 유아용 기저귀 시장 규모를 이미 넘어섰다. 기저귀 시장만 놓고 보면 일본 경제는 어린이 중심에서 노인 중심으로 옮겨간 셈이다.

이와 같은 경제중심 이동을 정확히 읽어낸 회사 중 하나가 일본 최대 생활용품 전문업체 '유니참Unicharm'이다. 일본에는 '유니참은 곧 기저귀를 가리키는 말'이라는 등식이 오래전부터 성립해 있었다. 이런 유니참이 위기에 빠진 것은 2000년대 초반이다. 출산율 저하로 유아용 기저귀 판매량이 급감하면서 매출이 곤두박질친 것이다. 당시의 상황이 얼마나 절박했는지 기저귀를 주력으로 생산하는 회사 내부에서 생리용품이나 마스크, 물휴지 같은 제품에 주목하자는 목소리가 커졌을 정도이다.

하지만 다카하라 다카히사高原豪久 사장의 생각은 달랐다. 그는 일본 사회가 급속히 고령화 사회로 들어가고 있음을 주시하면서 새로운 기능성 기저귀 시장에 주목했다. 그에게는 생리대가 여성을 해방시켰듯 성인용 기저귀가 요실금으로 고통받는 노인들을 해방시킬 수 있으리라는 믿음이 있었다. 다카하라 사장은 '애들만 기저귀 차냐?'라는 생각으로 성인용 기저귀 시장에 매진했고 결국 대성공을 거뒀다.

2010년 말 일본 소비자연구원은 성인용 기저귀 사용 소비자가 460만 명에 달하는 것으로 추정했다. 유니참은 연간 1,000억 엔(1조 4,000억 원) 규모인 성인용 기저귀 시장에서 시장점유율 1위(40퍼센트)라는 확고부동한 위치를 차지하고 있다. 이는 2위인 다이와제지大和製紙보다 20퍼센트 포인트나 높은 수치이다. 경제의 중심축이 어린이에서 노인으로 옮겨가는 것을 정확히 간파해낸 유니참은 절망의 비즈니스 환경에서 희망을 발굴해낸 것이다.

일본만큼은 아니지만 우리나라 또한 성인용 기저귀 시장 규모가 빠른 속도로 성장하고 있다. 유한킴벌리와 모나리자 등 국내 업계가 파악한 국내 성인용 기저귀 시장 규모는 700억 원으로, 약 5,000억 원가량 되는 전체 기저귀 시장의 14퍼센트를 차지하고 있다. 2013년에는 성인용 기저귀 시장 규모가 1,000억 원을 넘어설 것으로 보이며, 고령화사회가 심화될수록 그 규모는 더욱 커질 것이다.

성인 음악교실로 제2의 전성기 맞은 야마하

저출산의 습격을 받은 것은 유아용 기저귀 시장만이 아니었다. 출산율이 떨어지면 아이들을 대상으로 한 피아노, 기타, 하모니카 등의 악기 매출도 하락한다. 타격을 받은 대표적인 회사가 바로 세계적인 악기 회사 야마하Yamaha이다.

1947년 야마하는 악기의 판로를 개척하기 위해 어린이를 대상으로 하는 음악교실을 시작했다. 우리에게 잘 알려진 '야마하 음악교실'이 바로 그것이다. 야마하의 전략은 적중했다. 단카이 세대가 막 태어나기 시작했고, 한국전쟁을 기점으로 일본 경제가 고도성장기로 접어들었기 때문이다. 풍부한 수요와 경제력이 뒷받침되면서 야마하 음악교실은 성장해갔고 자연스럽게 악기 판매량도 늘어났다.

그러나 1990년대부터 저출산 고령화라는 어두운 그림자가 드리우기 시작했다. 출산율 저하는 음악교실 학생들과 악기 수요를 감소시켰다. 1993년 70만 명에 이르던 학생들이 2002년에는 50만 명으로 줄었다. 야마하는 자구책을 마련해야만 했다. 이때 야마하가 주목한 것은 일본 직장인들 사이에 불고 있는 피아노 붐이었다. 일본의 고도성장기를 이끈 중년 직장인들은 생활이 어느 정도 안정되면서 어렸을 때의 꿈을 뒤늦게나마 이루고 싶어했다. 중년 남성들 중에는 딸의 결혼식 때 직접 결혼행진곡을 연주해주고 싶어 피아노를 배운다는 사람도 있었다.

이들의 욕구를 간파한 야마하는 악기를 구입하는 기존 타깃을 어린이에서 어른으로 바꾸었고 아이들을 위한 음악교실도 어른들을 위한 '성인 음악교실'으로 바꿔 새로 단장했다. 이제 즐기며 사는 것이 중요한 목표가 된 단카이 세대를 겨냥해 음악 수요 확대를 꾀한 것이다. 성인을 대상으로 한 야마하의 전략은 이번에도 적중했다.

야마하 관계자들은 성인 음악교실이 인기 있는 이유를 크게 세 가지로 설명한다. 첫째, 퇴직하고 갈 곳이 없는 이들에게 새로운 장소를 지속적으로 제공한다는 점이다. 그 결과 새로운 수요가 창출되었다. 둘째, 고령자 대상이라는 이미지보다는 음악을 통해 개성과 자아를 실현하고자 하는 개인을 대상으로 사업을 차별화하는 데 성공했다는 점이다. 셋째, 연령을 뛰어넘는 동호인들과의 만남과 교류를 통해 성인 음악교실이 세대 간 커뮤니케이션의 중심에 선 점이다.[51]

성인 음악교실로 또 한 번 성공을 거둔 야마하는 저출산으로 인한 악기 판매 부진을 중고령층에 대한 악기 렌털 서비스로 대처했다. 취미생활을 즐기려는 고령자에게 음악교실을 열어주는 동시에 바이올린, 색소폰 등 30여 종의 악기를 빌려주기 시작한 것이다. 연금 이외에 별다른 소득이 없는 고령자 입장에서는 악기를 구입하기 위해 목돈을 한꺼번에 지출하기보다는 매달 렌털 비용을 지불하는 편을 덜 부담스러워했다.

일본 경제가 어린이 중심에서 노인 중심으로 이동해가는 변화를 정확히 읽어낸 유니참과 야마하는 위기를 새로운 성장의 발판으로 삼을 수 있었다. 유니참이 유아용 기저귀만 고집했다면, 야마하가 어린이 대상 피아노 판매에만 주력했다면 지금의 두 회사는 없어졌을지도 모른다.

바람이 불면 풍차를 돌려라

바람이 불 때 사람들은 두 가지 방식으로 대응한다. 하나는 바람을 피하기 위해 담장을 치는 것이고, 다른 하나는 바람을 이용해 풍차를 돌리는 것이다. 잠시 스치는 바람이라면 담장 뒤에 숨어 지낼 수도 있다. 하지만 세상을 변화시키는 커다란 패러다임의 변화라면 사정이 다르다. 담장 뒤에 숨어 있는 동안 세상이 바뀔 수도 있기 때문이다.

코닥Kodak은 바람이 불 때 풍차를 돌리지 않고 담장밖에 못 친 대표적 사례 기업이다. "버튼만 누르세요. 나머지는 우리가 알아서 해결해드립니다You push the button, we do the rest."라는 캐치프레이즈로 유명한 코닥은 미국인들이 영원히 간직하고 싶은 순간을 '코닥 모멘트'라고 부를 만큼 필름과 사진을 상징하는 기업이었다. 코닥의 위세는 1970년대 미국 필름 시장의 90퍼센트, 카메라 시장의 85퍼센트를 점유할 만큼 대단했다. 마치 지금의 구글이나 애플과 비견될 정도이다.

이런 코닥이 2012년 1월 19일 뉴욕 법원에 파산보호신청을 냈다. 코닥을 침몰시킨 것은 필름이 필요 없는 디지털카메라의 등장이었다. 아이러니한 점은 디지털카메라를 가장 먼저 개발한 회사가 바로 코닥이라는 사실이다. 코닥의 엔지니어였던 스티븐 새슨Steven Sasson은 1975년 12월 디지털카메라를 처음 만들어냈다.

하지만 이 디지털카메라의 가치를 인정한 사람은 코닥 내부에 아무도 없었다. 당시 디지털카메라를 본 사람들은 대부분 "이런 게 필름 카메라를 대체한다고? 헛소리하고 있군" 하며 시큰둥한 반응을 보였다고 한다. 그들은 40년이 지난 뒤 그 디지털카메라가 코닥을 위협할 줄 몰랐던 것이다. 세계 최초로 디지털카메라를 개발하고도 아날로그에서 디지털로 넘어가는 변화의 바람을 못 읽은 탓에 코닥은 파산할 수밖에 없었다. 그들은 아날로그 필름 시대가 영원히 계속될 것으로 믿었을 것이다.

모토로라Motorola도 마찬가지이다. 코닥이 필름 카메라 시대의 최강자였던 것처럼 모토로라는 아날로그 통신 시장의 최강자로 군림했다. 하지만 휴대폰 시장이 디지털 통신으로 변화하는 것을 인정하지 않고 아날로그를 고집하다 추락하고 말았다. 한때 모토로라를 제압했던 노키아Nokia가 새롭게 등장한 스마트폰 패러다임에 적응하지 못해 애플과 삼성전자에 시장 지위를 내어준 것도 비슷한 사례라고 할 수 있다.

지금 우리나라에도 커다란 패러다임 전환의 바람이 불고 있다. 경제의 중심축이 어린이에서 고령자로 이동하고 있는 것이다. 통계청의 주민등록 인구를 살펴보면, 2000년부터 2010년까지 유아(0~4세) 인구는 323만 명에서 230만 명으로 93만 명이나 감소한 반면, 65세 이상 고령자는 285만 명에서 551만 명으로 크게 증가했다. 이런 추세는 앞으로도 계속될 것처럼 보인다.

이처럼 거센 바람이 불어올 때는 담장 뒤에 숨어 바람이 멎기를 기다리면 안 된다. 바람을 이용해 풍차를 돌려야 한다. 아무런 준비 없이 고령화

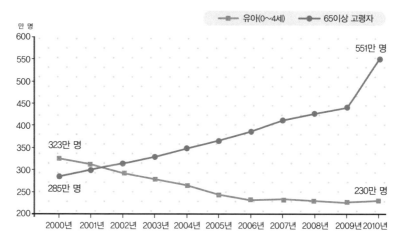

| 그림 3-20 | 유아 및 고령자인구 추이

만 명

323만 명

285만 명

551만 명

230만 명

유아(0~4세)   65이상 고령자

자료: 통계청 주민등록인구

시대를 맞으면 위기가 되겠지만, 준비된 자에게는 이러한 바람이 새로운 비즈니스의 기회가 될 것이다. 이럴 때일수록 코닥, 모토로라와 같은 기업은 반면교사로 삼고, 유니참과 야마하 같은 기업의 사례를 타산지석으로 삼아야 한다.

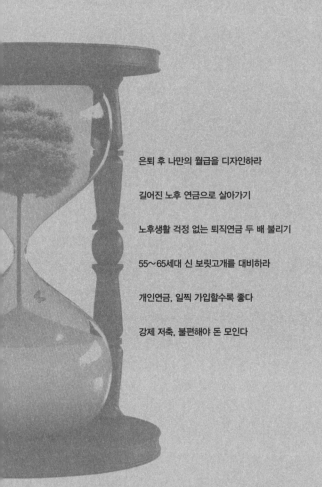

은퇴 후 나만의 월급을 디자인하라

길어진 노후 연금으로 살아가기

노후생활 걱정 없는 퇴직연금 두 배 불리기

55~65세대 신 보릿고개를 대비하라

개인연금, 일찍 가입할수록 좋다

강제 저축, 불편해야 돈 모인다

4장

길어진 인생,
노후자금 관리법

은퇴 후
나만의 월급을 디자인하라

20대 초반에는 좋은 대학에 들어간 사람이 부러움을 산다. 대학을 졸업한 뒤 30대까지는 좋은 직장에 취직해 연봉을 많이 받는 사람이 대접받고, 40~50대에는 자녀가 공부를 잘해 좋은 대학에 입학하면 친구들 앞에서 당당해진다. 그렇다면 60대 이후에는 어떤 사람이 친구들의 부러움을 살까?

직장을 떠난 은퇴자들 사이에선 꼬박꼬박 연금을 받는 사람이 제일 부럽다고들 한다. 하지만 친구들의 부러움을 살 만큼 연금을 많이 받는 사람이 과연 몇 명이나 될까? 일부 공무원이나 교사들을 제외하고 나면 대부분 국민연금만으로는 생활비를 대기에도 빠듯하다.

따라서 퇴직 후 30~40년 가까운 노후생활에 필요한 생활비를 마련하려면 국민연금과 함께 다양한 연금을 조합해 은퇴 후 필요한 소득을 디자인하지 않으면 안 된다.

흔히 노후준비라고 하면 은퇴 후 필요한 자금을 한 번에 목돈으로 준비해야 하는 것으로 생각한다. 이렇게 20~30년이 넘는 노후생활 기간 동안 쓸 돈을 은퇴 시점에 한꺼번에 필요한 것으로 계산하다 보니 노후자금으로 10억 원 내지 20억 원이 필요하다는 허무맹랑한 계산이 나오는 것이다. 이만한 돈을 은퇴 시점까지 준비할 수 있는 사람이 대한민국에서 과연 몇 명이나 될까? 일반인들에게는 꿈도 꾸지 못할 금액이다.

그렇다면 노후준비는 어떤 방식으로 하는 것이 좋을까? 가장 좋은 방법은 다양한 연금을 조합해 현역시절 월급처럼 다달이 수령할 수 있도록 설계해두는 것이다. 이를 위해서는 다음의 순서에 따라 노후생활비 마련 계획을 세우는 것이 좋다.

1단계: 적정한 생활비 규모 정하기

먼저 다달이 생활비로 얼마를 쓸 것인가부터 결정해야 한다. 사람마다 가치관과 생활 규모가 다르고 은퇴 후 희망하는 삶의 형태가 다르기 때문에 노후생활비로 얼마가 적정하다고 정할 수는 없다. 다만 각종 통계와 설문조사를 참조하면 생활비 마련 계획을 세우는 데 도움을 얻을 수 있다.

통계청이 2012년 2분기 가계지출을 분석한 자료에 따르면, 우리나라 60세 이상 고령가구는 월평균 206만 원을 지출하는 것으로 나타났다. 이

| 그림 4-1 | 거주 지역별 월평균 노후생활비

거주 지역	부부 적정 노후생활비	개인 적정 노후생활비
전체	187만 원	120만 원
서울	233만 원	151만 원
광역시	190만 원	122만 원
도 단위	170만 원	109만 원

자료: 국민연금공단

중 의식주 관련 비용이나 의료비와 같은 소비 관련 지출이 162만 원이고, 세금과 같은 비소비 지출이 44만 원이다.

적정 생활비 규모는 은퇴자가 어디에 거주하느냐에 따라서도 차이가 난다. 2009년 국민연금연구원은 2010~2011년 물가상승률을 감안해 적정 노후생활비(노후에 표준적인 생활을 하기 위해 필요한 생활비) 규모를 산출했다. 그 결과 특별한 질병이 없는 건강한 노년임을 전제로 하여 부부 생활비로 서울은 월 233만 원, 광역시는 190만 원, 도 단위는 170만 원이 필요했다. 이 같은 기초 자료를 바탕으로 은퇴 후 자신에게 적합한 노후생활비를 결정해본다.

2단계: 국민연금 조목조목 활용하기

이제 본격적으로 노후생활비 마련 대책을 세워야 한다. 우선 기댈 수 있는 건 국민연금이다. 국민연금의 가장 큰 장점은 가입자가 살아 있는 동안 평생 수령할 수 있을 뿐만 아니라 물가가 오르면 연금도 따라서 오르기 때문에 연금의 실질가치가 보존된다는 점이다. 뿐만 아니라 가입자가 사망한 다음에는 배우자에게 유족연금이 지급된다. 은퇴 후 받을 수 있는 국민연금은 국민연금공단 홈페이지(www.nps.or.kr)의 '내 연금 알아보기'에서 쉽게 조회할 수 있다. 국민연금공단 통계에 따르면, 2012년 8월 기준으로 20년 이상 국민연금에 가입한 사람들은 월평균 82만 원 남짓한 노령연금을 수령하는 것으로 나타났다.

부부가 맞벌이를 하는 경우에는 배우자가 국민연금 수급자격을 갖추고 있는지부터 확인해볼 필요가 있다. 가입기간이 최소 10년 이상이면 노령연금을 수령할 수 있다. 이전에 직장을 다닌 경험은 있으나 지금은 다니지 않는다면, '추납追納'을 통해 그동안 납부하지 않았던 보험료를 한꺼번에 납부하면 가입기간을 인정받을 수 있다.

예를 들어 과거 5년간 직장을 다니다가 실직을 해 이후 3년간 국민연금을 납부하지 않은 사람은 추납을 통해 미납한 보험료를 납부하면 가입기간이 8년이 된다. 따라서 2년만 더 국민연금 보험료를 납부하면 국민연금 수급자격을 얻게 된다. 추납 보험료는 분할해서 납부할 수 있는데, 대상 기간이 1년 미만인 경우 3회, 1년에서 5년 사이인 경우 12회, 5년 이상인 경우에는 24회에 걸쳐 납부할 수 있다.

배우자가 직장을 퇴직하면서 국민연금 보험료를 반환받은 경우에는 '반납返納' 제도를 활용하면 된다. 1999년 이전에 국민연금 가입 자격을 상실한 경우에는 이미 납부한 보험료를 반환 청구할 수 있었다.

반납제도는 예전에 수령했던 반환일시금에 이자를 더해 국민연금공단

| 그림 4-2 | 국민연금 소득대체율의 변화

구분	1988~1998년	1999~2007년	2008~2027년	2028년 이후
소득대체율	70%	60%	50% (매년 0.5%씩 감소)	40%

자료: 국민연금공단

에 납부함으로써, 국민연금 가입기간을 복원하는 방법이다. 반납제도를 활용하면 지금보다 소득대체율이 높았던 기간의 이력을 복원할 수 있기 때문에 가입자에게 유리하다. 따라서 1998년 이전에 퇴직하면서 이미 납입한 국민연금 보험료를 반환받은 경우 반납제도를 활용하면, 과거 소득대체율이 높았던 가입기간을 복원시킬 수 있기 때문에 더 많은 연금을 받을 수 있다.

남편이 혼자 버는 홑벌이 가구도 실망할 필요는 없다. 국민연금 임의가입제도를 활용하면 국민연금을 수령할 수 있기 때문이다. 이렇게 부부가 받는 국민연금을 합치면, 노후생활을 하는 데 필요한 기초생활비의 절반 정도는 마련할 수 있다(4장 '길어진 노후 연금으로 살아가기' 참조).

3단계: 주택연금 스마트하게 활용하기

주택을 어떻게 활용할지 결정한다. 준비해둔 노후자금이 넉넉하면 자녀에게 물려줄 수도 있지만 그렇지 않다면 주택연금을 활용하는 방법도 좋다. 주택연금은 부부가 모두 60세 이상일 경우 가입이 가능한데, 종신

| 그림 4-3 | 주택연금 가입 시 예상 연금 월 수령액(단위: 만 원)

구분	1억	2억	3억	4억	5억
60세	23	46	69	92	115
65세	28	55	83	110	138
70세	34	67	101	134	168
75세	41	83	124	166	207
80세	52	105	157	209	262

* 일반주택, 종신지급방식(2013년 2월 기준)
자료: 주택금융공사

지급 방식의 경우 감정가액이 1억 원인 주택을 담보로 맡겼을 때 60세 가입자는 매달 23만 원, 70세 가입자는 매달 34만 원의 연금을 받을 수 있다. 이때 가입자 연령은 부부 중 나이가 적은 사람을 기준으로 하고, 연금은 부부가 모두 사망할 때까지 수령할 수 있다.

주택금융공사에 따르면, 2011년 현재 주택연금 가입자의 평균연령은 73세, 가입자들이 담보로 맡긴 주택의 평균가격은 2억 7,300만 원, 이들이 매달 수령하는 연금은 평균 103만 원 정도 된다고 한다. 따라서 국민연금과 주택연금만 잘 조합해도 상당수 가구들이 기초적인 노후생활비를 해결할 수 있을 것이다(4장 '길어진 노후 연금으로 살아가기' 참조).

4단계: 소득 공백기에 대비하기

국민연금과 주택연금 등을 활용해 기초적인 생활비를 갖춘 뒤 고민해야 할 것은 직장을 퇴직한 다음부터 국민연금이나 주택연금을 수령할 때까지의 소득 공백기이다. 우리나라 직장인의 평균 퇴직연령은 55세 전후인데, 국민연금이나 주택연금은 60세가 넘어야 수령 가능하다.

따라서 직장을 퇴직한 다음 국민연금을 수령할 때까지의 소득 공백기에도 대비해야 하는데, 이때 활용할 수 있는 금융상품으로는 퇴직연금과 연금저축이 있다.

두 상품 모두 55세 이후부터 수령할 수 있기 때문에 소득 공백기를 메우기에 적합하다. 도저히 다른 수단이 없는 경우에는 국민연금을 당겨서 받는 '조기노령연금'을 신청하는 것도 하나의 방법이다(4장 '55~65세대신 보릿고개를 대비하라' 참조). 소득 공백기뿐만 아니라 본인이 사망한 다음 배우자가 혼자 살면서 맞게 될 소득 공백기에도 대비가 필요하다(2장 '남편보다 10년 더 사는 부인을 위한 최소 안전장치' 참조).

5단계: 생활비와 연금자산 비율 조정하기

앞서 설명한 것만으로 노후생활비를 충당할 수 없을 경우에는 우선 노후생활비 규모가 적절한지 다시 한 번 살펴봐야 한다. 만약 노후생활비를 과도하게 책정했거나 더 이상 생활비 재원을 마련할 수 없는 경우라면 생활 규모를 다운사이징하는 수밖에 없다(3장 '저렴하게, 그러나 폼 나게 써라', '노인들은 전원을 좋아한다?' 참조). 다행히 그동안 모아둔 목돈이 있다면 이를 활용해 현금흐름을 창출할 수 있다. 목돈을 맡겨두고 다달이 연금이나 분배금을 받을 수 있는 금융상품으로는 즉시연금과 월지급식 펀드가 있다.

즉시연금은 목돈을 한꺼번에 보험료로 낸 뒤 다음 달부터 일정액을 매달 연금으로 받는 상품이다. 즉시연금의 가장 큰 장점은 연금수령 방법이 다양하다는 점이다. 연금 종류는 크게 종신형, 상속형, 확정형 세 가지가 있다.

확정형은 일정 기간 동안 원금과 이자를 나눠 수령하는 방법이다. 연금 가입자가 일찍 사망하더라도 나머지 금액을 상속인에게 지급하기 때문에 손해 볼 일이 없다. 상속형은 원금은 그대로 두고 이자만 지급하는 방법이다. 만기가 되면 원금을 돌려준다. 종신형은 가입자가 살아 있는 동안 계속 연금을 수령하는 방법이다.

즉시연금은 금리연동 상품이기 때문에 금리변동에 따라 수령하는 연금이 달라지는데, 공시이율이 4.2퍼센트일 때를 기준으로 60세 남자가 상속형 즉시연금에 1억 원을 맡겼을 때 매달 28만 원을 수령할 수 있지만, 공시이율이 3.75퍼센트로 떨어지면 월 25만 원을 수령하게 된다.

| 그림 4-4 | 즉시연금 가입 시 예상 연금 월 수령액(단위: 만 원)

구분		공시이율 4.2퍼센트 가정 시	공시이율 3.75퍼센트 가정 시
종신형	10년 보증	43	40
	20년 보증	41	39
	100세 보증	36	34
상속형	20년 만기	28	25

* 60세 남자 가입자(2013년 1월 기준)
자료: 미래에셋생명

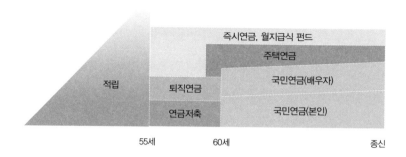

| 그림 4-5 | 개인맞춤형으로 은퇴 후 월급을 디자인하라

자료: 미래에셋은퇴연구소

이에 비해 월지급식 펀드는 실적배당 상품으로 투자성과에 따라 다달이 분배받는 금액이 달라진다. 투자 성과가 좋을 때는 즉시연금보다 훨씬 많은 분배금을 받을 수도 있지만, 투자 성과가 나쁠 때는 원금 손실 위험이 있으므로 주의해야 한다. 그리고 현재 국내에서 판매되고 있는 월지급식 펀드는 대부분 해외채권이나 주식에 투자하고 있기 때문에 환율변동에도 주의해야 한다(3장 '금융투자 IQ를 높여라' 참조).

이처럼 은퇴설계란 목돈을 한 번에 준비하는 것이 아니라 각종 연금을 조합해 은퇴 후 현금흐름을 창출하는 과정이다. 먼저 본인과 배우자가 가지고 있는 국민연금과 퇴직연금, 개인연금에서 어느 정도 현금흐름을 창출할 수 있는지 확인한 다음 부족한 경우 자신이 가지고 있는 금융자산과 부동산 중 얼마를 노후를 위해 내놓을지 결정해야 한다.

길어진 노후
연금으로 살아가기

연금에 대한 인식이 달라진다

'조삼모사朝三暮四'라는 고사성어가 있다. 사육사가 도토리를 '아침에 세 개, 저녁에 네 개' 주겠다고 하자 화를 내던 원숭이들이 '아침에 네 개, 저녁에 세 개' 주겠다고 했더니 기뻐했다는 이야기이다. '조삼모사'가 됐든 '조사모삼'이 됐든 간에 어차피 도토리를 일곱 개 받는 것은 똑같은데 말이다. 이처럼 결과는 같은데도 불구하고 당장 눈앞의 이익에 연연하는 사람에게 원숭이의 어리석음에 빗대어 조삼모사라는 말을 쓴다.

그런데 이 이야기에서 우리가 간과하지 말아야 할 것 중 하나는 사육사와 원숭이 사이의 대화가 일어난 시간이다. 분명 사육사가 아침 일찍 원숭이에게 물어봤기 때문에 이 같은 결과가 나왔을 것이다. 만약 사육사가 아침이 아니라 저녁 먹기 전에 가서 원숭이에게 '저녁에 네 개, 아침에 세 개'라고 물었더라면 결과는 어땠을까? 아마 당장 하나 더 받을 수 있다는 말에 솔깃해하지 않았을까? 결국 같은 제안인데도 원숭이들은 아침이냐 저녁이냐에 따라 제안을 수용할 수도 있고 그렇지 않을 수도 있다.

요즘 들어 사람들 사이에 연금에 대한 관심이 급증하는 것은 베이비붐 세대의 퇴직으로 우리 사회가 아침보다는 저녁에 가까워져 가고 있기 때문이다.

2011년 통계청이 발표한 장래인구 추이 자료를 분석해보면, 우리나라 50대가 전체 인구에서 차지하는 비중은 2000년에는 9.3퍼센트(437만 명)에 불과했지만 2010년에는 13.5퍼센트(668만 명)를 차지했다. 2020년 무렵에는 16.4퍼센트(844만 명)로 정점에 이를 것으로 보인다. 50대 인구 비중은 2020년 무렵 정점에 이른 다음 줄어들겠지만, 50세 이상 인구 비중은 계속해서 증가할 것이다.

2010년 50세 이상인 사람은 1,433만 명으로 전체 인구의 29퍼센트를 차지하고 있지만, 2020년에는 2,032만 명(39.5퍼센트), 2030년에는 2,485만 명(47.6퍼센트)을 차지할 것으로 보인다. 2030년이 되면 우리나라 사람 둘 중 한 명이 50세 이상인 셈이다. 50세 이상의 인구 증가는 연금에 대한 인식을 완전히 바꿔놓고 있다.

현재 경제활동을 하면서 월급을 받는 젊은이들 중에는 연금에 관심을 갖는 사람이 드물다. 자녀교육비에 생활비 대기에도 빠듯한데, 20~30년 뒤 노후를 대비하려고 이미 제 주머니에 들어온 돈을 다시 내놓는다는 게

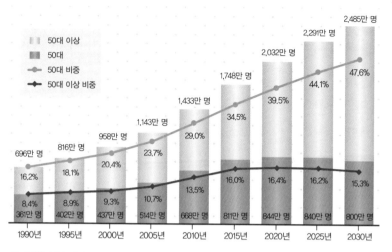

| 그림 4-6 | 빠른 속도로 증가하는 50세 이상 인구

- 50대 이상
- 50대
- 50대 비중
- 50대 이상 비중

1990년	1995년	2000년	2005년	2010년	2015년	2020년	2025년	2030년
696만 명	816만 명	958만 명	1,143만 명	1,433만 명	1,748만 명	2,032만 명	2,291만 명	2,485만 명
16.2%	18.1%	20.4%	23.7%	29.0%	34.5%	39.5%	44.1%	47.6%
8.4%	8.9%	9.3%	10.7%	13.5%	16.0%	16.4%	16.2%	15.3%
361만 명	402만 명	437만 명	514만 명	668만 명	811만 명	844만 명	840만 명	800만 명

자료: 통계청 장래인구 추계(2010년)

말처럼 쉽지만은 않다.

하지만 나이가 들어 정년이 가까워질수록 생각이 달라진다. 당장 퇴직하면 다달이 받던 월급도 함께 사라지게 되므로 이를 대신할 연금이 아쉬울 수밖에 없다. 최근 국민연금 임의가입과 주택연금 가입자 수가 급증하는 현상도 이와 무관하지 한다.

국민연금 임의가입자가 급증하는 이유

예비 은퇴자들의 절박함은 국민연금 임의가입자 수 증가폭에서 그대로 드러난다. 현재 국민연금은 교사와 공무원 등을 제외하고 소득이 있는 사람은 누구나 의무적으로 가입해야 하지만, 전업주부와 같이 소득활동에 종사하지 않는 사람은 그럴 필요가 없다. 하지만 본인이 희망하면 가입할 수 있다. 국민연금공단에 따르면, 국민연금 임의가입자 수는 2009년 말 3만 6,368명에 불과했으나 2011년 말에는 17만 1,134명으로 증가해 2년 만에 4.7배가 늘어났다.

국민연금공단에 따르면, 소득이 없는 사람들이 국민연금에 가입하기 위해 하루 평균 677명이 공단을 방문한다고 한다. 불과 몇 년 전만 해도 국민들의 불신으로 가득했던 국민연금을 제 발로 찾아가 가입하는 사람이 갑작스레 늘어난 까닭은 무엇일까? 그 이유는 임의가입자의 속성을 분석해보면 잘 알 수 있다.

국민연금 임의가입자를 성별로 분석해봤더니, 83퍼센트가 여성인 것

| 그림 4-7 | 급증하는 국민연금 임의가입자

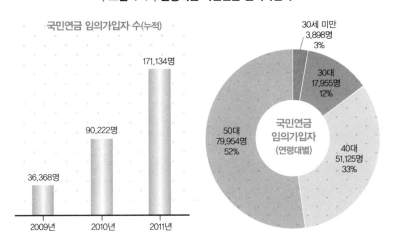

자료: 국민연금공단

으로 드러났다. 그리고 다시 연령대별로 분석해보니 50대 가입자가 52퍼센트나 됐다. 50대 여성을 주축으로 국민연금 임의가입 열풍이 불고 있다는 이야기이다. 이들이 국민연금을 찾는 이유는 그만큼 절박하기 때문이다. 최소 가입기간을 10년 이상 유지해야 국민연금을 수령할 수 있는데, 60세 이후에 연금을 수령하려면 50대가 마지노선이라고 할 수 있다.

다른 연금상품과 요모조모 따져봐도 국민연금만한 대안을 찾기 어려운 점도 임의가입자가 급증하는 이유 중 하나이다. 국민연금은 18세 이상 60세 미만인 사람이 본인이 희망하면 신청해 가입할 수 있는데, 가입 금액은 최소 월 8만 9,100원이고 최대 35만 100원이다. 예를 들어 임의가입자가 매달 8만 9,100원을 10년간 납입하면, 연금수급 연령에 도달한 다음부터 사망할 때까지 매달 16만 4,800원을 연금으로 받게 된다. 만약 20년간 납입하면 매달 31만 2,670원을 받게 된다.

얼른 계산해봐도 이미 납입한 보험료보다 훨씬 많은 액수를 수령하는 것을 알 수 있다. 아무리 눈을 씻고 찾아봐도 같은 금액을 투자해 이만한

| 그림 4-8 | 국민연금 임의가입 시 예상 연금 수령액

월 납입금액	월 수령액		
	10년 납입	15년 납입	20년 납입
89,100원	164,800원	240,440원	312,670원
158,400원	208,830원	304,690원	396,210원
207,000원	239,710원	349,750원	454,800원
350,100원	330,240원	482,020원	626,940원

* 각 연금액은 2012년 1월 가입한 것으로 가정
자료: 국민연금공단

수익을 얻는 금융상품은 찾기 어렵다. 이 같은 사실이 알려지면서 50대 주부들 사이에서는 국민연금이 '반드시 가져가야 할' 노후대비 상품이 됐다. 불과 몇 년 전만 해도 '비호감'이었던 국민연금이 이젠 대표적인 '호감' 상품으로 자리 잡은 것이다.

좋은 부모 콤플렉스부터 버려라

국민연금뿐만이 아니다. 고령자 수가 늘어나면서 주택연금 가입자 수도 빠른 속도로 늘어나고 있다. 주택연금이란 살고 있던 주택을 담보로 맡기고 죽을 때까지 매달 연금을 받는 일종의 '역모기지Reverse Mortgage' 제도다. 부부가 모두 60세 이상이고 9억 원 이하의 1주택 보유자면 가입이 가능하다.

주택연금이 국내에 도입된 것은 2007년 7월이다. 하지만 도입 당시부터 세간의 주목을 받은 것은 아니다. 신규 가입자는 2007년에는 515명, 2008년에는 695명에 불과했다. 그러던 것이 2009년부터 가입자가 급속히 늘기 시작했다. 신규 가입자 수는 2009년 1,124명에서 매년 1,000명 가까이 증가해 2012년에는 5,013명에 이르며 총 누적 가입자가 1만 2000명을 돌파했다.

주택연금 가입자가 빠른 속도로 늘어나는 데는 크게 두 가지 이유가 있다. 우선 첫 번째 이유로 주택가격 상승에 대한 기대가 꺾인 점을 들 수 있다. 주택연금에 처음 가입할 때 주택 감정가액을 기초로 연금액이 한 번

결정되고 나면 이후 주택가격 변동 여부에 관계없이 일정한 연금이 지급된다. 따라서 주택연금을 신청할 거라면 주택 가격이 더 떨어지기 전에 신청하는 것이 좋다.

주택연금에 가입한 다음 집값이 큰 폭으로 하락하거나 주택연금 가입자가 장수를 누릴 경우 주택 가격에 비해 연금부채가 더 많아질 수 있는데, 그렇다고 해도 상속인이 부족한 돈을 상환할 필요는 없다. 담보로 맡긴 주택 범위 내에서만 부채를 상환하면 된다. 반대로 집값이 오르거나 연금 가입자가 조기에 사망할 경우에는 연금부채 상환 후 상속인에게 남은 돈이 지급된다.

주택연금 가입자가 급증하는 또 다른 이유는 주택에 대한 기성세대들의 고정관념이 바뀌었다는 데 있다. 과거에는 주택이 자식에게 물려줘야

| 그림 4-9 | 주택연금 신규가입자 현황

자료: 주택금융공사

할 상속자산이었지만, 평균수명과 함께 노후기간이 덩달아 늘어나면서 이런 생각에 변화가 생기기 시작했다.

우리나라 가계자산의 80퍼센트 이상이 부동산이고 이 중 상당 부분이 현재 살고 있는 집이다. 따라서 거주 주택을 활용하지 않고서는 기나긴 노후를 버텨낼 재간이 없다. 이는 주택연금 가입자의 평균연령이 73세라는 점만 봐도 잘 알 수 있다.

우리나라 직장인의 퇴직연령은 보통 55세에서 60세 무렵이다. 퇴직한 다음 10여 년은 퇴직금과 현역시절 모아둔 현금으로 생활하거나 파트타임 일자리를 통해 번 돈으로 생활해야 한다. 하지만 일흔을 넘겨 모아둔 현금도 일자리도 사라지고 나면 살고 있는 집 한 채만 달랑 남게 된다.

집을 팔아 생활비를 마련하자니 살 곳이 마땅치 않다. 물론 큰 집을 팔아 작은 집으로 옮기거나 전세로 옮기면 남는 돈을 노후자금으로 쓸 수 있다. 하지만 최근 부동산 경기가 침체되면서 시세보다 훨씬 낮은 가격에 내놓지 않으면 집 팔기도 쉽지 않다. 그렇다고 전 재산인 집 한 채를 무작정 헐값으로 내놓을 수도 없다.

살던 집을 담보로 대출을 받는 방법도 생각해볼 수 있다. 하지만 생활비 대기도 벅찬데 매달 이자까지 내야 하니 부담스러울 수밖에 없다. 야금야금 대출을 받다 보면 금액도 점점 커지고 이자상환 부담도 갈수록 커질 수밖에 없다. 집 한 채밖에 없는 고령자 부부가 삶의 터전을 지키면서 생활비까지 충당하려면 주택연금 외에는 뾰족한 대안이 없는 것이다.

하지만 주택연금을 신청하는 데 가장 큰 걸림돌이 되는 것이 '자식들에게 집 한 채는 물려줘야지' 하는 생각이다. 주택금융공사 관계자 말에 따르면 주택연금을 신청하러 온 사람들이 가장 많이 하는 말 중 하나가 '자식들에게 미안하다'라는 말이라고 한다. 그러나 요즘 자식들 생각은 다르다. 수명이 늘어나면서 부모에게서 주택을 물려받는다는 생각을 하지 않는 사람들도 많다.

만약 부모가 아흔까지 산다고 가정해보자. 한 세대가 보통 30년 정도 된다고 하면 자녀들 나이가 대략 예순은 된다. 부모님이 돌아가시면서 살던 집을 물려준다고 해도 이미 환갑을 넘긴 상황이다. 차라리 자녀교육과 각종 생활비로 지출이 왕성한 40~50대에 부모가 주택연금을 받아 부양 부담을 덜어주는 게 훨씬 큰 도움이 될 것이다.

예전에는 자식들에게 모든 것을 베풀어주는 부모를 '좋은 부모'라 했다. 수명이 60~70세 전후일 때는 자식에게 모든 것을 주고 떠날 수 있었다. 하지만 100세 수명 시대가 되면서 사정이 달라졌다. 아무 소득 없이 지내야 하는 노년기가 길어지면, 이제 부모들은 자식에게 베풀었던 사랑을 돌려받기를 원한다. 하지만 자녀들 상황도 여의치 않다. 한창 자녀교육과 내 집 마련으로 바빠 부모까지 신경 쓸 여유가 없는 것이다.

따라서 100세 수명 시대에는 부모 봉양과 상속에 대한 생각을 재정립할 필요가 있다. 자식을 위해 무조건적으로 뒷바라지하고 나중에 자식에게 빚을 갚으라고 독촉하는 부모가 아니라, 스스로 노후를 책임질 줄 아는 부모가 '좋은 부모'이다. 그리고 부모에게 무조건적인 희생을 강요하기보다는 부모가 노후에 경제적으로 독립해 살 수 있도록 배려할 줄 아는 자녀가 '좋은 자녀'이다.

노후생활 걱정 없는
퇴직연금 두 배 불리기

　　직장인이 가진 금융자산 중 규모가 큰 것을 꼽으라면 퇴직금도 빠지지 않는다. 그런데 이상하게도 남의 돈처럼 무관심하게 다루게 된다. 퇴직금은 적금이나 펀드처럼 통장이 있는 것도 아니고, 노력한다고 남들보다 더 많이 받을 수 있는 것도 아니기 때문에 근로자들의 관심 밖에 있었다. 하지만 2005년 12월부터 퇴직연금제도가 도입되면서 상황이 달라졌다.

　　이제 근로자가 어떤 제도, 어떤 상품을 선택하느냐에 따라 퇴직할 때 받는 퇴직급여가 달라진다. 그리고 본인 계좌에 얼마의 자금이라도 적립할 수 있게 됐다. 이제 퇴직금은 회사 돈이 아니라 내 돈이라는 생각으로 운용해야 한다. 이제 퇴직연금제도의 선택에서 금융상품 운용까지 김부장과 박대리의 사례를 통해 알아보도록 하자.

김 부장(45세)과 박 대리(32세). 중견기업에 근무하는 두 사람은 회사에서 새로 도입하는 퇴직연금제도를 놓고 갑론을박 중이다. 회사에서 '확정급여형 Defined Benefit, DB'과 '확정기여형 Defined Contribution, DC' 퇴직연금을 동시에 도입한 다음 근로자별로 자기에게 적합한 제도를 선택하도록 했기 때문이다.

김 부장은 지금 퇴직금을 그대로 두는 것이 좋은데 군이 바꿔야 한다면 퇴직금과 유사한 DB형이 좋다고 생각한다. 반면 평소 주식투자에 관심이 많던 박 대리는 잘만 운용하면 더 많은 퇴직금을 받을 수 있기 때문에 DC형이 좋다고 생각한다. 누구의 생각이 옳을까?

DB형과 DC형, 무엇이 다른가

먼저 DB가 좋은지, DC가 좋은지 따지기 전에 두 제도의 차이점부터 살펴보도록 하자. DB형은 기존의 퇴직금과 마찬가지로 근로자가 퇴직할 때 수령하는 퇴직급여를 근무연수에 퇴직 직전 3개월간의 평균연수를 곱해 계산한다. 퇴직 직전 임금수준에 따라 퇴직급여가 달라지기 때문에 직장에 근무하는 기간 동안 '임금상승률'이 퇴직급여를 결정하는 데 중요한 역할을 한다.

이에 비해 DC형은 회사가 금융기관에 그해 급여의 12분의 1 이상을 적립해주면 근로자가 직접 이를 운용하는 제도이다. 따라서 근로자가 얼마나 잘 운용하느냐에 따라 미래 퇴직급여가 달라진다. DC형은 '투자수익률'이 퇴직급여를 결정하는 데 중요한 역할을 한다.

그렇다면 DB와 DC 중 어떤 제도를 선택하는 것이 근로자의 입장에서 유리할까? 일단 어떤 것을 선택해야 할지 판단이 안 선다면, 돈을 빌려주는 채권자 입장에서 생각해보면 좋을 듯하다. 우리나라는 기업주로 하여금 1년 이상 일한 근로자가 퇴직할 때 매 근무기간 1년마다 30일 분 이상의 평균임금에 해당하는 돈을 퇴직금으로 지급하도록 법으로 정하고 있다.

즉 회사가 근로자에게 퇴직금을 지불할 채무를 지고 있는 셈인데, 기업이 퇴직금을 부채로 회계 처리하는 것도 이 때문이다. 거꾸로 말하면 퇴직금은 근로자가 회사에 빌려준 돈이라고 볼 수 있다. 남에게 돈을 빌려주는 채권자 입장에서 최우선적으로 고려해야 할 것은 무엇일까? 높은 이자? 물론 중요하다. 하지만 그보다 더 중요한 것은 원금을 떼이지 않는 것이다.

퇴직금도 마찬가지이다. 원금을 떼이지 않기 위해서 만반의 준비를 해둘 필요가 있다. 자기가 다닌 회사가 망할 것이라고 생각하는 사람은 많지 않다. 하지만 일하던 직장이 파산해 근로자가 회사에서 받지 못한 체불 퇴직금이 2009년 말 기준으로 4,696억 원에 이른다. 이 때문에 별도의 보장장치를 마련해두어야 하는데, 그 대표적인 방법 중 하나가 퇴직연금이다.

퇴직연금을 도입하면 회사 내에 보관하던 퇴직금을 외부 금융기관에 예치시켜두기 때문에, 회사가 파산하더라도 근로자는 안전하게 퇴직금을 받을 수 있다. 하지만 퇴직연금제도의 종류에 따라 외부에 의무적으로 예치해야 하는 비율이 다르므로 꼼꼼히 살펴봐야 한다.

DC형은 매년 발생하는 퇴직급여 전부를 회사 밖 금융기관에 맡겨두고 있어 회사가 부도나더라도 근로자가 퇴직금을 받는 데는 문제가 없다. 반면 DB형을 도입한 회사는 회사가 부담해야 할 퇴직급여 중 60퍼센트, 2014년부터 70퍼센트, 2016년부터 80퍼센트 이상만 외부 금융기관에 적립하면 되기 때문에 회사에 문제가 생겼을 때 금융기관에 적립되어 있지 않은 나머지를 받지 못할 수도 있다.

따라서 김 부장처럼 DB형을 선택하면 기업이 파산할 경우 퇴직금을 완전히 받지 못할 수도 있다. 그러나 박 대리처럼 DC형을 선택한 근로자는 매달 발생한 퇴직급여를 자신의 계좌에서 직접 운용해야 하는 부담은 있지만 퇴직급여에 대한 수급권을 온전히 보장받을 수 있다.

다음으로 퇴직연금제도를 선택하기 전에 회사 내 임금상승률과 투자수익률을 비교해봐야 한다. DB형은 퇴직하기 직전 평균임금에 근무연수를 곱해 퇴직급여를 계산하기 때문에 임금상승률이 높은 기업에 근무하는 근로자에게 유리하다. 반대로 DC형은 매년 발생한 퇴직금을 근로자의 계좌에 입금해주므로 근로자가 이를 어떻게 운용하느냐에 따라 퇴직급여가 늘어나기도 하고 줄어들기도 한다. 즉 임금상승률이 정체되었거나 하락하는 사업장 근로자라면 DC형을 선택하는 것이 유리하다.

이때 같은 회사에 근무한다고 해서 모든 사람의 임금상승률이 같다고 보면 곤란하다. 임금상승률은 물가상승에 비례해 상승하는 경우와 승진이나 직책이 바뀔 때마다 오르는 경우로 나눠진다. 앞서 박 대리처럼 앞으로 과장, 차장, 부장으로 승진할 기회가 많은 젊은이들은 김 부장보다 장래 임금상승률이 높을 가능성이 크다. 입사 초기에는 임금상승률이 높았다가 정년에 가까워질수록 임금상승률이 떨어지게 되는 셈이다. 이런 경우 입사 초기에는 DB형을 선택했다가 나중에 DC형으로 변경하는 것이 좋다.

임금피크제를 도입하는 사업장도 마찬가지이다. 임금피크제란 회사가 근로자의 정년을 보장해주는 대신 일정 연령에 다다르면 그해부터 매년

| 그림 4-10 | DB형과 DC형의 선택기준

구분	확정급여형(DB형)	확정기여형(DC형)
장점	• 근로자가 퇴직금에 신경쓰지 않고 일에 전념할 수 있다. • 60% 이상 사외적립으로 회사부도나 파산 시 적립율만큼 안정성이 확보된다. • 기존 퇴직금제도처럼 이해하기가 쉽다.	• 근로자가 투자대상을 결정하여 수익증대를 노릴 수 있으며 다양한 투자가 가능하다. • 100% 사외적립으로 파산시 퇴직금 100% 보장이 가능하다. • 정해진 사유 내에서 중간정산이 가능하다. • 추가납입이 가능하고 추가납입분에 대해 소득공제혜택이 있다. • 투자소득의 과세이연 등 세제 혜택이 있다.
단점	• 회사부도나 파산 시 사외적립액 이외의 퇴직금액은 지급이 보장되지 않는다. • 중간정산이 불가능하다. • 추가납입제도가 없다.	• 투자손실 발생 시 퇴직금이 감소한다. • 투자관련 전문지식이 필요하다. • 전문금융인의 조언과 관리가 필요하다.
유리한 경우 (근로자)	• 임금상승률이 높은 회사의 근로자 • 승진기회가 많이 남은 근로자 • 투자에 대해 자산이 없는 근로자	• 임금인상이 둔화되는 고직급, 고연령근로자 • 임금이 낮아지는 임금피크제 근로자 • 투자성향이 강한 사람

자료: 미래에셋은퇴연구소

일정 비율로 임금을 삭감하는 제도이다. 따라서 임금피크 연령에 도달하는 해부터 DC형으로 전환해야 한다.

연봉제를 실시하는 회사나 업무 성과에 따라 급여 변동이 심할 경우에는 DB형보다는 DC형이 유리하다. DB형은 퇴직하는 해의 연봉에 따라 퇴직급여가 결정되기 때문에, 퇴직하는 해에 업무 성과가 좋아 연봉을 많이 받게 되면 퇴직금도 큰 폭으로 상승하지만 반대로 업무 성과가 나빠 연봉이 삭감되면 퇴직금도 큰 폭으로 줄어들게 된다. 즉 연봉에 따라 퇴직금도 요동을 치는 것이 DB형이 가진 문제이다. 반면 DC형은 매년 받는 연봉에 비례해 발생한 퇴직금이 자신의 계좌로 입금되어 운영되기 때문에 퇴직하는 해 실적이 나빠 연봉이 삭감된다고 해도 퇴직금이 줄어들지는 않는다.

예금으로 할까, 펀드로 할까

DC형을 선택한 근로자들은 퇴직금을 어떤 금융상품에 투자할지 직접 선택해야 한다. 금융상품은 크게 정기예금과 같은 원리금 보장 상품과 펀드나 변액보험과 같은 실적배당 상품으로 나뉜다. 정기예금은 원금이 보장되고 정해진 이자를 받을 수 있지만, 장기적으로 저금리가 지속되면 물가상승률을 쫓아가지 못해 인플레이션에 취약한 단점이 있다. 반면 펀드와 같은 실적배당 상품은 정기예금에 비해 높은 수익을 기대할 수 있지만, 단기적으로 주가 등락에 따라 손실을 볼 수도 있으므로 주의해야 한다.

우리나라는 주식형 펀드가 주류를 이루고 있어, 사람들은 펀드라고 하면 전부 주식에만 투자하는 줄 알고 있지만 반드시 그렇지는 않다. DC형 퇴직연금 펀드는 위험자산에 최대 40퍼센트까지 투자할 수 있도록 법률로 정하고 있어, 주식에 40퍼센트 이하로 투자하면서 나머지는 채권에 투자하는 혼합형 펀드가 주류를 이룬다. 물론 주식에 전혀 투자하지 않는 채권형 펀드도 있다. 펀드가 주식 등 위험자산에 얼마나 투자하고 있는지는 펀드 이름이나 투자설명서를 보면 알 수 있다.

그러면 원리금 보장상품과 실적배당 상품 중 어떤 상품을 선택하는 것이 좋을까? 금융상품을 선택할 때는 정년퇴직까지 남은 기간을 계산해봐야 한다. 당장 은퇴가 임박한 근로자라면 갑작스럽게 주가가 폭락할 경우를 대비해 주식 편입 비중을 줄이는 것이 바람직하다. 하지만 아직 퇴직까지 많은 시간이 남아 있다면 주식 등 위험자산 비중을 높여 물가상승률보다 높은 수익을 내도록 해야 한다.

DC형 퇴직연금은 매달 또는 정기적으로 발생한 퇴직급여를 근로자의 계좌에 적립해주는 것이 일반적이다. 하지만 처음 퇴직연금제도를 도입할 때는 이미 발생한 퇴직금을 한 번에 퇴직연금으로 전환해야 하므로 목돈을 투자하게 된다.

앞서 박 대리를 예를 들어보자. 만약 박 대리가 6년간 일하면서 이미 발생한 퇴직금이 2,400만 원이라고 가정해보자. 퇴직연금제도를 도입하면서 이 돈을 한꺼번에 펀드에 투자하자니 주가가 하락할까 겁이 나고, 예금에 넣어두자니 주가가 오르면 배가 아플 것 같다.

이럴 땐 정기예금과 펀드에 일정 비율로 나누어 투자하면 된다. DC형

| 그림 4-11 | 원리금 보장과 실적배당 상품의 선택 기준

구분	원리금보장(예금)	실적배당(펀드)
장점	낮은 변동성	장기적으로 높은 수익
단점	인플레이션에 취약	높은 변동성
활용	단기 투자	장기 투자

자료: 미래에셋은퇴연구소

을 선택한 근로자는 반드시 하나의 금융상품에 투자해야 하는 것이 아니라 몇 가지 금융상품을 선택한 다음 비율을 나누어 투자할 수 있기 때문이다.

목돈을 정기예금 등에 넣어둔 다음 매달 일정 금액을 꺼내 펀드를 사는 분할 매수도 좋은 방법이다. 다시 박 대리의 경우로 돌아가보자. 박 대리가 이미 발생한 퇴직금 2,400만 원을 정기예금에 넣어둔 다음 매달 100만 원씩 빼내 펀드를 매수하면 2년이면 정기예금에 있던 돈이 전부 펀드로 이동하게 된다. 이런 방식을 취하면 주가가 꼭지에 올랐을 때 펀드를 구입하는 우를 범하지 않을 수 있다.

매달 펀드를 나누어 매수하는 것이 번거롭다면 일부 금융기관에서는 제공하는 분할매수 시스템을 이용하면 된다. 아니면 퇴직연금 펀드 중에서 처음에는 채권에 투자했다가 매달 일정 비율로 주식투자 비중을 점차 늘려가는 분할매수 펀드를 이용하는 것도 좋은 방법이다.

퇴직금 일시금이 좋을까, 연금이 좋을까

퇴직금 수령에 대한 사람들의 관심도 높아지고 있다. 원래 퇴직금이란 근로자가 상당 기간 직장에서 일한 대가로 직장을 떠날 때 받는 일시금을 일컫는 말이었다. 하지만 2005년 12월 국내에 퇴직연금제도가 도입된 다음부터는 연금으로도 수령할 수 있게 됐다.

이후 퇴직을 앞둔 직장인들 사이에선 일시금과 연금 중 어떤 방법으로 퇴직금을 수령하는 게 좋은지에 대한 질문이 계속 이어져오고 있다. 한번에 목돈으로 받아 사업자금으로 쓸까 하다가도 혹시 잘못되면 어쩌나 하고 덜컥 겁이 나기도 하고, 그렇다고 노후생활비 명목으로 다달이 연금으로 나눠 받자니 성에 차지 않는 것이다.

일시금과 연금 중 어떤 것이 좋을까? 사람마다 처한 상황이 다르다 보니 딱히 뭐가 좋다고 단정하기는 어렵다.

하지만 당장 세금만 가지고 따진다면, 일시금보다는 연금으로 받는 게 유리하다. 예를 들어 한 직장에서 10년간 근무하고 퇴직금으로 1억 원을 받는다고 가정해보자. 이 돈을 일시에 받을 때와 연금으로 받을 때의 세금을 비교해보면 된다. 퇴직금을 한꺼번에 수령하면 퇴직소득세를 납부해야 하는데, 이 경우 퇴직자는 1억 원을 수령하면서 약 686만 원의 퇴직소득세를 납부해야 한다. 근속기간이 20년일 때는 퇴직소득세가 317만 원이 된다.

만약 이 사람이 퇴직금을 일시금이 아닌 연금으로 받으면 세금은 얼마나 될까? 1억 원을 15년간 나눠 수령하면 매년 약 900만 원을 수령할 수 있다. 이 경우 해마다 19만 원 남짓한 돈을 연금소득세로 납부해야 하는데, 15년간 납부하는 돈을 전부 합쳐도 채 300만 원이 안 된다. 퇴직금을 일시에 수령할 때보다 연금으로 수령하는 쪽이 훨씬 유리하다는 사실을 알 수 있다.

일단 퇴직금을 연금으로 수령하기로 마음먹었다면 '개인형퇴직연금 Individual Retirement Pension, IRP'에 가입해야 한다. IRP는 현재 퇴직연금 서비스를 제공하는 금융기관이라면 은행, 증권, 보험사 어디서든 가입할 수 있다. 이미 퇴직연금에 가입한 근로자의 경우 퇴직할 때 받는 퇴직금이 근로자가 지정해둔 IRP로 자동으로 이전된다. 이 경우 당장 퇴직소득세는 납부하지 않아도 되며, 이후 연금으로 수령할 때 연금소득세를 납부하면 된다.

| 그림 4-12 | 퇴직소득세와 연금소득세 비교

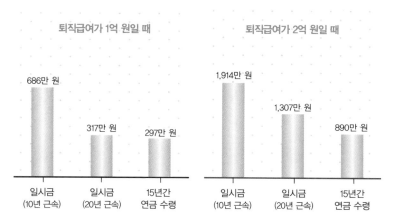

* 연금수령 기간 동안 퇴직급여는 연4퍼센트 수익률로 운용되는 것으로 가정
자료: 미래에셋은퇴연구소

퇴직연금에 가입하지 않은 근로자는 퇴직할 때 퇴직소득세를 납부하고 남은 돈을 한꺼번에 받게 된다. 이때 퇴직금을 수령한 날로부터 60일 이내에 이미 수령한 퇴직금을 IRP계좌에 다시 예치하면 이미 납부한 퇴직소득세를 돌려받을 수 있다. 최소가입금액에 대한 제한이 없어 부채 상환이나 자녀 결혼자금과 같이 불가피하게 자금을 써야 할 곳이 있다면 그 금액은 빼고 남은 퇴직금만 IRP 계좌에 적립해도 된다. 이때 적립된 금액에 비례해 이미 납부한 퇴직소득세를 돌려받을 수 있다.

연금수령은 55세부터 가능하다. 이때에도 다양한 금융상품이 제공되기 때문에 자신에게 맞는 것을 고르면 된다. 우선 퇴직금을 별다른 위험 없이 안전하게 운용하면서 연금을 받고 싶다면 연금보험상품을 선택하면 된다. 이때 연금수령 방법으로 '종신형'을 선택하면 가입자가 사망할 때까지 연금을 수령할 수 있다. 일부 투자위험을 감수하더라도 매달 더 많은 분배금을 수령하길 원하는 사람은 월지급식 펀드와 같은 투자상품에 투자하면 된다.

근로자의 노후설계, 기업이 나서야 할 때

퇴직연금을 제대로 관리하려면 퇴직연금 가입자를 대상으로 한 체계적인 자산관리 교육에도 신경을 써야 한다. 현행 퇴직연금제도의 근간이 되는 '근로자퇴직급여보장법'에서는 이와 관련해 퇴직연금 도입 사업장으로 하여금 연간 최소 1회 이상 가입자 교육 실시를 의무화하고 있다. 하지만 일부 사업장을 제외하고는 유명무실화된 경우가 많다.

퇴직연금제도가 도입된 지도 벌써 10년이 다 돼가고 있다. 2012년 8월 기준으로 퇴직연금 가입자는 400만 명을 넘어섰고 적립금도 55조 원에 육박하고 있다. 이제 양적 팽창도 중요하지만 질적 도약이 필요한 때이다.

즉 실질적으로 퇴직연금의 주인이라고 할 수 있는 근로자들이 제대로 적립금을 관리하고 노후생활비 재원으로 사용할 수 있도록 체계적인 교육 프로그램을 마련해야 한다. 퇴직연금과 관련된 교육은 아니지만 일본, 미국과 같은 선진국에서는 기업과 노조가 근로자의 자산관리 교육에 나서는 경우가 있어 이를 타산지석으로 삼을 만하다.

선진국에서는 노동조합이 조합원의 노후설계 교육을 지원해주는 사례를 드물지 않게 찾을 수 있다. 일본 굴지의 통신부품 업체인 세이코엡슨 Seiko Epson 노조가 대표적이다. 보통 노조라고 하면 임금협상과 노조원의 복지향상을 위해 투쟁하는 조직이라는 이미지가 강한데, 세이코엡슨의 노조는 조금 다르다.

조합원이 1만 2,000명 정도인 세이코엡슨 노조는 조합원들이 은퇴 후에 당황하지 않고 제2의 인생을 설계할 수 있도록 미리 교육을 시키는 일에 앞장서고 있다. 회사가 저성장 국면으로 접어들자 노조는 성과 없는 임금협상에 매달리기보다는, 제대로 된 재무교육을 통해 불필요한 가계지출을 줄이고 가계 자산운용의 효율을 높여 가처분소득을 늘리는 것이 효과적이라고 생각한 것이다. 마찬가지로 저성장 국면으로 접어든 우리나라에서도 생각해볼 만한 대목이다.

세이코엡슨 노조의 교육 내용은 매우 다채롭다. 노조 홈페이지를 통해 재무설계 칼럼을 연재하고, '부자계산기'라는 프로그램을 만들어 주택대출, 교육, 노후자금 등 필요자금을 계산할 수 있도록 했다. 은퇴 이후 느낄 상실감을 최소화하려는 정신교육과 제2의 인생을 사는 데 필요한 직업교육, 취미교육에도 공을 들인다. 무엇보다 노후의 주요 수입원이 될 퇴직연금 운용에 대해 꼼꼼히 교육한다. 또한 지부와 본부 단위로 매년 100회 가까운 세미나를 실시하는데, 연평균 2,000명이 참석하고 있다.

선진국 기업에서 종업원의 노후설계 지원이 기업 경영의 주요한 과제로 부각된 지는 오래이다. 기업이 불안한 노후를 걱정하는 근로자의 근심을 덜어주지 못한다면 근로의욕이 저하될 수밖에 없다. 이는 곧 생산성 저하로 이어진다.

선진국 기업들이 다양한 방식의 노후설계 교육을 통해 근로자의 노후생활을 지원하는 것도 이 때문이다. 대표적인 회사가 미국 최대의 목재회사 '와이어하우저Weyerhaeuser Company'이다. 이 회사는 1980년대부터 모든 종업원을 대상으로 재무설계와 생애설계 교육을 실시하고 있다.

와이어하우저의 노후설계 교육에는 몇 가지 특징이 있다.

첫째, 연령별·직급별로 차별화된 교육을 실시하고 있다는 점이다. 예를 들어 50대 이상 근로자에게는 2박 3일간의 은퇴교육프로그램을 통해 퇴직연금과 공적 연금 등을 활용한 노후자산 관리법을 알려준다. 이에 반해 30대 이하 젊은 신입사원들에게는 은퇴준비만을 주제로 하지 않고 주택마련, 월급관리, 부채 및 신용관리 등과 같은 내용을 담아 반나절 교육을 실시하고 있다.

둘째, 생애설계Life Planning에 기반한 자산관리 교육을 실시한다는 점이다. 맹목적인 돈 관리만 강조하는 것이 아니라, 먼저 자신의 인생 목표와 비전을 정한 다음 이를 달성하기 위해 자산관리 계획을 세우도록 하는 것이다.

셋째, 노후설계 교육을 배우자와 함께 받게 한다는 점이다. 노후와 관련된 의사결정은 배우자와 함께 해야 하기 때문이다. 와이어하우저의 노후설계 교육은 종업원뿐만 아니라 미국 내 다른 기업들로부터도 '따뜻한 배려가 담긴 교육'이라는 평가를 받고 있다. 그리고 근로자의 노후설계를 위해 기업이 직접 나섰다는 점에서 고령화 시대의 기업 역할에 대해 다시 한번 생각하게 해준다.

우리나라도 퇴직연금제도를 도입한 지 이제 10년이 다 되어가고, 베이비붐 세대의 대량 퇴직이 본격화되고 있다는 점에서 기업이 됐든 노조가 됐든 근로자의 퇴직연금과 자산관리교육에 신경을 쓰지 않으면 안 된다.

| 그림 4-13 | 와이어하우저의 연령별 은퇴교육 프로그램

30대 이하	50대 이하	50대 이상
반일 프로그램	1일 프로그램	2박 3일 프로그램
생애설계	생애설계	생애설계
기업복지 기업복지 최대 활용하기 퇴직연금 자산배분	기업복지 기업복지 최대 활용하기 퇴직연금 자산배분	기업복지 퇴직연금 등 은퇴 준비 관련 내용 중심
재무설계	재무설계	재무설계
돈 관리의 기초 신용 관리 미래를 위한 저축과 보험	저축과 소비 자녀 학자금 관리 개인연금	공적연금, 보험 은퇴 이후의 소득 은퇴자산관리법

자료: 미래에셋은퇴연구소

이 점에서 세이코엡슨과 와이어하우저의 사례를 타산지석으로 삼을 만하다. 정부 역시 이 같은 일이 원활하게 진행될 수 있도록 제도적 뒷받침에 나서야 할 것이다.

55~65세대
신 보릿고개를 대비하라

요즘은 '중년'이 대세이다. 최근엔 패션감각과 외모, 매너에 경제력까지 갖춘 중년 남성을 가리키는 '꽃중년'이라는 신조어까지 등장했다. 그런데 중년은 도대체 어떤 사람을 가리키는 말일까?

중년은 한자로 '中年', 영어로는 'Middle Age'라고 표현한다. 이런 표현들로 볼 때 '생의 한가운데' 또는 인생에서의 전성기를 뜻한다고 볼 수 있다. 하지만 실제로는 '청년과 노년 사이에 낀 애매모호한 시기'라는 의미로 사용되는 경우가 많다.

몇 살부터 중년에 해당하는가에 대한 해답은 우리 사회가 몇 살까지를 청년으로 보고 몇 살부터 노인으로 보는가에 달려 있다. 일반적으로 청년이라 하면 신체적으로 한창 성장기에 있는 20대를 일컫는다. 하지만 최근에는 젊은이들의 취업과 결혼연령이 늦어지면서 30대까지를 포함해 청년이라고 일컫는다.

실제로 2012년 5월, 서울시가 청년창업지원 희망자를 모집할 때도 신청 대상 연령을 20~39세로 정했다. 20대와 30대를 청년이라고 한다면, 중년을 규정하기 위해서는 몇 살부터 노인으로 보는가를 살펴보면 된다.

몇 살부터 중년일까

국가에서 통계를 작성할 때는 65세 이상을 노인으로 본다. 유엔 역시 고령사회를 정의할 때 65세를 기준으로 삼는다. 하지만 요즘 일반인이 생각하는 노인의 기준은 이보다 훨씬 높다. 2011년 한국보건사회연구원의 조사에 따르면, 국민 중 68.3퍼센트는 적어도 일흔은 넘어야 노인으로 생각하는 것으로 나타났다. 65세 이상 고령자 중 83.7퍼센트도 70세 이상이 돼야 자신을 노인으로 생각하는 것으로 나타났다.

실제로 일흔이 넘어서도 건강하게 활동하는 사람들이 꽤 있다. 한국인의 건강수명이 71.3세임을 고려할 때, 마흔부터 일흔에 이르는 광범위한 연령층을 '중년'이라고 할 수 있다.

하지만 정년퇴직 시기를 노년의 시작으로 보면, 중년에 해당하는 연령층은 다시 줄어든다. 우리나라에서 정년제도는 공무원이나 공기업에서는 비교적 잘 지켜지지만, 일반 기업에서는 여전히 그림의 떡인 경우가 많다. 그나마 정년퇴직제도가 있는 회사도 평균 퇴직연령은 55세에 못 미치고, 일단 퇴직을 하고 나면 특수한 경우를 제외하고는 좋은 일자리를 찾기가 무척 어려운 게 현실이다. 고령자고용촉진법에서 55세 이상을 고령자로 보는 것도 알고 보면 기업의 정년과 무관하지 않다고 봐야 한다. 따라서 소득활동 측면에서 볼 때 중년은 기껏해야 55세까지라고 할 수 있다.

이 같은 상황을 종합해보면, 일자리를 잃어 소득활동 측면에서는 이미 노인 취급을 받지만 육체적으로는 여전히 건강한 중년이 상당수 있을 것으로 보인다. 최근 세간에서 문제가 되고 있는 '노인 기준'에 대한 논의도 이 같은 입장에서 다시 검토해볼 필요가 있다.

일반적으로 노인 기준연령은 공적 연금의 개시연령과 관련이 있다. 현재 우리나라 국민연금의 개시연령은 노인 기준연령에 맞춰 조정 중이다. 2013년 현재는 수급자가 61세가 되면 수령할 수 있지만, 2013년부터 매 5년마다 1년씩 늦춰져 2033년부터는 65세부터 수령할 수 있게 된다. 기초노령연금과 장기요양보험의 경우 65세가 넘어야 혜택을 받을 수 있다.

만약 기업의 정년제도는 그대로 둔 채 노인 기준연령과 함께 연금개시 시기를 뒤로 미루면 정년퇴직 후 연금을 수령할 때까지의 소득공백기가 훨씬 길어지게 된다. 따라서 육체적으로 건강하다고 해서 노인 기준연령을 70세나 75세로 무턱대고 올리기 전에, 기업의 정년제도를 조정해 중년에게 일할 기회부터 줘야 할 것이다.

이 같은 개혁에 앞장서고 있는 나라 중 하나가 일본이다. 지난 1994년부터 이미 60세 정년을 법으로 의무화한 일본은 2006년 4월 관련법을 개정해 정년연장이나 계속고용제도 도입을 기업에 의무화하기로 했다. 이에 따라 일본 기업들은 '정년연장, 계속고용, 정년폐지' 중 하나를 의무적으로 선택하지 않으면 안 된다. 후생노동성에 따르면, 2011년 말 기준으로 벌써 31인 이상 기업의 96.6퍼센트가 세 가지 중 한 가지 제도를 도입한 것으로 나타났다.

프랑스도 2010년 연금개시 연령을 65세에서 67세로 2년간 미루는 연금개혁을 단행하면서, 동시에 정년을 60세에서 62세로 늦췄다. 이처럼 선진국에선 연금개시 연령과 기업의 정년제도가 함께 움직이고 있다. 정년퇴직부터 연금수령까지 발생하는 소득공백기를 더 이상은 확대하지 않겠다는 의도이다.

우리나라도 구체적인 중년 일자리 대책을 먼저 세우지 않은 채 노인 기준연령만 뒤로 미룬다면 부작용이 상당할 것으로 보인다. 예를 들어 노인 기준 연령에 맞춰 국민연금 수급개시 연령을 70세나 75세로 늦춘다고 해보자.

이렇게 되면 55세에 퇴직한 사람은 공적 연금을 수령할 때까지 짧게는 15년에서 길게는 20년을 기다려야 한다. 단순히 건강하게 살 수 있는 기간이 늘어났다고 해서 무턱대고 노인 기준연령을 높일 일만은 아니라는 게 이 때문이다.

정부에서는 일자리가 없어 고통받는 중년을 양산하지 않으려 무작정 노인 기준연령만 높일 게 아니라, 일자리와 연금까지 아우르는 종합적인 대책을 세워야 한다. 개인들도 정년퇴직부터 공적 연금을 수령할 때까지 소득공백을 메울 수 있는 별도의 준비를 해야 할 것이다.

55~65세대, 소득 공백기에 대비하라

정년퇴직은 인생에서 분기점이 된다. 직업인으로서 전반전을 마감한 다음 새로운 후반기 삶을 시작해야 하기 때문이다. 그런데 이 갈림길에는 반드시 통과해야 하는 '마魔의 기간'이 존재한다. 정년퇴직한 다음 국민연금을 수령하기까지 약 10년 가까운 시간이다.

55세부터 65세에 이르는 기간은 다음과 같은 일곱 가지 특징을 갖는다. 첫째, 정년은 맞았지만 국민연금은 수령하지 못하는 시기이다. 우리나라 직장인의 평균 퇴직연령은 55세이지만 국민연금을 수령하는 시기는 빨라야 60세이고, 1969년 이후에 출생한 사람은 65세가 되어야 수령할 수 있다.

둘째, 소득은 줄었지만 자녀 관련 지출은 여전한 시기이다. 산업사회로 들어서면서 결혼과 함께 출산이 늦춰져 자녀가 대학을 졸업하기 전에 정년을 맞는 사람이 늘고 있다. 물론 대학등록금 정도는 스스로 해결하라고 할 수도 있지만, 등록금이 자녀가 벌어서 해결할 수 있을 만큼 적은 금액이 아니다. 결국 대학등록금 부담은 부모에게 돌아오게 된다. 2010년 통계청의 사회조사통계에 따르면, 대학생의 등록금 마련 방법으로 부모와 가족이 70.5퍼센트로 가장 많았다.

최근 전세가격이 급등하면서 자녀 결혼비용도 문제이다. 결혼정보업체 '선우'에 따르면, 신혼부부의 평균 결혼비용이 1억 7,245만 원인데, 이중 1억 2,260만 원이 신혼집 마련에 사용된다고 한다. 그리고 신혼집 마련 비용 중 44.9퍼센트가 부모에게서 나온다고 한다. 아무 대책 없이 있다가는 이래저래 소중한 노후자금이 다 사라질 판이다.

셋째, 55~65세 기간은 부모부양의 부담이 여전히 남아 있는 시기이다. 보통 한 세대를 30년이라고 하면, 55~65세인 자녀의 부모 나이는 85~95세 정도 된다. 수명이 늘어나다 보니 여전히 부모님이 생존해 있는 경우가 많은 것이다. 한마디로 '노노부양老老扶養' 시대이다.

넷째, 자산부채 조정을 해야 하는 시기도 이때이다. 통계청이 2011년 발표한 가계금융조사 결과에 따르면, 50대 가구주의 평균 보유자산은 3억 9,558만 원으로 다른 연령대에 비해 가장 많았다. 그러나 부채 또한 9,682만 원으로 가장 많았다.

부채가 있지만 자산도 많기 때문에 별 문제가 없다고 생각할 수도 있지만, 이들이 보유한 자산 중 76.2퍼센트가 부동산이라는 게 문제이다. 부동산은 부채를 상환할 만큼 현금 유동성이 풍부하지 않다. 게다가 부동산 시장이 침체국면을 맞아 급락하게 되면 담보비율이 떨어지면서 상환 압력이 더욱 커질 것이다.

여기에 무엇보다 큰 문제는 원리금 상환에 대한 부담이다. 정년퇴직 후 연금 이외 별다른 소득이 없는 상황에서 대출 원리금까지 상환하려면 생활비 부담이 만만찮다.

다섯째, 55~65세는 '회사 중심'에서 '가정 중심'으로 거듭나는 나이이다. 우리나라 50대의 가족 형태는 남편은 밖에서 일하고 부인은 집에서 살림과 자녀교육을 책임지는 '샐러리맨 남편-전업주부 부인' 구도이다. 그런데 남편이 퇴직을 하면서 이 구도가 깨진다. 그동안은 직장생활에 전념하느라 가족과 대화하는 법도 잘 모른다. 또한 집을 주변으로 인간관계가 형성되어 있는 부인과 달리 남편의 인간관계는 회사를 중심으로 형성되어 있어 퇴직 후 시간을 함께할 친구를 찾기도 쉽지 않다. 부인 역시 마찬가지이다. 전통적으로 부인의 영역이던 가정에 남편이 침범해 들어오면서 사사건건 간섭을 하는 게 귀찮고 못마땅하다. 하지만 은퇴 후 가장 많은 시간을 함께하는 사람은 부부이다. 이 기간 동안 서로를 조율해갈 필요가 있다.

여섯째, 자산관리 방법이 '적립'에서 '인출'로 바뀌는 시기이다. 월급을 받던 시절에는 이를 모아 목돈을 만드는 것이 자산관리의 주된 방법이었다면, 은퇴한 다음에는 목돈을 맡겨두고 생활비를 빼 쓰는 것이 주된 자산관리 방법이다. 인출 전략을 세울 때 무엇보다 중요한 것은 죽을 때까지 노후자금이 부족하지 않아야 한다는 점이다.

마지막으로, 이 기간은 서서히 노화가 시작되면서 건강관리가 필요한 시기이다. 55년은 2만 일이 넘는 기간이다. 아무리 성능 좋은 기계라도 이 정도 시간을 가동하면 어디 한두 군데 고장이 나기 마련이다. 사람의 몸도 마찬가지이다. 큰 병치레가 없다 해도 특별히 관리를 하지 않으면 슬슬 아픈 곳이 생긴다.

더구나 퇴직한 후 정신적 스트레스와 우울증으로 인해 고통받는 사람도 적지 않다고 하니 건강관리에 각별히 신경을 써야 한다. 나이 드는 것을 막을 수는 없지만 잘만 준비하면 나이 들어서도 건강을 유지할 수 있다.

노년기 인생 디자인을 위한 터닝포인트

이와 같이 변화무쌍한 특징을 가진 이 기간은 어떤 의미에서는 100세 수명 시대의 터닝포인트라고 할 수 있다. 혹자는 이 시기를 보릿고개에 비유하기도 한다. 1950년대만 하더라도, 가을에 수확한 양식은 이미 바닥이 났는데 보리는 미처 여물지 않은 음력 4~5월 무렵이면 농가 식량 사정이 매우 어려워 이를 '보릿고개'라고 불렀다.

55~65세의 기간 또한 마찬가지이다. 정년퇴직을 하면서 월급봉투는 사라졌는데 국민연금을 받기까지는 아직 5~10년 정도 남아 있는 것이다. 그야말로 '신 보릿고개'인 셈이다. 이 시간을 제대로 준비한 사람은 활기찬 인생 후반전을 시작할 수 있지만, 그렇지 못하면 추락하는 삶을 살 수 있다.

그렇다면 이 시기를 어떻게 대비해야 할까? 정년퇴직을 했다고 당장 씀씀이가 줄어드는 것은 아니기 때문에, 사람들은 월급봉투를 대체할 것을 찾아 헤맨다. 그리고 이들 중 퇴직금 등 목돈을 동원해 창업에 나서는 경우가 부지기수이다. 창업자금이 부족하면 빚을 내기도 한다. 하지만 모든 사람이 성공하는 것은 아니다.

퇴직 후 자영업자로 전향한 사람 4명 중 1명이 음식점과 호프집 같은 생활밀접형 업종을 하기 때문에 경쟁이 치열하다. 경쟁이 치열하다 보니 음식점 창업자 중 60퍼센트가 1년 내 폐업을 하고 20퍼센트는 겨우 현상 유지만 한다고 한다. 성공 확률이 20퍼센트도 안 되는 셈이다. 이런 상황에서 퇴직금 등 노후자금을 전부 투자했다가 실패라도 한다면 순식간에 빈곤층으로 전락하게 된다.

따라서 이 시기에 일정한 현금흐름을 마련해두는 것이 좋다. 10년간 필요한 생활비 전액은 아니더라도 최소한의 생활비가 발생하도록 퇴직 전에 설계해둘 필요가 있다. 기본적인 생활비 문제가 해결되면 마음의 여유를 가지고 새로운 창업이나 재취업을 준비할 수 있기 때문에 그만큼 실패율을 줄일 수 있다.

가장 좋은 방법은 정년퇴직부터 국민연금을 수령하기까지 소득공백을 메울 별도의 자금을 마련해두는 것이다. 직장을 떠날 때 받은 퇴직금이나 퇴직연금을 활용하는 것도 좋은 방법이다. 퇴직연금의 경우 55세가 넘으면 수령할 수 있기 때문에 소득공백을 메우기에 제격이다. 직장에 다닐 때 연말에 소득공제를 받을 심산으로 연금저축에 가입해뒀다면 이를 확인하는 것도 좋은 방법이다. 연금저축 역시 퇴직연금과 마찬가지로 55세 이후부터 연금으로 수령할 수 있다.

한 번에 뛰어넘기 어려운 냇물에 드문드문 징검다리를 놓으면 수월히 건널 수 있다. 인생도 마찬가지이다. 본격적으로 노후에 진입하는 이 기간에 징검다리를 어떻게 놓느냐에 따라 인생 2막이 달라진다.

수령 방식에 따라 국민연금 수령액이 달라진다

소득공백기를 대비할 뾰족한 대안이 없을까? 국민연금 수령 전에 퇴직을 하는 근로자라면 '조기노령연금' 신청을 한 번쯤 고려해보는 게 좋다.

조기노령연금은 국민연금 가입기간이 10년 이상인 사람이 소득 있는 일에 종사하지 않는 경우, 본인의 희망에 따라 최대 5년간 연금을 당겨 받을수 있는 제도다. 최근 경기불황이 장기화되면서 조기노령연금 신청이 급증하고 있다.

국민연금공단이 밝힌 최근 5년간 조기노령연금 신청현황 자료에 따르면 2007년 2만 4,220명이던 조기노령연금 신청자 수가 올해 7월 말 기준으로 3만 9,527명으로 늘어났다. 이에 따라 조기노령연금 전체 수급자수도 2007년 12만 4,738명에서 매년 3만 명씩 늘어 올 7월 말에는 28만 3,443명으로 늘어났다. 전체 노령연금 수령자가 260만 명이라는 점을 감안하면 노령연금을 수령하는 사람 10명 중 1명이 조기노령연금 수령자인 셈이다.

이때 남들보다 빨리 연금을 받는 만큼 그에 상응하는 불이익을 감수해야 한다. 조기노령연금 신청자는 연금 수급시기를 1년씩 앞당길 때마다 연금 수령액이 6퍼센트씩 줄어든다. 따라서 연금수급 시기를 61세에서 56세로 5년 앞당기면, 원래 받을 수 있는 금액보다 30퍼센트 줄어든다. 61세부터 현재가치로 월 80만 원의 연금을 받을 수 있는 사람이 56세로 수급시기를 5년 당기면 연금이 월 56만 원으로 줄어드는 것이다. 이렇게 연금이 줄어드는 게 아깝긴 해도, 기댈 것이 국민연금밖에 없고 연금을 받을 때까지 아직 기간이 한참 남은 사람들에겐 다른 선택의 여지가 없다.

여기서 국민연금을 당겨서 일찍 받는 게 유리한지 아니면 정상적으로 수령하는 것이 유리한지 따져볼 필요가 있다. 예를 들어 노령연금을 5년 당겨 받으면 매달 받는 금액은 30퍼센트 줄어들어 손해이지만, 연금수령 기간이 5년 더 늘어난다는 장점도 있다. 어느 쪽이 더 큰 영향을 미칠까? 이해를 돕기 위해 A씨가 61세부터 정상적으로 연금을 수령했을 때와 56세부터 조기노령연금을 수령했을 때 평생 동안 수령한 누적 연금의 차이를 비교해보자. 이때 A씨가 정상적으로 61세부터 연금을 수령했다면 현재가치로 월 80만 원의 연금을 수령할 수 있고, 매년 수령하는 연금은 물가상승률(연 3.3퍼센트, 최근 3년 평균 소비자물가상승률)만큼 인상된다고 가정해보자.

결과는 아래의 그림에서 보듯, 68세가 될 때까지는 조기노령연금을 받았을 때의 누적 수령액이 많지만 69세를 넘어서면서부터는 정상적으로

|그림 4-14 | 노령연금을 정상 수령했을 때와 5년 조기 수령했을 때

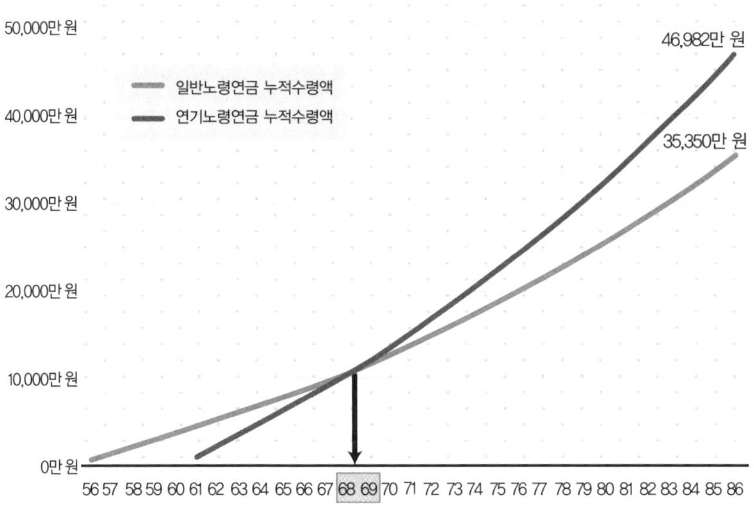

자료: 미래에셋은퇴연구소

연금을 수령했을 때의 누적 금액이 커진다. 그리고 누적 연금수령액 차이는 갈수록 커진다. 박씨가 86세까지만 산다고 해도 그 차이가 1억 1,581만 원이나 된다. 더 오래 살면 그 차이는 더 커진다. 생계가 막막해 어쩔 수 없는 경우가 아니라면, 조기노령연금을 신청하는 것보다는 다른 금융자산과 부동산을 활용해 소득 공백을 메울 대책을 세우는 게 낫다.

연금 수령시기, 늦출 수도 당길 수도 있다

반대로 국민연금 수급시기가 온 다음에도 굳이 생활비를 걱정하지 않아도 되는 사람은 국민연금 수령을 연기할 수 있다. 국민연금 수령연기제도는 61~65세인 연금수급권자가 연금받는 시기를 66세까지 미룰 수 있도록 하고 있다. 물론 연금수급 시기를 뒤로 늦춘 대신 나중에 더 많은 연금을 수령할 수 있다. 가산율은 처음 제도를 도입할 당시만 해도 연 6퍼센트였지만 2012년 상반기 7.2퍼센트로 조정했다.

예를 들어 올해 61세로 월 80만 원의 연금을 수령할 수 있는 사람이 65세까지 연금수령 시기를 연기하면 66세 때에는 80만 원에 가산금액 28만 8,000원(80만 원×7.2퍼센트×5년)을 더한 다음 여기에 물가상승률을 반영한 금액을 받게 된다. 물가가 연 3.35퍼센트 상승한다고 하면 첫해 연금은 월 128만 원이 된다.

그렇다면 연금수령 시기를 뒤로 미루는 게 은퇴자에게 과연 도움이 될까? 이를 위해 국민연금을 61세부터 수령한 경우와 수급시기를 5년 연기

| 그림 4-15 | 노령연금을 정상 수령했을 때와 5년 연기 수령했을 때

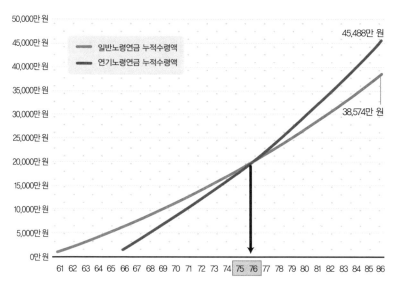

자료: 미래에셋은퇴연구소

해 66세부터 수령한 경우의 누적 연금수령액을 비교해보았다. 61세 시점의 국민연금 수령액은 월 80만 원으로 하고, 연금은 물가상승률을 반영해 매년 3.3퍼센트씩 오르는 것으로 가정했다.

결과는 위의 그림에서 보듯이, 75세가 될 때까지는 정상적으로 노령연금을 수령한 사람의 누적 연금수령액이 많지만, 76세를 넘어서면서 노령연금 수급시기를 66세로 연기한 사람의 누적 연금수령액이 커졌다. 그리고 연금 수령자가 86세까지 산다고 했을 때 누적연금의 차이는 6,913만 원이나 된다. 따라서 여유만 된다면 국민연금 수령시기를 뒤로 미루는 것도 좋다. 다만 이 같은 결정을 내릴 때는 건강상태와 예상수명을 충분히 고려해야 한다.

개인연금,
일찍 가입할수록 좋다

"노후준비 필요하죠, 하지만 연금가입은 아직 글쎄요."

누구나 필요성은 인정하지만 선뜻 행동하지 않는 것이 노후준비이다. 사람들이 연금상품을 탐탁하지 않게 여기는 이유는 연금이 가진 불확실성 때문이다. '과연 내가 낸 것만큼 나중에 돌려받을 수 있을까?' '일찍 죽으면 내가 낸 돈도 다 받지 못할 텐데' 하는 불안한 마음이 있기 때문에 연금의 가치를 깎아내리는 것이다. 하지만 장수사회가 도래하면서 사람들이 연금상품에 대해 갖고 있던 막연한 불신이 바뀌고 있다.

연금은 오래 사는 사람에게 유리한 게임이다. 평균수명이 길지 않았던 시절엔 연금을 싫어하는 게 당연하다. 누가 지는 게임에 승부를 걸겠는가? 연금에 대한 편견은 근대 연금의 기원과도 관련이 있다. 19세기 말인

1889년, 독일을 통일한 비스마르크Otto Eduard Leopold von Bismarck는 국민들이 당시 유행하던 사회주의에 이끌리지 않도록 하기 위한 유화정책으로 노령연금 제도를 도입했다.

이 연금은 근로자가 70세부터 수령할 수 있도록 만들어졌는데, 당시 독일 남성 근로자의 평균수명이 45세에 미치지 못했기 때문에 연금에 대한 불신이 팽배해 있었다. 한마디로 연금은 승산 없는 도박에 불과했다.

연금 수익률, 사과는 사과끼리 비교하라

하지만 평균수명이 늘어나면서 사정이 달라졌다. 오늘날과 같은 장수 추세대로 90~100세까지 산다면 60세부터 연금을 받기 시작해도 족히 30~40년 동안 연금을 수령하게 된다. 이처럼 장수사회의 도래는 연금의 승률을 높였다. 이제 연금은 더 이상 승산 없는 도박이 아니다.

일반적인 금융상품의 수익률은 자기가 투자한 돈에 대비해서 얼마만큼 수익을 얻었는가를 가지고 평가한다. 이러한 수익률 잣대를 연금상품에도 그대로 적용하는 사람이 많다. 유능한 금융기관 직원들조차도 연금상품의 수익률을 종종 이런 방식으로 계산하곤 한다. 이런 방식으로 비교하면 연금의 수익률이 좋을 리가 없다.

왜냐하면 연금상품은 가입 초기에 각종 수수료를 많이 떼기 때문이다. 하지만 이는 어디까지나 연금을 중도에 해지한다는 가정하에 받는 환급 금액을 투자원금과 비교해 수익률을 계산한 것이다. 하지만 연금의 원래 목적은 노후에 죽을 때까지 생활비를 수령하는 데 있다. 따라서 연금의 수익률은 단순히 투자금액 대비 환급금액이 얼마인가로 평가할 일이 아니라 연금 가입자가 얼마나 오래 사느냐로 판단해야 한다. '사과는 사과끼리 비교해라Apple to apple.'는 말이 있다. 연금을 적금이나 펀드와 비교하면서 수익률이 좋거나 나쁘다고 말하는 것은 사과와 배의 맛을 비교하는 것과 같다.

원래 연금상품은 개인이 가진 장수리스크를 보험회사로 이전하는 것이다. 보험회사가 개인들이 가진 장수위험을 넘겨받을 수 있는 것은 확률과 통계의 힘이다. 예를 들어 동전을 한 번 던지면 앞면이 나올지 뒷면이 나올지 알 수 없지만, 동전을 백 번 또는 천 번 던지면 앞면 또는 뒷면이 나올 확률은 거의 2분의 1에 가깝다.

인간의 수명도 마찬가지이다. 한 사람 한 사람이 몇 살까지 살 수 있는지 예측하기란 불가능하지만, 그 수가 늘어나서 10만 명 또는 100만 명이 되면 평균 몇 살까지 사는지 예측이 가능해진다. 이렇게 보험회사가 보험 가입자들의 성별과 나이에 따른 사망확률과 생존확률을 정확히 분석해 정리해둔 것을 '경험생명표'라고 부른다.

보험회사는 경험생명표의 평균수명에 기초해 보험 가입자로부터 연금 보험료를 얼마나 받아야 할지 결정한다. 이같이 평균수명에 기초해 연금 보험료를 걷어들이면, 설령 연금 가입자 중 몇몇이 오래 살아 자신이 낸 돈보다 많은 연금을 받아간다고 한들 일찍 죽은 사람이 낸 보험료로 메우면 된다.

경험생명표에 숨은 연금의 비밀

경험생명표에 기초해 보험료를 산정하면 정말 아무 문제도 없을까? 경험생명표는 보험개발원이 각 보험회사들로부터 기초 사망률 데이터를 받아 분석해 개발하고, 이를 기초로 보험회사는 연금상품을 만든다. 이때 문제는 과거 사망률 데이터를 기초로 작성한 경험생명표를 가지고 미래를 예측해야 한다는 점이다.

인간의 수명이 지금과 같은 속도로 늘어난다면 과거 데이터로 만든 경험생명표에서 예측한 것보다 사람들은 더 오래 살게 될 것이다. 이렇게 되면 보험회사는 보험 가입자로부터 걷어들인 보험료보다 더 많은 돈을 연금으로 지급해야 한다. 보험 가입자 입장에서 보면 자신들이 납부한 보험료보다 더 많은 연금을 받게 된다.

이러한 불합리한 점을 개선하기 위해 보험개발원은 경험생명표를 정기적으로 개정하고 있다. 과거에는 5년 단위로 경험생명표를 개정했지만, 수명 증가 속도가 빨라지면서 2006년부터는 3년마다 한 번씩 개정하고 있다.

그러면 경험생명표가 한 번씩 개정될 때마다 동일한 보험료를 납부했을 때 받는 연금이 얼마나 줄어들까? 30세 남자가 매달 100만 원씩 20년간 보험료를 납부하고 15년간 거치한 다음 65세 이후부터 죽을 때까지 연금을 수령한다고 가정해보자. 이때 적립금은 연 4.7퍼센트 수익률로 운용된다.

그림을 보면 알 수 있듯 1998년에 연금에 가입해 제5회 경험생명표를 적용받은 30세 남자는 65세부터 매년 5,740만 원의 연금을 받는다. 하지만 2009년 제6회 경험생명표가 적용될 때 연금에 가입한 30세 남자는 65세 이후 매년 4,393만 원의 연금을 받게 된다.

이들이 똑같은 보험료를 불입했음에도 불구하고 매년 수령하는 연금이 1,300만 원 이상 차이 나는 것은 왜일까? 1년에 1,300만 원이니 10년이면 1억 3,000만 원이나 차이가 나고, 20년이면 그 차이가 2억 6,000만 원이나 된다. 도대체 10년 남짓한 세월이 흐르는 동안 무슨 일이 일어났기에 이 같은 차이가 생기는 것일까?

| 그림 4-16 | 경험생명표 회차별 연금수령액

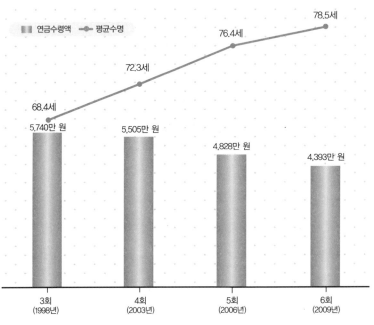

* 30세 남자, 월보험료 100만 원, 공시이율 4.7%, 연금개시 65세, 20년납 기준
자료: 보험개발원

경험생명표의 평균수명은 1998년 68.4세에서 2009년 78.5세로 10년 남짓 늘었다. 수명이 늘어난 만큼 보험회사는 더 오랜 기간 연금을 지급한다. 따라서 예전과 같은 연금을 지급하려면 보험료를 올려야겠지만, 그렇지 못할 경우 연금을 줄일 수밖에 없다.

보험회사 입장에서는 어쩔 수 없는 선택이다. 보험회사가 화수분이 아닌 만큼 가입자들에게서 받은 보험료보다 더 많은 연금을 지급하면 파산할 수밖에 없다. 그래서 정기적으로 경험생명표를 개정하고, 여기에 맞춰 동일한 보험료를 납부했을 때 지급하는 연금을 줄이는 것이다. 그런데 여기서 주목해야 할 것은 이미 연금보험에 가입한 사람들에게 지급하는 연금액까지 줄이지는 않는다는 것이다. 즉 1998년에 이미 보험에 가입한 사람은 경험생명표가 개정된다 하더라도 영향을 받지 않는다.

따라서 수명이 지금보다 더 늘어날 것이라고 믿는다면, 하루라도 빨리 연금에 가입하는 것이 좋다. 만약 연금 가입을 10년 뒤로 미룬다면, 그 사이 늘어난 수명을 반영해 경험생명표가 세 번 정도 개정될 것이고 그만큼 연금도 줄어들게 된다.

이렇게 보면 연금상품의 수익률은 단순히 납입한 보험료 대비 적립금이 얼마인지를 가지고 판단할 일이 아니라, 연금상품에 가입하고 난 다음 경험생명표가 몇 번이나 개정되고, 이로 인해 나중에 연금에 가입한 사람보다 얼마나 더 많은 연금을 받는지를 살펴봐야 한다.

연금보험은 제도적으로 계약자에게 유리

한번쯤 바구니에 든, 겉모양만 번지르르한 과일을 샀다가 손해를 본 경우가 있었을 것이다. 장사꾼들은 바구니 아래 깔려 있는 과일이 부실하다는 사실을 알고 있지만, 소비자들은 바구니 포장을 뜯기 전까지는 상태를 알 수 없다. 한 번이라도 과일바구니를 샀다가 낭패를 본 경험이 있는 구매자들은 과일바구니에 대한 불신이 생길 것이다.

신선하고 맛있는 과일이 담긴 바구니라고 해도, 소비자 입장에서는 의심할 수밖에 없다. 그리고 잘못 샀을 때 따르는 위험을 줄이기 위해 어떻게든 값을 깎으려고 할 것이다. 과일가게 주인도 어차피 손해보고 장사할 수는 없기 때문에 바구니 밑쪽에는 좀 부실한 과일을 담는다.

이처럼 판매자와 구매자 사이의 정보 비대칭성으로 인해 저급한 재화나 서비스가 거래되는 시장을 경제학에서는 '레몬시장'이라고 부른다. 레몬이 저급 재화와 서비스를 칭하는 말이 된 데는 이유가 있다. 인도 서부의 히말라야가 원산지인 레몬은 원래 가시가 있고 열매 모양도 예쁘지가 않아서 관상수로서는 인기가 없었다.

그런데 고기를 주식으로 하던 유럽인들이 특유의 누린내를 없애기 위한 향료들을 찾던 중 독특한 향내를 가진 레몬에 관심을 가지면서 빠른 속도로 보급됐다. 그러나 독특한 향에도 불구하고 레몬은 신맛이 강해서 비슷하게 생긴 오렌지처럼 먹을 수 없었기 때문에 과일로서는 인기를 누릴 수 없었다. 이런 이유 때문에 영어 문화권에서는 '레몬'이 저급 재화나 서비스를 지칭하는 단어로 쓰이고 있다.

1970년 미국 캘리포니아대학의 조지 애컬로프George Akerlof 교수는 〈레몬시장 이론Market for Lemons〉이라는 자신의 논문에서 정보의 비대칭성을 중고차시장을 예로 들어 설명했다.[52]

중고차는 새 차와 달리 그 품질이 천차만별이다. 차의 전 주인이 어떻게 차를 관리했는지, 혹은 그의 운전습관이 어떠했는지에 따라서도 품질이 달라진다. 평소에 엉망으로 관리했거나 사고 이력이 있는 자동차들도 중고차시장에 나올 때는 수리를 하고 깨끗한 상태로 나오기 때문에 일반인이 품질을 구별해내기 쉽지 않다. 따라서 소비자들은 겉만 번드르르한 중고차의 외형에 속아 넘어가기 십상이다.

반면 중고차를 파는 사람은 더 많은 정보를 가지고 있다. 만약 자신이 팔려고 하는 차가 사고 경험이 있든가 다른 결점이 있다면 이미 시장에서 형성된 가격이 만족스럽기 때문에 차를 팔려고 내놓을 것이다. 하지만 자신이 가진 차가 사고 경험도 없고 잘 관리된 차라면 시장에서 책정된 가격이 만족스럽지 않기 때문에 차를 팔려고 하지 않을 것이다.

이렇게 되면 중고차시장에는 질이 좋지 않은 차가 상대적으로 많아지게 되고, 이런 시장에서 구매를 하는 소비자는 거래를 통해 이익을 얻기 어렵게 된다.

오래 살면 종신형, 일찍 죽으면 확정형

중고차 구매자처럼 정보의 불균형으로 인해 불리한 의사결정을 하게 되는 것을 경제학에서는 '역선택adverse selection'이라고 한다. 역선택이란 계약이 이루어지기 전에 정보 부재로 불리한 거래를 하게 되는 상황을 말한다. 이 같은 일은 중고차시장뿐만 아니라 보험시장에서도 자주 나타난다.

보험계약은 보험 계약자가 청약하고 보험회사가 이를 승낙함으로써 성립되는 '낙성계약'이다. 생명보험회사에서 파는 종신보험을 예로 들어보자. 종신보험은 고객이 사망하면 보험금을 지급하는 상품이다. 때문에 보험회사는 가급적 질병이나 사고의 개연성이 적은 사람들이 보험에 가입하기를 바란다. 그래야만 고객들이 일찍 사망하지 않아서 보험금을 지급할 일이 줄어들기 때문이다. 그러나 건강하고 안전한 환경에 처해 있는 사람은 종신보험에 가입하려 하지 않을 것이다.

이 보험에 가입하려는 사람은 아마 멀지 않은 장래에 죽음이 예견되는 사람들일 가능성이 높다. 이들은 일종의 '레몬'인 셈이다. 그리고 이들은 자신들에게 불리한 정보는 가능하면 보험회사에 알리고 싶어 하지 않기 때문에, 보험회사 입장에서는 보험 청약자들의 건강상태에 대한 정확한 정보를 알기 어렵다. 아무런 제한 없이 종신보험을 시장에 판매하게 되면 보험회사가 원하는 건강하고 젊은 고객들보다 그렇지 않은 고객을 받아들이게 될 확률이 높다. 앞에서 얘기했듯 '역선택'이다.

보험회사는 이러한 역선택을 방지하기 위해 보험계약 전에 청약자에 대한 건강검진을 실시하고 보험가입 가능 여부를 심사하는데 이를 '언더라이팅Underwriting'이라고 한다. 검진 결과 건강상태가 좋지 않은 사람은 보험회사가 청약을 거절한다. 또한 나이가 많으면 사망확률이 높아진다는 점을 고려해 보험 가입조건에 나이 상한을 설정하기도 하고 보험에 가입한 다음 일정한 기간이 지난 다음에야 보험금을 지급하기도 한다.

대표적인 상품은 암보험이다. 암보험은 대부분 보험계약이 성립된 다음 90일 이후에 발생한 암에 대해서만 보험금을 지급하고 그 이전에 발생한 암에 대해서는 보험금을 지급하지 않는다. 이는 이미 암이 진행 중인 환자가 보험에 가입하는 것을 방지하기 위한 조항이다. 이밖에도 대부분의 생명보험 회사들은 가입자들이 고의적으로 질병을 숨긴 경우 보험금 지급을 무효화하는 조항을 두고 있다. 레몬을 걸러내기 위한 다양한 수단을 가지고 있는 것이다.

그런데 연금보험은 제도적으로 보험회사가 역선택을 할 수밖에 없도록 되어 있다. 연금보험은 보험계약을 할 때 어떤 방법으로 연금을 수령할지 선택하는 것이 아니라, 연금을 지급받는 시점에서 연금수령 방법을 선택할 수 있다.

예를 들어 30세 남자가 60세부터 연금을 수령하는 보험계약에 가입했다고 가정해보자. 이때 계약자는 연금수령 방법을 보험계약을 시작하는 30세에 결정하는 것이 아니라 연금을 개시하는 60세 시점에 자신의 건강 상태를 고려해 결정하면 된다.

연금을 개시하는 시점에 건강상태가 양호하거나 의학기술이 발달해 오래 살 가능성이 높아지면 '종신형 연금'을 선택하면 된다. 종신형은 보험 가입자가 살아 있는 한 연금을 계속해서 수령할 수 있기 때문에 오래 살면 살수록 이익이다.

반대로 건강상태가 좋지 않으면 '확정형 연금'을 선택하면 된다. 확정형 연금은 일정한 기간을 정해두고 원금과 이자를 나눠 수령하는 방식이다. 따라서 보험 가입자가 중도에 사망해도 남은 연금은 상속인에게 지급된다. 보험계약을 해지한 다음 적립금을 일시에 수령할 수도 있다.

이렇게 보면 보험회사는 건강한 사람들을 대상으로 더 오랫동안 연금을 지급해야 하는 역선택을 할 수밖에 없는 상황에 놓여 있는 셈이다. 이와 같이 보험 계약자가 연금을 개시할 때 연금지급 방식을 선택할 수 있는 권한을 갖는다는 것은 보험회사에게 재정적 어려움을 가져다줄지 모르지만 계약자 입장에서는 좋은 조건이다.

강제 저축,
불편해야 돈 모인다

스탠퍼드대학의 심리학자 월터 미셸Walter Mischel은 마시멜로 실험으로 유명하다. 1960년대 월터 미셸은 네 살배기 어린이들에게 달콤한 마시멜로 과자를 하나씩 나누어주며 자신이 돌아올 때까지 먹지 않고 참고 있으면 상으로 마시멜로를 하나 더 주겠다고 약속한 다음 자리를 떴다. 이 실험에서 아이들은 실험자가 돌아올 때까지 15분만 참으면 두 배의 이익을 얻을 수 있었다. 하지만 상당수 아이들은 이 짧은 시간을 참지 못해 수익률 100퍼센트의 기회를 놓치고 말았다.

물론 애들이니까 그렇겠지 하고 생각할 수도 있다. 하지만 애어른 할 것 없이 멀리 있는 큰 이익보다는 작더라도 바로 눈앞의 이익에 끌리기 마련이다. 이 같은 사실은 우리에게 《넛지Nudge》라는 책으로 잘 알려진

리처드 탈러Richard Thaler 교수의 '사과실험' 결과에서도 잘 드러난다. 탈러 교수는 실험 참가자에게 다음과 같은 제안을 하며 둘 중 하나를 선택하라고 했다.

- 1년 후 사과 1개를 받는다.
- 1년이 지난 바로 다음 날 사과 2개를 받는다.

이 제안에 대부분의 참가자들은 이익을 두 배로 키우기 위해 하루를 더 기다리겠다고 했다. 하지만 질문을 다음과 같이 바꿔 제안했더니 결과는 달라졌다.

- 오늘 사과 1개를 받는다.
- 내일 사과 2개를 받는다.

첫 번째 제안에서 "이왕 1년 기다리는 거 하루 더 기다리겠다"고 답한 사람 중 상당수가 두 번째 제안에서는 태도를 바꿔 "사과 1개를 손해 보더라도 당장 1개를 받겠다"고 했다. 하루만 참으면 사과 1개를 더 받을 수 있지만, 오늘 사과 1개가 내일 2개보다 낫다고 생각한 것이다.

지금 좋은 게 나중에도 좋을까

사람들이 노후준비를 외면하고 연금 가입을 꺼리는 것도 이 같은 욕구지연의 어려움과 관련 있다. 은퇴 후 평안한 삶을 누리려면 당장 더 많이 소비하려는 욕구를 억누른 채 미래를 위해 더 많은 저축을 해야 한다. 하지만 먼 미래를 위해 당장 손에 움켜쥔 권리를 포기하는 사람은 많지 않다.

이는 1992년 미국 국방부는 약 6만 5,000여 명의 장교와 사병들을 대상으로 준비한 감원 프로그램에서도 잘 드러난다. 당시 퇴직했던 장교와 사병들은 퇴직급여로 일시금과 연금 중 하나를 선택할 수 있었다. 만약 퇴직급여를 일시에 수령해 미국 국채에 투자했다면 약 7퍼센트의 수익을 올릴 수 있는 상황이었다. 반면 연금으로 수령할 때 예상수익률은 17~20퍼센트 정도였다.

연금이 일시금에 비해 세 배 가까이 수익률이 높은 셈이었다. 이 정도 차이가 나면 많은 군인들이 일시금보다는 연금을 선택했을 것이라고 짐작하겠지만 결과는 정반대였다. 퇴직한 장교들 중 52퍼센트와 사병들 중 92퍼센트가 수익률이 낮은데도 불구하고 일시금을 택했다. 이렇게 연금 대신 일시금을 선택함으로써 군인들이 입은 손실을 전부 합했더니 17억 달러나 되었다고 한다.

눈앞의 욕구를 참지 못해 미래의 더 큰 이익을 놓치는 것이 남의 얘기만은 아니다. 우리나라에 퇴직연금이 처음 도입된 것은 2005년 12월이다. 퇴직연금을 도입한 목적은 근로자들의 퇴직금을 노후생활비 재원으로 활용하고자 하는 데 있었다. 그래서 퇴직연금제도를 도입한 기업은 근로자들이 퇴직금을 중도에 찾아 쓰지 못하도록 퇴직금 중간정산을 하지 못하게 했다.

그런데 이러한 사실이 알려지자, 당장 돈이 필요하지 않은데도 불구하고 퇴직금을 중간정산하는 사람들이 도리어 늘어났다. 미래에셋투자연구소가 근로자들을 대상으로 중간정산 경험 여부를 조사한 바에 따르면, 2007년 조사에서는 퇴직연금 가입자 중 절반이 넘는 53.1퍼센트가 중간정산 경험이 있다고 답한 데 반해, 퇴직연금에 가입하지 않은 근로자들 중 중간정산 경험자는 26.1퍼센트에 불과했다. 이는 퇴직연금 도입 과정에서 퇴직금 중간정산을 실시한 근로자가 그만큼 많았다는 얘기다.[53]

근로자들 중 상당수는 당장 자금이 필요해서라기보다는 그냥 두면 필요할 때 찾아 쓰지 못할 수도 있다는 생각 때문에 퇴직금 중간정산을 신청하는 경우도 많았다. 아이러니하게도 근로자의 안정적인 노후생활비 재원을 마련하겠다는 취지로 도입한 퇴직연금제도가 중간정산의 빌미가 돼버린 셈이다.

노후준비, 의도적으로 외면하는 이유

노후준비가 중요하다고 하면서도 당장 눈앞의 욕구를 참지 못하는 이유는 뭘까? 이는 뇌의 작용과 관련이 있다. 무게 1,500g의 단백질 조직인 사람의 뇌는 1,000억 개의 신경세포가 온갖 정보를 처리하며 판단하고 기억한다. 하지만 모든 정보를 공평하게 대하진 않는다. 자신의 고정관념에 맞는 정보는 선뜻 수용한다. 이와 같은 처리방식이 편하기 때문이다.

하지만 설령 자신의 생명과 재산을 지키기 위해 꼭 필요한 일이라고 하더라도, 이를 위해 당장 눈앞의 달콤한 유혹을 참고 견뎌야 한다면 "나중에 하지" 하고 애써 외면해버린다. 《의도적으로 외면하기Willful Blindness》[54]의 저자 마거릿 헤퍼넌Margaret Heffernan은 "사람의 뇌는 자신의 생명과 안전을 지키기 위해 반드시 알아야 할 내용이라도 그것이 불편한 진실이라면 고의로 눈을 감아버린다"라고 했다.

노후준비를 위한 저축을 늦추는 것도 뇌의 '의도적 외면하기'가 작동하기 때문이다. 퇴직 후 평안한 생활을 즐기려면 저축은 필수이다. 버는 돈은 빠듯한데 노후를 위한 저축을 시작하려면 당장 생활비가 됐든 자녀교육비가 됐든 간에 지출을 줄여야 한다. 어느 것 하나 쉽지 않다. 이때 뇌는 노후를 대비하기 위해 소비를 줄이는 불편한 진실을 받아들이느라 골머리를 앓기보다는 당장 문제가 생기지 않는 한 '나중에 어떻게 되겠지' 하고 고의로 눈감아버리는 것이다.

하지만 불편하다고 언제까지 이를 외면할 순 없다. 시간은 계속 흐르고 먼 미래의 일로 미뤄뒀던 일들도 점점 눈앞에 닥친 일이 된다. 이미 마시멜로를 먹어버린 아이들 입장에서 15분이 지난 뒤 마시멜로를 하나 더 받는 아이들을 지켜보는 게 쉬운 일은 아닐 것이다.

1992년 퇴직금을 일시에 받아 진작에 탕진해버린 미국 국방부 병사는 나이가 들어 노후를 앞둔 지금 무슨 생각을 할까? '그때 연금을 선택할걸' 하고 후회를 하고 있을지도 모른다. 지금 당장 좋은 게 반드시 나중에도 좋다고 말할 순 없다. 가끔은 당장 불편한 게 나중을 위해선 좋을 때도 있다.

계획하는 자아, 행동하는 자아

장기적으로 바람직한 것보다는 당장 편안한 것에 안주하려는 행태를 리처드 탈러 교수는 '계획하는 자아'와 '행동하는 자아' 사이의 충돌로 설명한다.[55] '행동하는 자아'는 당장 원하는 것을 달라고 유혹하는 반면, '계획하는 자아'는 비용과 편익을 꼼꼼히 따져 당장의 욕구를 지연할지 말지 통제하는 역할을 수행한다.

자명종 시계를 예로 들어보자. '계획하는 자아'는 하루를 알차게 보내기 위해 아침 6시에 알람을 맞추게 하지만, '행동하는 자아'는 알람을 끄고 다시 잠자리에 들게 한다. 이처럼 '행동하는 자아'는 '계획하는 자아'가 잘 짜놓은 계획을 수시로 망친다.

'행동하는 자아'의 집요한 유혹을 뿌리치기 위해 '계획하는 자아'는 강제장치를 동원하기도 한다. 예를 들면 '행동하는 자아'가 무심코 자명종을 끄는 사태를 방지하기 위해 잠자리에 들기 전 자명종 시계를 일부러 멀리 떨어뜨려놓기도 한다. 그래도 불안하면 자명종 시계나 핸드폰의 스누즈snooze 기능을 활용하기도 한다. 스누즈란 알람이 울리고 나서 끄더라도 일정한 시간 뒤에 다시 울리도록 하는 기능이다. 예를 들어 스누즈 간격을 5분, 반복 횟수를 5회로 설정해두면 알람을 끄더라도 5분 간격으로 다섯 번 더 알람이 울리게 된다.

눈앞의 유혹을 뿌리치는 이러한 강제장치는 금융상품에 활용되기도 한다. 과거 미국에서 '크리스마스저축클럽'이라는 금융상품이 히트한 적이 있다. 사람들이 저축을 하다 보면 이런저런 사유로 중도에 해지하는 경우가 많은데, '크리스마스저축클럽'은 가입자로 하여금 1년 안에는 절대 해지하지 못하도록 한 것이다. 크리스마스저축클럽은 거의 이자가 없는데도 불구하고 수년 동안 널리 이용돼 수십억 달러의 투자액을 유치했다.

미국인들은 크리스마스 시즌이 되면 선물을 사느라 목돈을 필요로 하는데, 이때 필요한 자금을 마련하기 위해 크리스마스저축클럽에 가입하는 것이다. 중도에 찾아 쓸 수 없다는 게 오히려 자기통제가 어려운 사람들에게는 매력적으로 다가온 것이다.

강제 저축으로 노후자금 마련하기

노후생활비를 마련하는데도 강제장치를 활용할 필요가 있다. 평안한 노후를 맞으려면 소비를 줄이고 저축을 늘려야 하는데, 인간의 뇌는 이같이 불편한 진실을 받아들이려 하지 않기 때문이다. 설령 우리 몸속의 '계획하는 자아'가 열심히 주판알을 튕기며 '무조건 저축'하라는 명령을 내려도, '행동하는 자아'가 이를 가만히 두지 않는다.

노후 관련 설문조사 결과를 살펴보면 '노후가 걱정되느냐'는 질문에 대부분 '그렇다'고 답하면서도 '노후준비를 하고 있느냐'고 물어보면 '그렇지 못하다'며 고개를 숙이는 것도 이 때문이다. 따라서 '행동하는 자아'의 방해를 이겨내고 노후자금 마련을 위한 저축에 성공하려면 강제저축이 필요하다.

대표적인 강제저축 중 하나가 바로 국민연금이다. 현재 미성년자, 전업주부, 18~26세 학생, 기초생활수급자 등을 제외하고 소득이 있는 사람이면 원하든 원하지 않든 국민연금에 의무적으로 가입해야 한다. 중도에 찾아 쓸 수 있는 것도 아니다. 사망하거나 국외로 이주하지 않는 한 61세가 넘어야 수령할 수 있다.

1988년 처음 국민연금제도가 국내에 도입될 당시만 해도 강제저축 성격을 띤 국민연금을 두고 볼멘소리를 하는 사람이 많았다. 하지만 20여 년이 지난 지금은 사정이 많이 달라졌다.

통계청이 베이비붐 세대를 대상으로 조사한 바에 따르면 '노후준비를 하고 있다'고 답한 사람들 중 38.5퍼센트가 주된 노후준비 수단으로 '국민연금'을 꼽았다. 젊은 시절 월급에서 강제로 연금을 떼어갈 때만 해도 불평하던 사람들도 막상 정년에 임박해서는 그나마 국민연금이라도 있어 다행이라며 가슴을 쓸어내리는 것이다.

퇴직연금도 대표적인 노후대비 강제저축 상품 중 하나이다. 일단 퇴직연금에 가입하면 법에서 정한 특별한 사유가 없는 이상 퇴직금을 중도에 찾아 쓸 수 없다. 법에서는 무주택자인 가입자가 주택을 구입하는 경우, 가입자 또는 그 부양가족이 6개월 이상 요양을 하는 경우, 가입자가 파산 선고를 받거나 천재지변을 당한 경우 등 아주 긴박한 사항에만 예외적으로 퇴직연금을 중도에 찾아 쓸 수 있도록 하고 있다.

뿐만 아니라 퇴직연금 가입자는 중도에 직장을 옮길 경우에도 퇴직금을 바로 현금으로 수령하지 못한다. 퇴직연금 가입자가 55세 이전에 직장에서 퇴직하게 되면 그때까지 적립된 퇴직연금은 '개인형퇴직연금'으로 강제 이전된다.

물론 퇴직자가 원할 경우 IRP를 해지하고 퇴직금을 찾아 쓸 수는 있지만, 가능하면 근로자들이 퇴직금을 찾아 쓰기 번거롭게 해서 노후생활비 재원으로 활용하도록 한 것이다. 실제 네 살배기 아이들을 대상으로 한 마시멜로 실험에서도 마시멜로 위에 종이를 한 장 덮어두자 그 유혹을 떨쳐버리는 아이들이 늘어났다고 한다.

당장 버는 게 많지 않아 노후대비 저축까지 할 여유가 없는 사람도 있다. 이럴 때는 적은 금액으로 저축을 시작한 다음 급여가 올라갈 때마다 저축액을 늘려가면 된다. 리처드 탈러 교수는 이러한 점진적 저축 증액 프로그램을 퇴직연금의 일종인 '401k(미국의 확정기여형 기업연금)'에 도입했다.

그는 많은 근로자가 당장 생활비가 줄어들기 때문에 퇴직 계좌에 저축하기를 꺼려한다는 사실을 알고, 당장은 적은 금액으로 저축을 시작하더라도 급여가 올라갈 때마다 저축액을 늘려가도록 권했다. 급여가 늘어나는 것에 비례해 저축을 늘리는 것이기 때문에 생활비가 크게 줄지 않고, 지금 당장 저축을 많이 해야 하는 것이 아니라 점점 저축액을 늘려가겠다고 약속하는 것이기 때문에 근로자의 참여를 유도하기 쉬웠다.

작은 생각의 차이는 큰 변화를 가져왔다. 이 제도를 통해 퇴직연금에 한 번도 돈을 불입한 적이 없던 근로자가 처음부터 퇴직연금에 불입한 근로자와 거의 같은 저축률로 퇴직연금을 모으게 된 것이다. 물론 이런 증액 방식의 저축이 성공하려면 저축액을 자동으로 늘려주는 강제장치가 있어야 한다.

그냥 내버려둬서는 스스로 저축을 늘릴 사람이 많지 않기 때문이다. 여기에 가장 적합한 저축 방법이 퇴직연금이다. 퇴직연금은 매년 근로자가 받는 급여에 비례해 퇴직금을 적립하기 때문에 급여가 올라가면 저축액도 자동으로 늘어난다.

2001년 우리나라에 도입된 연금저축도 강제저축의 성격을 띤 대표적인 금융상품 중 하나이다. 근로자와 자영업자에게 대표적인 소득공제 상품으로 잘 알려져 있는 연금저축 상품은 저축금액에 대해 연간 400만 원 한도로 소득공제 혜택을 받을 수 있다.

예를 들어 연봉이 4,000만 원 정도 되는 근로자가 1년간 400만 원을 저축하면 연말정산 때 최대 66만 원을 돌려받게 된다. 우리나라 소득세는 누진세율을 적용하기 때문에 소득이 늘어나면 연말정산 때 돌려받는 금액도 커진다. 하지만 연금저축이 소득공제와 같은 당근만 주는 게 아니라 중도에 찾아 쓰지 못하도록 채찍을 가하기도 한다.

일단 연금저축에 가입한 사람은 적립한 돈을 55세 이후에 연금으로만 수령할 수 있다. 만약 중도에 해약하거나 55세 이후라도 연금이 아닌 일시금으로 수령할 경우에는 그동안 공제받았던 금액에 대한 기타소득세 (주민세 포함 22퍼센트)를 납부해야 한다. 이렇게 중도 해지에 따른 불이익 크기 때문에 불편하게 생각할 수도 있지만, 생각을 조금만 바꾸면 이런 불편함 때문에 노후에 쓸 목돈이 마련되는 것이다.

은퇴 후 20~30년 가까운 노후생활에 필요한 자금을 마련하는 건 한두 해 노력해서 될 일이 아니다. 처음 저축을 시작할 때 아무리 굳건한 결심을 한다 해도 시간이 지나다 보면 여러 가지 유혹에 시달리게 된다. 이 같은 유혹을 떨쳐내려면 중도에 해약했을 때 커다란 불이익이 있는 장기금융상품을 선택하는 것이 바람직하다.

국민연금, 퇴직연금, 연금저축과 같은 강제저축 수단을 잘만 활용하면 은퇴를 향해 가는 길에 놓인 수많은 유혹을 떨쳐내고 노후자금을 마련하는 데 든든한 버팀목 역할을 해줄 것이다. 살다 보면 당장은 불편한 일이 나중에는 큰 도움이 될 때가 많다.

1장 우리는 생각보다 오래 산다

1   히노하라 시게아키, 《100세 현역의사의 스트레스 내려놓기 연습いのちの絆》, 예인, 2011, 7쪽.

2   시바타 도요, 《약해지지 마〈じけないで》, 지식여행, 2010.

3   니혼게이자이신문, 《인구가 세계를 바꾼다人口が える世界》, 가나북스, 2008, 173쪽

4   강성원, 〈저출산 극복을 위한 긴급제언〉, 삼성경제연구소, 2010, 2쪽.

5   이현승 · 김현진, 〈늙어가는 대한민국-저출산 고령화의 시한폭탄〉, 삼성경제연구소, 2003, 5쪽.

6   통계청, 〈베이비부머 및 에코세대의 인구사회적 특성분석〉, 2012, 1쪽.

7   국민연금공단, 〈베이비부머 노후준비의 표준인은?〉, 2011.

8   피터 드러커, 《21세기 지식경영Management challenges for the 21st century》, 한국경제신문사, 1999, 236~246쪽.

9   박영숙 외, 《유엔미래보고서》, 교보문고, 2010, 169~170쪽.

10 베르나드 스피츠, 《세대 간의 전쟁 Le papy-krach》, 경연사, 2009, 25쪽.

11 조윤제 · 박창귀 · 강종구, 〈한국의 경제성과 사회지표의 변화〉, 한국은행경제연구원,

2012, 13쪽.

12 야마다 마사히로,《희망격차사회 希望格差社會》, 아침, 2010, 7~9쪽.

13 로버트 라이시,《위기는 왜 반복되는가 After shock》, 김영사, 2011, 9~14쪽

2장 새로운 가족, 새로운 행복 찾기

14 서울시,〈통계로 본 서울의 가족구조〉, 2012.

15 야마다 마사히로,《패러사이트싱글의 시대 パラサイト・シングルの時代》, 성신여자대학교 출판부, 2004.

16 〈家族同居が 幸せは 大ウソ〉, Asahi Shimbun Weekly AREA, 2010. 8, pp12~15.

17 여성가족부 가족정책과,〈2010년 제2차 가족실태조사〉, 여성가족부, 2010, 165쪽.

18 노무라종합연구소 기술조사실,《2015 일본 대예측 2015年の日本》, 매일경제신문사, 2009, 49~64쪽.

19 통계청,〈2010 인구주택총조사(여성, 아동, 고령자, 활동제약, 사회활동 부문)〉, 2011.

20 김영철,〈미혼율의 상승과 초저출산에 대한 대응방향〉, KDI FOCUS, 2011, 3쪽.

21 댄 킨들런,《알파걸 Alpha Girls》, 미래의 창, 2007.

22 통계청,〈맞벌이 가구 및 경력단절여성 통계집계 결과〉, 2011.

23 이지선,〈한국맞벌이, 가사노동시간이 부족하다〉, LG Business Insight, 2012, 25쪽.

24 엘리자베스 워런·아멜리아 워런 티아기,《맞벌이의 함정 The Two-income Trap》, 필맥, 2004, 36~53쪽.

25 통계청,〈맞벌이 가구 및 경력단절여성 통계집계 결과〉, 2011.

26 통계청,〈100세 이상 고령자조사 집계 결과〉, 2011.

27 통계청,〈2011년 출생통계〉, 2012.

28 NHK 無緣社會 プロジェト 取材班,〈無緣社會: 無緣死 三万二千人の衝擊〉, 文藝春秋, 2010.11.

29 일본내각부,〈2010년판 일본고령사회백서〉, 2011, 68~69쪽.

30 요시다 타이치,《유품정리인은 보았다 遺品整理屋は見た!》, 황금부엉이, 2009.

31 사마다 히로미,《사람은 홀로 죽는다 人はひとりで死ぬ》, 미래의창, 2011, 163쪽.

32 보건복지부 보도자료,〈독거노인, 더 이상 혼자가 아닙니다〉, 2012.

33   NHK 무연사회프로젝트팀,《무연사회無緣社會》, 용오름, 2012, 283~284쪽.

3장   감속 시대, 은퇴 경제학

34   오마에 겐이치,《부의 위기ロウア-ミドルの衝擊》, 국일출판사, 2006, 93~97쪽.

35   김종대, 〈스마트 컨슈머가 이끄는 특별한 소비트렌드〉, LG Business Insight, 2012, 26~32쪽.

36   리사 갠스키,《메시The Mesh》, 21세기북스, 2011, 34쪽.

37   레이첼 보츠먼·루 로저스,《위제너레이션What's mine is yours》, 모멘텀, 2011, 154~157쪽.

38   제러미 리프킨,《소유의 종말The Age of Access》, 민음사, 34쪽.

39   엘우드 채프먼·매리언 헤인스,《컴포트 존Comfort zones》, 피플앤비즈니스, 2007.

40   강창희,《당당한 인생 후반 30년을 결정하는 자산관리 원칙》, 팜파스, 2007, 25쪽.

41   통계청 보도자료, 〈2012년 고령자통계〉, 2012, 11쪽.

42   한국갤럽조사연구소, 〈2011년 주거공간 소비자조사〉, 피데스개발, 2011.

43   국민건강보험공단, 〈2011년 건강보험진료비 46조2천억, 10년간 2.5배 증가〉, 건강보험정책연구원 보도자료, 2012.

44   아리요시 사와코,《꿈꾸는 사람恍惚の人》, 지훈출판사, 2006.

45   김동선,《야마토마치에서 만난 노인들》, 궁리, 2004.

46   켄 피셔,《켄 피셔, 투자의 재구성Debunkery》, 프롬북스, 2011, 41쪽.

47   매일경제신문, 〈주식투자…… 대담한 60대, 소심한 20대〉, 2011년 8월 25일자.

48   조호정·김동열, 〈국내가구의 교육비 지출 구조 분석: 40대 중산층의 교육비부담 크다〉, Weekly Economic Review, 2012.8.24.

49   에이드리언 슬라이워츠키,《디맨드Demand》, 다산북스, 2012, 411~412쪽.

50   김승권, 〈한국인의 자녀양육 책임한계와 양육비 지출 실태〉, 한국보건사회연구원, 2010.

51   최정환·홍정구,《해봐! 도요타에서 JAL까지 성공비지니스》, 예림, 2006, 103~104쪽.

4장 길어진 인생, 노후자금 관리법

52 최병서, 《애커로프가 들려주는 레몬시장이야기》, 자음과모음, 2011, 78~83쪽.

53 오진호·김혜령·김종욱, 〈근로자의 퇴직연금에 대한 인식 실태조사〉, 미래에셋은퇴연구소, 2012, 126~127쪽.

54 Margaret Heffernan, 《Willful Blindness》, Frank R Walker Co., 2011.

55 리처드 탈러·캐스 선스타인, 《넛지Nudge》, 리더스북, 2009, 77쪽.

김동엽 ㅣ 은퇴설계 전문가이자 미래에셋은퇴연구소 은퇴교육센터장이다. 연세대학교 정치외교학과를 졸업하고 삼성생명에서 개인 고객의 자산 관리를 전담하는 파이낸셜플래너(FP) 활동을 시작하며 금융계에 입문했다. 이후 미래에셋자산운용으로 자리를 옮겨 퇴직연금 컨설팅을 하며 평범한 사람들이 안정적인 노후를 준비할 수 있도록 지원해왔다. 현재 미래에셋은퇴연구소에서 퇴직연금 가입자와 은퇴 예정자를 대상으로 한 노후준비와 은퇴설계 컨설팅을 하고 있다. 지은 책으로 《위기를 기회로 바꾸는 적립식 투자 성공 전략》, 《인생 100세 시대의 투자경제학》(공저) 등이 있다.

스마트 에이징

1판 1쇄 발행   2013년 2월 15일
1판 2쇄 발행   2013년 5월 6일

지은이 김동엽
펴낸이 고영수
펴낸곳 청림출판
등록 제406-2006-00060호
주소 135-816 서울시 강남구 도산대로 남25길 11번지(논현동 63번지)
         413-756 경기도 파주시 교하읍 문발리 파주출판도시 518-6 청림아트스페이스
전화 02)546-4341 **팩스** 02)546-8053

ⓒ 김동엽, 2013
www.chungrim.com
cr1@chungrim.com

ISBN 978-89-352-0953-8 03320
잘못된 책은 교환해드립니다.